Heiko Girnth
Sprache und Sprachverwendung in der Politik

Germanistische Arbeitshefte

—

Herausgegeben von
Thomas Gloning und Jörg Kilian

Band 39

Heiko Girnth

Sprache und Sprachverwendung in der Politik

Eine Einführung in die linguistische Analyse
öffentlich-politischer Kommunikation

2., überarbeitete und erweiterte Auflage

DE GRUYTER

ISBN 978-3-11-033800-3
e-ISBN (PDF) 978-3-11-033866-9
e-ISBN (EPUB) 978-3-11-037408-7
ISSN 0344-6697

Library of Congress Cataloging-in-Publication Data
A CIP catalog record for this book has been applied for at the Library of Congress.

Bibliografische Information der Deutschen Nationalbibliothek
Die Deutsche Nationalbibliothek verzeichnet diese Publikation in der Deutschen
Nationalbibliografie; detaillierte bibliografische Daten sind im Internet über
http://dnb.dnb.de abrufbar.

© 2015 Walter de Gruyter GmbH, Berlin/Boston
Druck und Bindung: CPI books GmbH, Leck
♾ Gedruckt auf säurefreiem Papier
Printed in Germany

www.degruyter.com

Vorwort

Seit dem Erscheinen der 1. Auflage des vorliegenden Einführungsbandes sind drei-
zehn Jahre vergangen. In dieser Zeit hat sich die Forschung zum Themenkomplex
„Sprache und Politik" stetig weiterentwickelt, was eine aktualisierte Neuauflage
erforderlich machte. Die Einführung wurde behutsam überarbeitet: Das Grundgerüst
blieb unverändert, die einzelnen Kapitel erhielten aber Modifikationen und Ergän-
zungen unterschiedlichen Umfangs, die einer kritischen Durchsicht und der aktuellen Forschungslage geschuldet sind. Zudem wurden zahlreiche Beispiele der politischen Sprachverwendung, die dem einen oder anderen aus heutiger Sicht nicht
mehr zeitgemäß erscheinen, durch neue ersetzt. Gleiches gilt für die Übungsaufga-
ben. Das Literaturverzeichnis und die Literaturhinweise am Ende der einzelnen
Kapitel wurden auf den neuesten Stand gebracht.

Der Verfasser dankt allen Leserinnen und Lesern sowie allen Fachkolleginnen
und -kollegen, die mit ihren kritischen Kommentaren und Anregungen die Bearbei-
tung des Einführungsbandes begleitet haben. Ein besonderer Dank gilt Daniel Gietz
und Olena Gainulina vom de Gruyter Verlag für die angenehme Zusammenarbeit.
Mit einer solchermaßen überarbeiteten Neuauflage, so jedenfalls die Hoffnung des
Verfassers, ist der Weg für einen fundierten und aktuellen Einstieg in den Themenkomplex „Sprache und Sprachverwendung in der Politik" geebnet.

Heiko Girnth

Inhalt

1 Einleitung

Sprache ist nicht nur irgendein Instrument der Politik, sondern überhaupt erst die Bedingung ihrer Möglichkeit. Für die politischen Akteure geht es darum, politische Handlungen zu begründen, zu kritisieren und zu rechtfertigen, die eigene Position argumentativ zu stützen und glaubwürdig zu vertreten. In den Printmedien, im Fernsehen, im Rundfunk und im Internet wird über das politische Tagesgeschehen informiert, werden politische Sachverhalte kommentiert und bewertet. Dies alles geschieht mit und durch Sprache. Sprache in der Politik bedeutet vor allem *sprachliches Handeln* in der Politik. Es ist die Handlungspotenz von Sprache, die für die Politik konstitutiv ist und es lässt sich, wie der Politiker Erhard Eppler hervorhebt, in der Politik nur schwer zwischen Reden und Handeln unterscheiden, „weil das Reden sehr wohl Handeln bedeutet" (Eppler 1992: 7).

Um einen Einstieg und eine erste Orientierung zu ermöglichen, wird im Folgenden das Verhältnis von *Sprache* zu drei für den Themenbereich dieser Einführung wichtigen Begriffen – *Politik, Ideologie* und *gesellschaftliche Wirklichkeit* – erörtert.

1.1 Sprache und Politik

Für die Rechtfertigung eines eigenständigen linguistischen Zugangs zu dem Themenkomplex Sprache und Sprachverwendung in der Politik bedarf es eines Verständnisses von *Politik*, welches das Sprachhandeln der beteiligten Akteure in den Mittelpunkt rückt. Eine solche kommunikationsorientierte Definition findet sich beispielsweise schon bei Lübbe, der *Politik* definiert als „die Kunst im Medium der Öffentlichkeit Zustimmungsbereitschaft zu erzeugen" (Lübbe 1975: 107). Sprachverwendung in der Politik setzt nach diesem Verständnis nicht nur bestimmte persuasive Fähigkeiten der politischen Akteure voraus, sondern ist zugleich auch an die Institution der Öffentlichkeit gebunden, die somit ein konstitutives Merkmal politischen Sprachhandelns ist. In eine ähnliche Richtung, nämlich Parteien und eine parlamentarische Demokratie voraussetzend, geht auch die Bestimmung politischen Handelns als „Kampf um Macht und Herrschaft, um Teilnahme an der Machtausübung und ihre Sicherung zur Durchsetzung bestimmter Vorstellungen und Interessen" (Grünert 1974: 2, in Anlehnung an den Soziologen Max Weber). In einer für die Politolinguistik einflussreichen Definition bestimmt Dieckmann Politik als „staatliches oder auf den Staat bezogenes Reden" (Dieckmann [2]1975: 29). Die Attraktivität dieser Definition liegt sicherlich in ihrer pointierten Form und dem kommunikationsorientierten Hinweis auf den Zusammenhang von Sprachverwendung und Politik. Zugleich macht diese Definition aber auch deutlich, dass politische Kommunikation mehr ist als nur das *staatliche*, also von Politikerinnen und Politikern im engeren Sinne realisierte Sprachhandeln. Es ist zugleich auch *auf den Staat be-*

zogenes Reden, schließt also das „Handeln von Individuen und Gruppen" (Dieckmann 2005: 13) ein. Daraus resultiert ein weites Politikverständnis, das auch dieser Einführung zugrunde liegt. Im Unterschied zu einem *engen* Politikverständnis, das sich auf die von politischen Funktionsträgern produzierten Texte bzw. Äußerungen bezieht und einem *weiteren* Politikverständnis, das auch die öffentliche Kommunikation in den Medien über Politik einschließt, bezieht ein *weites* Politikverständnis „das Reden aller Mitglieder einer Gesellschaft über Politik ein" (Schröter/Carius 2009: 12). Zugleich sollte aber auch deutlich werden, dass Politik verschiedenste Sach- und Handlungsbereiche umfasst und alle Bereiche gesellschaftlichen Lebens durchdringen kann. Ob Kernenergie, Rechtschreibreform oder Klimawandel: Letztlich kann alles politisch werden, was von öffentlichem Interesse ist.

Ungeachtet der engen Beziehung zwischen Sprache und Politik ist es in der Forschung allerdings umstritten, ob politisches Handeln mit sprachlichem Handeln gleichzusetzen ist oder ob dem sprachlichen Handeln etwa nur eine untergeordnete Rolle zukommt. Die Affinität der ersteren Position zu sprachhandlungsorientierten Ansätzen in der Politolinguistik dürfte in den oben aufgeführten Politikdefinitionen bereits deutlich geworden sein. Ihre terminologische Ausprägung findet diese Auffassung in dem Vorschlag Heringers, statt von *Sprache in der Politik* von *Politik in Sprache* zu sprechen:

> Politik in Sprache soll darauf hinweisen, daß Politik sich in Sprache vollzieht, daß politische Tätigkeit sprachliche Tätigkeit ist. (Heringer 1990: 9)

Die zweite Position, die dem sprachlichen Handeln in der Politik nur eine untergeordnete Rolle zuweist, wird bezeichnenderweise eher von Politikwissenschaftlern vertreten. So geht beispielsweise Bergsdorf (1991: 20) vom „Primat der Politik [...] für das Verhältnis von Sprache und Politik" aus. In diesem Sinne äußert sich auch der Semiotiker Klaus, für den die Sprache zwar wichtig, aber „keineswegs der entscheidende Aspekt in der Politik" (Klaus 1971: 9) ist. Auch Fetscher/Richter (1976) schließen sich dieser Sichtweise an, wenn sie für ihr Buch den Titel „Worte machen keine Politik" wählen. Setzt man politisches Handeln allerdings mit sprachlichem Handeln gleich, dann hört Politik folgerichtig dort auf, wo sie sprachlos wird (vgl. beispielsweise Dieckmann ²1975: 29 und Grünert 1974: 1). Allerdings sollte man dabei nicht übersehen, dass als Mittel der Politik durchaus „Swords and Symbols" in Frage kommen (vgl. Marshall 1939; Dieckmann 1975: 28). Insbesondere der Verschränkung zwischen Sprache und Gewalt kommt dabei besonderes Gewicht zu. Bei aller Bedeutung, die sprachlichem Handeln in der Politik zukommt, darf zudem nicht übersehen werden, dass es durch nonverbale Kommunikationsformen wie die politische Symbolik ersetzt oder ergänzt werden kann. Die Bedeutung politischer Symbolik kann nicht hoch genug eingeschätzt werden: Während Sprache Inhalte nämlich nur linear und schrittweise entfalten kann, sind Symbole durch die Fähigkeit der „simultanen, integralen Präsentation" (Pross 1974: 29) gekennzeichnet. Sie dienen der politischen Werbung, der Integration nach innen und der Abgrenzung nach außen. Zwar kommt politischen Symbolen vor allem in totalitären Staaten eine wichtige Funktion zu, sie werden jedoch auch in Demokratien und von demokratischen Parteien eingesetzt. Zu den politischen Symbolen zählen beispielsweise Nationalsymbole wie *Nationalfarben*, *-flaggen* oder *-hymnen*, Herrschaftssymbole wie der *Adler*, Freiheitssymbole wie die *Fackel* (etwa in der Freiheitsstatue der USA) oder Einigungssymbole wie die *Weltkugel* (als politisches Symbol der UN).

Wenn auch der Sprache in der Politik eine entscheidende Funktion zukommt, sollte man stets bedenken, dass der Untersuchungsgegenstand dieses Arbeitsheftes die öffentlich-politische Kommunikation ist, nicht die Politik selbst. Beide Aspekte müssen sorgfältig auseinandergehalten werden. Wie Knobloch (1998: 59) zu Recht bemerkt, hat politische Kommunikation mit Aufmerksamkeit zu tun und weniger mit den tatsächlichen Entscheidungen. Sie flankiert und ergänzt die Politik, sie organisiert und steuert die Bereitschaft, einer bestimmten Politik zuzustimmen. Die Kunst, im Medium der Öffentlichkeit Zustimmungsbereitschaft zu erzeugen, ist zwar ein wichtiger Aspekt der Politik, aber sie ist nicht die Politik selbst.

1.2 Sprache und Ideologie

Wenn von *Ideologien* die Rede ist, dann sind in einem alltagssprachlichen Sinne zumeist Auffassungen gemeint, die im Besitz der Wahrheit zu sein glauben, in Wirklichkeit aber die Wahrheit verzerren oder falsch darstellen. Bestimmt man *Ideologie* wertneutraler, dann können darunter die einer bestimmten gesellschaftlichen Gruppierung oder einer bestimmten Gesellschaftsordnung zugrundeliegenden Wertvorstellungen und Denkmuster verstanden werden. Will man das Verhältnis von Ideologie und Politik charakterisieren, dann kann man konstatieren, dass politische Wirklichkeit immer auch ideologisch vermittelte Wirklichkeit ist (vgl. auch Strauß [u. a.] 1989: 28). Es kann die das politische Handeln leitende Ideologie sein, die – wie Eagleton (1993: 3) es drastisch formuliert – "Menschen von Zeit zu Zeit dazu bringt, einander für Götter oder Ungeziefer zu halten". Wenn sich, wie oben gezeigt wurde, politisches Handeln in Sprache vollzieht, dann ist Sprache auch der Ort, in dem sich Ideologien manifestieren. In der Politolinguistik wird immer wieder auf die enge Verflechtung von politischem und ideologischem Sprachgebrauch hingewiesen. Da sich Ideologien als Bewusstseinstatsachen in Sprache manifestieren und in der Regel auch sprachlich vermittelt werden, kommt dem ideologischen Sprachgebrauch in der Politik eine besondere Bedeutung zu. Linguistisch interessant ist dabei vor allem die Frage nach dem Zusammenhang zwischen Ideologien und typischen Formen ihrer Versprachlichung. Ideologischer Sprachgebrauch muss immer im Kontext der konkreten historisch-politischen Situation bewertet werden. Wie Eagleton hervorhebt, ist „Ideologie [...] eine Funktion der Beziehung einer sprachlichen Äußerung zu ihrem gesellschaftlichen Kontext" (Eagleton 1993: 17). So erhält etwa der Ausdruck *Blut und Boden* seine ideologische Motiviertheit erst durch die Einbindung in den Kontext der nationalsozialistischen Ideologie.

Dieckmann (1988: 1780) weist „auf die fast unbegrenzte Vielfalt der Gebrauchsweisen des Ausdrucks *Ideologie*" hin. Um die Vielfalt der Verwendungen sinnvoll zu reduzieren, gelangt er zu einer Klassifizierung, die auf den ideologietheoretischen Voraussetzungen von Aufklärungskonzepten ideologischen Sprachgebrauchs beruht. In seiner wohl geläufigsten Verwendung wird *Ideologie* nach Dieckmann denunziatorisch gebraucht und bezieht sich auf den Sprachgebrauch des politischen Gegners. Hier besitzt *Ideologie* eine negativ-wertende Bedeutungskomponente und zielt auf einen unangemessenen, die Wahrheit verzerrenden Sprachgebrauch des anderen. Der eigene Sprachgebrauch wird dagegen als der Wahrheit angemessen empfunden. Diesem Ideologieverständnis liegt ein problematisches Zeichenverständnis zugrunde, dass von einer „wahren" Bedeutung sprachlicher Zeichen ausgeht. Es ist dies ein Konzept, dass in der politischen Auseinandersetzung im Schlagwort vom „Besetzen von Begriffen" seinen Ausdruck findet (vgl. hierzu ausführlich Kapitel 4.4).

In einer weiteren Verwendung ist ideologischer Sprachgebrauch Ausdruck eines gesellschaftlich bedingten Verfehlens der Wahrheit. Ideologien sind nach dieser Auffassung nicht einfach wahr oder falsch. Sie spiegeln gesellschaftliche Verhältnisse aus der Perspektive einer bestimmten Klasse wider. So sind in der marxistisch-leninistischen Ideologietheorie Ideologien Ausdruck der Interessen der herrschenden Klasse, die aber als Interessen der Allgemeinheit ausgegeben werden und letztlich die gesellschaftlichen Verhältnisse verschleiern. Der Ideologiebegriff des Marxismus-Leninismus ist zweiwertig, da er zwischen einer negativ bewerteten Ideologie des politischen Gegners einerseits und einer positiv bewerteten Ideologie der eigenen Gruppe unterscheidet.

Für die Linguistik am brauchbarsten ist ein Ideologiebegriff, der seinen Ursprung in den wissenssoziologischen Theorien der 20er-Jahre des 20. Jahrhunderts hat. Danach ist das menschliche Denken grundsätzlich ideologiegebunden. Ideologischer Sprachgebrauch ist Ausdruck prinzipieller Seinsgebundenheit des Denkens. Als bedeutender Vertreter dieser Auffassung ist der Soziologe Karl Mannheim ([1929] ⁵1969) zu nennen. Dieckmann stellt hierzu fest:

> Gerade weil der wissenssoziologische Ideologiebegriff keine Kritik impliziert, erlaubt er eine kritische Auseinandersetzung mit ideologischem Sprachgebrauch und der Relation zwischen dem ideologischen Bewußtsein und der Art und Weise, wie es sprachlich vermittelt wird, ohne daß der Linguist in die Verlegenheit kommt, über Wahrheit oder Falschheit des Bewußtseins selbst bewertend urteilen zu müssen. (Dieckmann 1988: 1785f.)

Ein Vertreter des neutralen und allumfassenden Ideologiebegriffes ist auch der sowjetische Sprachphilosoph Valentin Vološinov.[1] Sein Ideologiebegriff ist semiotisch begründet, da er Ideologie und Zeichen untrennbar miteinander verknüpft: „Ohne Zeichen gibt es keine Ideologie" (Vološinov [1929] 1975: 182). Für Vološinov entsteht Bewusstsein nur in der materiellen Verkörperung durch Signifikanten, die nicht nur einfach die gesellschaftliche Wirklichkeit widerspiegeln, sondern deren integraler Bestandteil sind. Er entwickelt ein Zeichenmodell, in dem die ideologische Komponente notwendigerweise enthalten ist. Sprachliche Zeichen stellen die Wirklichkeit nie unmittelbar, sondern immer nur ideologisch „gebrochen" dar:

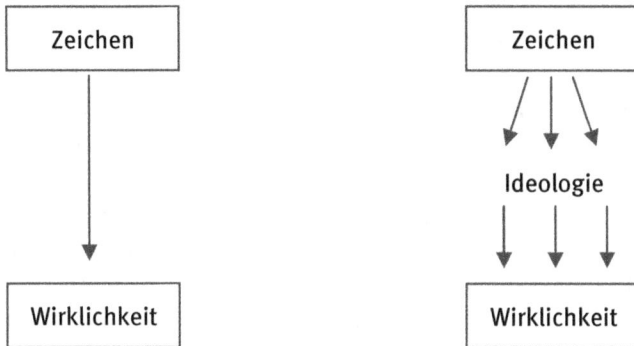

Abb. 1: Das repräsentationale und das ideologische Zeichenmodell (nach Vološinov [1929] 1975: 71; vgl. auch Auer 1999: 214)

Die Abbildung 1 zeigt links das naiv repräsentationale Zeichenmodell, das auch dem marxistisch-leninistischen Ideologiebegriff zugrunde liegt. Dieses Modell behauptet eine Eins-zu-Eins-Relation zwischen Wirklichkeit und Zeichen und zugleich die Möglichkeit eines unmittelbaren und wahren Zugriffs auf die Wirklichkeit. Im Gegensatz dazu steht rechts das ideologische Zeichenmodell. Danach ist jedes Zeichen ideologisch geprägt. Konkurrierende ideologische Standpunkte können in ein und derselben Sprache artikuliert werden, ein und dasselbe Zeichen kann in unterschiedlicher Weise ideologisch gefüllt werden.

1.3 Sprache und gesellschaftliche Wirklichkeit

In der Politolinguistik herrscht Einigkeit darüber, dass politische Sprache in einem konstruktivistischen Sinne realitätskonstituierenden Charakter besitzt. Die gesellschaftliche Wirklichkeit wird vor allem über eine „symbolische Sinnwelt" und we-

---

1 Zu Leben und Werk Vološinovs vgl. auch Auer (1999: 212ff.).

niger über direkte Erfahrung wahrgenommen. Dies wird besonders an Abstrakta wie *Freiheit* oder *Gerechtigkeit* deutlich, die allein durch ideologisch gebrochene Begriffsbildung kommunikativ verfügbar werden. Der realitätskonstituierende Charakter politischer Sprache führt zwangsläufig auch zu der Frage nach ihrem Einfluss auf gesellschaftliche Veränderungen (vgl. hierzu beispielsweise Jäger 1988: 1789ff.). Die Frage nach dem Bedingungsverhältnis von politischer Sprache und gesellschaftlicher Wirklichkeit entspricht wissenschaftshistorisch der Frage nach dem Verhältnis von Sprache und Denken. Hier lassen sich zwei konträre Auffassungen unterscheiden, die sprachidealistische und die sprachmaterialistische. Die sprachidealistische Auffassung geht davon aus, dass Sprache die Sicht der Menschen von der gesellschaftlichen Wirklichkeit determiniert. Sprachliche Strukturen beeinflussen die Wahrnehmungen und Handlungen der Menschen. In der sprachmaterialistischen Sicht sind es dagegen „die natürlichen und gesellschaftlichen Lebensbedingungen der Menschen [...], die sein Bewußtsein und damit sein Sprechen und Handeln bestimmen" (Jäger 1988: 1794). Die Auffassung, dass Sprache manipulatorischen Charakter besitzt und sich auf das Denken und Handeln der Menschen auswirkt, ist vor allem in der politischen Sprachkritik, nicht selten aber auch in der Politolinguistik verbreitet. Prominente Beispiele für die idealistische Sichtweise sind etwa Orwells „Newspeak", Klemperers „Lingua Tertii Imperii" oder Sternbergers „Wörterbuch des Unmenschen". Die idealistische Sichtweise verkennt allerdings, „daß Sprache über ihre Erzeugung in Kommunikationssituationen und über ihre institutionelle und subinstitutionelle Aufbereitung in kulturellen Traditionszusammenhängen immer schon gesellschaftlich konstituiert und vermittelt ist [...]" (Schütze 1975: 110). Einer einseitigen sprachmaterialistischen Auffassung kann entgegengehalten werden, dass „gesellschaftliche Interaktionen [...] und institutionalisierte gesellschaftliche Strukturen [...] durch das allgemeine Planungsschema der Sprache insgesamt konstituiert und definitionsmäßig stabilisiert sind" (Schütze 1975: 110). Angemessen dürfte daher eine Position sein, die zwischen der idealistischen und der materialistischen Auffassung vermittelt. Sprache und gesellschaftliche Wirklichkeit bedingen sich gegenseitig. Die gesellschaftliche Wirklichkeit manifestiert sich in Sprache, gleichzeitig wird sie aber überhaupt erst durch Sprache ermöglicht und hergestellt.

1.4 Zum Aufbau der Einführung

Anhand des Verhältnisses von *Sprache* und *Politik*, *Sprache* und *Ideologie* sowie *Sprache* und *gesellschaftliche Veränderung* wurde ein erster Einblick in den Gegenstandsbereich des vorliegenden Arbeitsheftes gegeben. Das folgende Kapitel 2 bietet einen Überblick über die Politolinguistik. Neben einer Darstellung des aktuellen Forschungsstandes und der wichtigsten Gegenstandsbereiche der Forschung werden einige wichtige Analysemodelle politischer Sprache vorgestellt. Kapitel 3 behandelt die pragmatischen Grundlagen der Politolinguistik. Ausgehend von einem Faktorenmodell der politischen Kommunikation, das grundlegende pragmatische Bedingungsfaktoren politischen Sprachhandelns enthält, werden die wichtigsten Merkmale politischer Sprachverwendung, ihre kommunikativ-institutionellen Rahmenbedingungen sowie ihre elementaren Funktionen erörtert. Kapitel 4 widmet sich dem Umfang und der Gliederung des politischen Lexikons und seiner Verwendung durch die politischen Akteure. Im Zentrum steht das Nominationskonzept, das das konkrete Benennungshandeln politischer Akteure untersucht. Kapitel 5 stellt den Text und den Diskurs in den Mittelpunkt. Neben einer Darstellung der für die politische Kommunikation wichtigsten Textsorten, wird auf das diskursive Beziehungsgefüge von Texten, die Diskursanalyse und das Konzept der Multimodalität eingegangen. Kapitel 6 widmet sich der Analyse der politischen Rede. Es wird ein Analyseinstrumentarium vorgestellt, das an vier Beispielanalysen erprobt wird.

Jedes Kapitel wird durch Übungen abgerundet, die zur Vertiefung des Stoffes beitragen und zur eigenen Analyse politischer Sprachverwendung anregen sollen. Einige Übungen verweisen außerdem auf Themenfelder, die in diesem Arbeitsheft nur am Rande behandelt werden.

Die Literaturhinweise am Schluss eines jeden Hauptkapitels sind nicht auf Vollständigkeit ausgelegt und ersetzen keinesfalls eine Bibliographie. Sie sollen vielmehr eine Orientierungshilfe für eine weiterführende und ergänzende Lektüre bieten.

1.5 Literaturhinweise und Übungsaufgaben

Literaturhinweise

Als weitere Einführungen zum Themenkomplex „Sprache und Politik" sind zu nennen: Das mittlerweile als „Klassiker" zu bezeichnende Werk von Dieckmann (²1975), das sich vor allem auf die Semantik des politischen Wortschatzes und die Sprachfunktionen in der Politik konzentriert; Bachem (1979), der eine fachdidaktisch orientierte Anleitung zur Analyse politischer Texte vorlegt; Burkhardt (1988) mit einer Übersicht über gängige Analysemethoden politischer Texte sowie einer „Checkliste", die die Interpretation solcher Texte erleichtert; Wilson (1990), der pragmalinguistische Konzepte auf politisches Sprechen anwendet und dazu zahlreiche Beispiele aus der amerikanischen Politik anführt. Kilian (1994) mit einem knappen Überblick über Methoden und Gegenstände der Forschung; Schröter/Carius (2009) bieten mit ihrer Monographie eine Übersicht über die wichtigsten Gegenstandsbereiche und Analyseebenen der Politolinguistik; Niehr (2014b), der neben den klassischen Methoden und Analyseobjekten auch ausführlich auf die politische Diskursanalyse eingeht.

Einen guten Einstieg in das Thema bietet auch das Dossier der Bundeszentrale für politische Bildung (http://www.bpb.de/politik/grundfragen/sprache-und-politik/). Mit Diekmannshenke (2006) liegt eine sehr empfehlenswerte Bibliographie zur politischen Sprache vor.

In allen oben genannten Titeln finden sich mehr oder weniger umfangreiche Ausführungen zum Verhältnis von Sprache und Politik. Siehe dazu auch ausführlicher Knobloch (1998: 39–59). Zum Verhältnis von Sprache und Gewalt vgl. auch Kopperschmidt (²1976: 70ff.). Über politische Symbolik kann man sich bei Pross (1974) informieren. Instruktive historische Beispiele für Formen und Funktionen nonverbaler politischer Symbolik finden sich in Herrgen (2000: 90ff.). Über das Verhältnis von Sprache und Ideologie geben Dieckmann (1988), Eagleton (1993) und Strassner (1987: 1ff.) Auskunft. Über das schwierige Verhältnis von Sprache und Wirklichkeit in der politischen Kommunikation informiert Heringer (1990: 40ff.).

Übungsaufgaben

1. Erörtern Sie die Vorteile (und möglicherweise auch Nachteile) eines weiten Politikverständnisses für die Politolinguistik, das die sprachlichen Äußerungen aller Mitglieder einer Gesellschaft einschließt.

2. Der Semiotiker Charles W. Morris versucht, die Eigenschaften des Kommunikationsbereiches Politik (er spricht vom *politischen Diskurs*) in Abgrenzung zu anderen Kommunikationsbereichen (Diskurstypen) systematisch zu erfassen (vgl. Morris [1946] 1981: 215–248). Für Morris sind *Diskurstypen* Spezialisierungen der Alltagssprache, die dazu dienen, bestimmte Zwecke adäquater zu erfüllen. Interpretieren Sie die nachfolgenden Charakterisierungen des politischen Diskurses durch Morris:

    a) „Die Präskription von Handlungen mit Hinsicht auf die institutionelle Organisation einer Gesamtgesellschaft mit dem Ziel, die Billigung dieser Organisation herbeizuführen, ist charakteristisch für politische Ideologien. Der damit korrespondierende ‚politische Diskurs‘ scheint einen Diskurs zu illustrieren, der präskriptiv-valuativ (*vorschreibend-wertend*, H. G.) ist." (Morris [1946] 1981: 240)

    b) „Von der Natur der Sache her hat der politische Diskurs enge Beziehungen zu anderen Diskurstypen und ist nur schwer genau zu isolieren. Jedes besondere Beispiel dieses Diskurses kann Merkmale des wissenschaftlichen, fiktiven, moralischen, rechtlichen, technologischen oder religiösen Diskurses enthalten." (Morris [1946] 1981: 242)

3. Zeigen Sie am Beispiel des Gebrauchs des Ausdrucks *soziale Gerechtigkeit* im aktuellen politischen Diskurs der Bundesrepublik Deutschland die Unbrauch-barkeit des repräsentationalen Zeichenmodells. Inwiefern ist dieser Ausdruck im Sinne Vološinovs ideologisch „gebrochen"?

4. Erörtern Sie am Beispiel des berühmten „Newspeak" in George Orwells Roman „1984" das Phänomen der *Sprachlenkung*. Über *Sprachlenkung* können Sie sich beispielsweise bei Dieckmann (²1975: 38–46) informieren.

2 Forschungsüberblick

Der in diesem Kapitel vorgestellte Forschungsüberblick besteht aus drei Teilen. Im ersten Teil werden die wichtigsten Tendenzen der aktuelleren Politolinguistik skizziert. Darauf folgt im zweiten Teil eine kurze Darstellung zentraler Gegenstandsbereiche der Politolinguistik, nämlich der „Sprache im Nationalsozialismus", der „Sprache in der DDR", der „Sprache der Wende" und der „Sprache der Diskurse". Im dritten Teil werden einige wichtige Analysemodelle politischer Sprache vorgestellt, die der Politolinguistik entscheidende Impulse gegeben haben. Da in diesem Arbeitsheft der pragmatische Ansatz bei der Analyse politischer Sprachverwendung favorisiert wird, werden nur solche Modelle berücksichtigt, die diesen Ansatz mehr oder weniger explizit vertreten.

2.1 Zum aktuellen Forschungsstand

Bei dem Versuch, die neuere Literatur zur Politolinguistik zu klassifizieren, lassen sich im Wesentlichen zwei Richtungen unterscheiden, die hier als *lexikonorientierte* und *text-/diskursorientierte* Richtung bezeichnet werden sollen.[2] Die lexikonorientierte Richtung der Politolinguistik hat ihre Ursprünge in der semantischen Einzelanalyse politisch relevanter Wörter und bildete lange Zeit den Schwerpunkt der Forschung. So stellt (Dieckmann [2]1975: 21) fest:

> Sprache der Politik wurde beachtet als Teil der Sprachgeschichte, genauer der Geschichte des Wortschatzes und besonders der Geschichte von Schlagwörtern.

Die traditionelle Konzentration auf die Wortebene hat ihre Entsprechung in dem hohen Stellenwert, den Wörtern in der öffentlichen Sprachreflexion und von politischen Akteuren selbst eingeräumt wird (vgl. z. B. Geißler 1985, Glotz 1982, Eppler 1992). Herrschaft durch Sprache wird dort als Herrschaft über „Begriffe" verstanden. Die lexikonorientierte Politolinguistik betrachtet Wörter zumeist als strategische Größen im Persuasionsprozess und als wichtigstes sprachliches Mittel in der Politik. Diese abwertend auch als „Begriffsfetischismus" (Holly 1990: 86) bezeichnete lexikalische Ausrichtung der Politolinguistik hat ihre tieferen Wurzeln in dem Mythos von der „Macht des Wortes" (Klaus [6]1972) und ist nicht zuletzt auf die spezifischen deutschen Erfahrungen mit dem Nationalsozialismus und der Nazi-Propaganda zurückzuführen. Zentrale Aufgaben der lexikonorientierten Politolinguistik sind die Gliederung des politischen Lexikons sowie die semantische Beschreibung ideolo-

---

2 Im Folgenden wird nur die linguistische Forschung zum Themenkomplex Sprache und Politik berücksichtigt. Die lexikonorientierte Richtung der Politolinguistik wird ausführlich in Kapitel 4 thematisiert. Die text-/diskursorientierte Richtung ist Gegenstand von Kapitel 5.

giegebundener Wörter, wobei versucht wird, das „Ideologische" in den semantischen Komponenten der Wörter zu erfassen. Mit der kommunikativ-pragmatischen Wende in der Sprachwissenschaft anfangs der 70er-Jahre hat der pragmatische Ansatz auch Einzug in die Politolinguistik gefunden. Sprache wird jetzt als Form sozialen Handelns verstanden, die in konkreten Kommunikationssituationen stattfindet. Dieser neue Ansatz hat auch Auswirkungen auf die lexikonorientierte Sprachforschung, die nunmehr ihren rein semantischen Zugang durch die Einbeziehung pragmatischer Faktoren erweitert. In welchem Maße die lexikonorientierte Politolinguistik die pragmatische Dimension einbezieht zeigen exemplarisch auch die Arbeiten von Volmert (1989), Girnth (1993a), Herrgen (2000) und Spieß (2011a), die mit Hilfe des Etikettierungs- bzw. Nominationskonzeptes die (lexikalische) Sprachverwendung durch die politischen Akteure analysieren. Diese Erweiterung des semantisch-lexikalischen Ansatzes ist nur folgerichtig, denn ein enger Semantikbegriff ohne Bezug zu Sprecher, Adressaten und Redesituationen ist geradezu ein „Phantom-Begriff" (Klein 1989b: IX). Wie eine solche kontextuelle Einbindung aussehen kann zeigen beispielsweise Böke [u. a.] (1996c). Die Autoren untersuchen den strategischen Aspekt der Wortverwendung in Form von Sprechhandlungszielen und Diskursstrategien in der Adenauer-Ära. Indem sie Wörter bzw. Wortgruppen wie *soziale Marktwirtschaft* einer diskursgeschichtlichen Analyse unterziehen, verknüpfen sie den lexikonorientierten Ansatz mit dem diskursorientierten Ansatz, auf den unten noch näher eingegangen wird. Ergebnisse solcher diskursorientieren Wortanalysen können Wörterbücher sein, wie etwa zum Migrationsdiskurs (Jung/Niehr/Böke 2000) oder zur deutschen Vergangenheitsbewältigung (Stötzel/Eitz 2007). Ein vielversprechender Ansatz in neueren Publikationen ist die Analyse von Schlagwortnetzen mit Hilfe von sogenannten *Frames*. Frames sind strukturierte Elemente kollektiver Überzeugungen, die sich auf zwei Ebenen zusammensetzen (vgl. zum Folgenden Klein 2009b: 2116f.): der Ebene der übergeordneten inhaltlichen Kategorien (*Slots*) und der Ebene der Schlagwörter als den Konkretisierungen dieser Kategorien (*Fillers*). So lassen sich beispielsweise für das Schlagwortnetz *soziale Marktwirtschaft* die folgenden Slots mit ihren entsprechenden Fillers anführen (Fillers sind jeweils in Klammern gesetzt): Funktionsprinzip (*Wettbewerb*), zentraler Wert (*Freiheit*), Hauptbeteiligte (*Unternehmer, Verbraucher, Arbeitnehmer*), Relationen zwischen den Hauptbeteiligten (*Markt, Sozial-Partnerschaft*), Ergebnis (*Wohlstand, soziale Sicherheit*).

Die kommunikativ-pragmatische Wende in der Sprachwissenschaft hat nicht nur die Analyse des politisch relevanten Lexikons um die pragmatische Dimension erweitert, sondern darüber hinaus auch neue Zugänge zur Erforschung der öffentlich-politischen Kommunikation eröffnet. Die text-/diskursorientierten Arbeiten gehen nicht vom Wort, sondern vom Text bzw. Diskurs aus. Grundlegend ist die Annahme, dass man bei der Analyse des Sprachgebrauchs immer auch die Kontexte und damit insbesondere Texte zu berücksichtigen hat. Der Text wird als primäre Handlungseinheit angesehen, oder, um mit Halliday (1970: 160) zu sprechen: „Die

Grundeinheit von Sprache im Gebrauch ist weder ein einzelnes Wort noch ein Satz, sondern ein Text." Eine produktive Richtung der text-/diskursorientierten Politolinguistik untersucht Sprachverwendung in der Politik konsequent unter sprachhandlungstheoretischem Aspekt. Als paradigmenbildend kann hier die empirische Studie von Holly (1990) gelten, der das Sprachhandeln eines Bundestagsabgeordneten in konkreten Gesprächssituationen untersucht (vgl. Kapitel 2.3). Ziel solcher Untersuchungen ist es, typische Sprachhandlungsmuster im politischen Sprachgebrauch aufzudecken.

Die Berücksichtigung der konkreten politisch-gesellschaftlichen Situation, in der sprachliches Handeln stattfindet, ist auch Aufgabe der diskursanalytischen Politolinguistik (vgl. hierzu Kapitel 5.3). Der dort verwendete Diskursbegriff geht auf Foucault zurück und erfordert die Einbeziehung eines Maximums an sprachlicher und außersprachlicher Information. Diskurse lassen sich als thematisch gebundene Text- und Aussagenverbünde beschreiben, die ein in der Gesellschaft strittiges Thema zum Gegenstand haben. Umfassend untersuchte Diskurse sind beispielsweise der Migrationsdiskurs (vgl. Wengeler 2003d) oder der Bioethikdiskurs (vgl. Spieß 2011a). Die Politolinguistik hat sich in den letzten 20 Jahren verstärkt der Diskursanalyse zugewandt und auch entsprechende Analysemodelle bereitgestellt, die auf die Bedürfnisse der öffentlich-politischen Kommunikation zugeschnitten sind.

Von der linguistischen Diskursanalyse ist die kritische Diskursanalyse zu unterscheiden, der es darum geht, gesellschaftliche Machtverhältnisse offenzulegen. Exemplarisch seien hier die Arbeiten von Jäger (1993), der rassistische Diskurse entlarvt, Nowak [u. a.] (1990), die antisemitische Diskurse untersuchen und Wodak (1998), die die Ursprünge nationaler Identitätsentwürfe rekonstruiert, genannt. Welche komplexen methodologischen Verfahren und Prinzipien der kritischen Diskursanalyse zugrunde liegen, zeigt ein Blick auf den Katalog von Anforderungen, den Nowak [u. a.] (1990: 138) an eine adäquate Analyse des antisemitischen Diskurses im Nachkriegsösterreich stellen. Hier werden unter anderem genannt: Eine genaue Erfassung von Setting und Kontext, eine Textbeschreibung auf allen sprachlichen Ebenen, die Konfrontation des Äußerungsinhaltes mit den bekannten historischen Fakten sowie eine interdisziplinäre Interpretation der Texte (Historiker, Psychologen, Soziologen). Wie Nowak [u. a.] (1990: 138) hervorheben, führt eine solche Methode „zu neuen Interpretationsrahmen und Ergebnissen, die einzelwissenschaftlich und allein auf Grund linguistischer Analysen nicht erreicht würden". Entscheidend für die Diskursanalyse ist also die Einbettung von beispielsweise rassistischen oder antisemitischen Äußerungen aus sämtlichen Bereichen der öffentlich-politischen Kommunikation in den jeweiligen politischen und historischen Kontext. Damit wird auch klar, dass es keine Sprache des Faschismus, des Rassismus oder des Antisemitismus gibt, sondern nur einen faschistischen, rassistischen oder antisemitischen Sprachgebrauch.

Die umfassende Rekonstruktion von bestimmten Diskursen ist auch Gegenstand der im Kontext der historischen Pragmalinguistik anzusiedelnden Politolinguistik (vgl. beispielsweise Busse 1987, Grünert 1983 u. 1984a, Herrgen 2000). Ähnlich dem Anforderungskatalog der Diskursanalyse stellt auch die historische Pragmalinguistik umfangreiche Fragestellungen an den Gegenstand der Untersuchung:

> Welche Sprachteilnehmer welcher Sprechergruppen handeln in welcher Situation unter welchen (kulturellen, politisch-sozialen, individual- und sozialpsychologischen) Bedingungen über das ‚quid' (Gegenstände, Handlungen usw.) nach welchen sprachlichen Normen und Regeln in welcher Funktion, mit welcher Intention in welchen Kommunikationsformen (Textsorten, -typen)? (Wolf 1981: 104)

Herrgen (2000), der das politische Sprachhandeln in der Zeit der Mainzer Republik (1792/93) untersucht, weist darauf hin, dass es sich für eine dem diskursanalytischem Programm verpflichteten historischen Pragmalinguistik „in der Praxis als unmöglich erwies, die angeführten Kriterien in ihrer Gesamtheit zu behandeln" (Herrgen 2000: 37). Auf der Grundlage des Wissens um die Komplexität des Gegenstandes empfiehlt er eine für empirische Forschung unabdingbare „Komplexitätsreduktion des Gegenstandes als auch eine Reduktion der methodologischen Optionen" (Herrgen 2000: 37). Aufgabe einer historischen Pragmalinguistik sei es zunächst einmal, die Sprache im Hinblick auf ihre Relationen zu den handelnden Personen, die in einer bestimmten historischen Situation stehen, zu beschreiben.

Insgesamt gesehen kann man festhalten, dass die neuere Politolinguistik im Kontext des pragmatischen Ansatz steht und zwar unabhängig davon, ob sie eher vom Wort oder von komplexeren sprachlichen Handlungsmustern wie dem Text ausgeht. Zudem zeigt sich eine deutliche Hinwendung der Politolinguistik zum diskursanalytischen Paradigma.

Abschließend muss noch ein Aspekt der Politolinguistik angesprochen werden, der sich wie ein roter Faden durch ihre Forschungsgeschichte zieht und zugleich auch ihr Selbstverständnis berührt. Darf oder soll die Politolinguistik ihren Untersuchungsgegenstand, den politischen Sprachgebrauch, bewerten? In den 80er-Jahren hat zwar eine intensive Auseinandersetzung mit Fragen der Sprachkritik begonnen (vgl. z. B. Heringer 1982a/1982b, Wimmer 1982), doch fehlt, wie Kilian (1994: 9) feststellt, bislang eine sprachtheoretische und methodologische Grundlegung für die Bewertung politischen Sprachgebrauchs. Problematisch ist etwa die Frage, inwiefern sich die Bewertung des Sprachgebrauchs von der Bewertung des politischen Sachverhalts trennen lässt. So ist beispielsweise Pörksen (1986: 203) der Meinung, dass „für den Sprachkritiker [...] beides eigentlich eins" sei. Auf jeden Fall scheint aber festzustehen, dass mit der Bewertung politischen Sprachgebrauchs die Grenzen der Sprachwissenschaft überschritten werden. In der Politolinguistik wird nicht zuletzt auch deshalb immer wieder betont, dass Beschreibungs- und Bewertungsebene strikt zu trennen seien „und nicht linguistische Kriterien [...] mit politisch inhaltlichen Themen synkretistisch" (Felder 1995: 52) vermengt werden dürfen. Eine eindeutige Position zum Verhältnis von Sprachbeschreibung und Sprachbewertung nimmt Holly ein:

> Sprachwissenschaftliche Beschreibungen können die sprachkritischen Bewertungen nicht völlig ausblenden, können sich aber darauf beschränken, Muster sprachlichen Handelns sichtbar zu machen, ohne diese legitimieren oder Alternativen einklagen zu müssen. (Holly 1990: 266)

Fasst man den Sprachbegriff sehr weit, dann kann man sogar mit Klein (1989b: VIII) die Frage stellen, ob selbst die rein deskriptive Analyse nicht schon sprachkritisch sei, da sie offen legt, „was die Politiker aller Couleurs durchweg lieber verborgen halten möchten".

Doch welches sind die Ziele einer modernen Sprachkritik, die explizit über die reine Sprachbeschreibungsebene hinausgehen will? Nach Hoffmann/Schwitalla (1989: 5) hat Sprachkritik einen „auf eine Gruppe beschränkten oder praktisch gesamtgesellschaftlichen Sprachgebrauch" zu ihrem Gegenstand und müsse dabei oft gegen ein „Mehrheitsprinzip" ankämpfen. Zu kritisieren sei dasjenige, was die Verständigung gefährde, ein offizieller Sprachgebrauch, der eine Sache oder die damit verbundenen Ziele unangemessen wiedergebe. Das Ziel einer Sprachkritik, wie sie Heringer (1990) formuliert, ist nicht das Verbot bestimmten Sprechens, sondern die Bereitstellung von Analysemethoden, die das Verstehen und Beurteilen politischen Sprechens möglich machen sollen. Wie Kilian (1994: 10) bemerkt, sei es das gesellschaftspolitische Ziel einer so ausgerichteten Sprachkritik, „dem Bürger sprachreflexive Kompetenz zu vermitteln und den Politiker zur Einhaltung einer kommunikativen Ethik zu veranlassen".

2.2 Gegenstandsbereiche der Politolinguistik

Wenn es im Folgenden um Gegenstandsbereiche geht, dann sind damit historisch bedeutsame politisch-gesellschaftliche Konstellationen oder Ereignisse gemeint, die in der deutschsprachigen Sprache-und-Politik-Forschung eine wichtige Rolle spielen bzw. gespielt haben. Insbesondere vier Gegenstandsbereiche sind hier besonders hervorzuheben: Die „Sprache im Nationalsozialismus", die „Sprache in der DDR", die „Sprache der Wende" und die „Sprache der Diskurse". Die Beschäftigung mit Sprache und Politik war in Deutschland von den Erfahrungen mit dem Nationalsozialismus geprägt. In aufklärerischer Absicht sollten der Missbrauch von Wörtern aufgedeckt und deren Weiterleben in den Köpfen der Menschen verhindert werden. Das sicherlich bekannteste Werk ist das 1947 erschienene und von dem Romanisten Viktor Klemperer verfasste „Lingua Tertii Imperii", das beeindruckendes Zeitzeugnis und sprachkritische Reflexion zugleich ist. In diesem Zusammenhang ist auch das viel diskutierte „Wörterbuch des Unmenschen" (Sternberger [u. a.] ³1968) zu erwähnen, in dem die Autoren in sprachkritischer Absicht nationalsozialistisches Gedankengut in Wörtern wie *betreuen*, *durchführen* oder *Einsatz* bewusst machen wollen. Später wurde kritisiert (vgl. beispielsweise v. Polenz 1963), dass nicht die

Wörter unmenschlich seien, sondern ihr spezifischer Gebrauch in bestimmten Verwendungszusammenhängen.

Die ersten Untersuchungen zum Thema „Sprache im Nationalsozialismus" stammen interessanterweise von Journalisten und Politologen, Philologen und Sprachgermanisten bilden eine Ausnahme. Erst in den späten 50er-Jahren treten vermehrt sprachwissenschaftliche Publikationen auf. Der Schwerpunkt der Forschung liegt auf den Bereichen Lexik, Stilistik und Rhetorik, wobei insbesondere Reden und Schriften führender nationalsozialistischer Politiker (v. a. Hitler und Goebbels) sowie Pressetexte im Mittelpunkt des Interesses stehen. Mit dem Aufkommen neuer Methoden und Disziplinen in der Sprachwissenschaft in den 70er-Jahren ist auch eine Ausweitung der Untersuchungsgegenstände auf andere Kommunikationsbereiche und Gruppen wie zum Beispiel die Sprache der Jugendlichen (vgl. Maas 1984ff.) sowie der Verfolgten und KZ-Häftlinge (vgl. Oschlies 1986) verbunden. Auch die Rolle der Sprachwissenschaft im Nationalsozialismus wird zum Thema (vgl. Römer 1985, Simon 1985). Zwar verläuft die Beschäftigung mit der Sprache im Nationalsozialismus in den letzten Jahrzehnten kontinuierlich, doch lassen sich – abhängig von bestimmten wissenschaftsgeschichtlichen oder politischen Impulsen – durchaus Wellen des Interesses feststellen. Einen solchen Impuls stellen beispielsweise die seit 1983 stattfindenden fünfzigjährigen Gedenktage an Ereignisse während der Zeit des Nationalsozialismus dar. Besonderes Aufsehen erregte die Rede des ehemaligen Bundestagspräsidenten Jenninger aus Anlass der Pogromnacht vom 9. November 1938, die Auslöser für eine Reihe von Publikationen war (vgl. hierzu ausführlicher Kapitel 6.3).

Neben der Beschäftigung mit der „Sprache im Nationalsozialismus" ist es vor allem die „Sprache in der DDR", die Gegenstand unzähliger Publikationen ist. Zwischen beiden Themenbereichen gibt es insbesondere in der bundesdeutschen Literatur der 50er- und 60er-Jahre Berührungspunkte, da hier Vergleiche zwischen dem so genannten *NS*-Deutsch und dem so genannten *SED*-Deutsch gezogen werden. Beide Herrschaftssysteme werden unter dem Stichwort *Totalitarismus* abgehandelt, wobei es das Ziel ist, Ähnlichkeiten und Entsprechungen zwischen nationalsozialistischem und kommunistischem Sprachgebrauch nachzuweisen. Besonderes Interesse gilt den verschiedenen Formen der Sprachlenkung in totalitären Staaten. Unter *Sprachlenkung* lassen sich nach Dieckmann (²1980: 505) alle Tätigkeiten zusammenfassen,

> mit denen versucht wird, bewußt und zielgerichtet auf gesellschaftliche Kommunikationssysteme Einfluß zu nehmen, um eine wünschenswerte Veränderung herbeizuführen oder zu unterstützen bzw. eine nicht wünschenswerte Veränderung zu verhindern oder zu verzögern.

Als besondere Form der Sprachlenkung wird „die Sprachlenkung totalitärer Staaten" (Moser 1962: 33) angesehen, die immer auch mit dem Ziel der Menschenlenkung verbunden ist. Nach Moser (1966: 34) manifestiert sich die Sprachlenkung totalitärer Staaten in dreifacher Weise: Durch Neuprägungen und Neuwörter aus fremden Sprachen, durch Beseitigung von Wörtern und durch begriffliche Definitionen und Umwertungen von Wörtern. Im Kontext der Blockbildung und der Ost-West-Konfrontation wird darüber hinaus intensiv die Frage diskutiert, ob die Gefahr einer „Sprachspaltung" zwischen beiden deutschen Staaten bestehe. Exemplarisch hierfür ist der Sammelband von Handt (1964), der den Titel „Deutsch – gefrorene Sprache in einem gefrorenen Land?" trägt. Als bevorzugte Belege für eine Spaltung des Deutschen in zwei Sprachen werden die Ausgaben des Rechtschreib-Dudens in West- und Ostdeutschland herangezogen (vgl. hierzu Schubert/Hellmann 1968). Ergeben sich bei einem Dudenvergleich Abweichungen im Wortbestand oder in den Bedeutungsangaben werden diese oft zum Anlass genommen, auf Veränderungen im Sprachgebrauch zwischen West und Ost zu schließen. Allmählich setzt sich dann aber die Erkenntnis durch, dass „die Duden-Ausgaben zu Unrecht als direkte Quelle für den tatsächlichen Sprachgebrauch in Ost und West" (Dieckmann 1967: 146) benutzt werden. Allerdings wird immer wieder betont, dass der Ost-Duden „durch politische Lenkungsabsichten bestimmt" (Betz 1964: 168) sei. Wie Dieckmann (^{2}1975: 45) hervorhebt, ist die „Abschirmung vor der Öffentlichkeit" eine „charakteristische Eigenart der Sprachlenkung". Diese wird durch bestimmte Vermittlergruppen gewährleistet:

> Zwischen anweisender Quelle und Öffentlichkeit stehen Vermittlergruppen, für die die Sprachlenkung verbindlich ist: die Zeitungsredakteure, die Angestellten von Rundfunk und Fernsehen, die Wörterbuchverfasser, die Verleger und eventuell die Lehrer und Parteifunktionäre. (Dieckmann ^{2}1975: 45f.)

Am Stichwort *Konzentrationslager* in zwei Ausgaben des Ost-Dudens (1960 und 1985) kann beispielhaft „eine Art Geschichte der politisch-semasiologischen Strategie" (Betz 1964: 157) abgelesen werden:

> *Konzentrationslager*: „Internierungslager; Vernichtungslager, besonders unter der Herrschaft des Hitlerfaschismus" (Ost-Duden ^{15}1960).
> *Konzentrationslager*: „Internierungslager; faschistisches Haft-, Zwangsarbeits- und Vernichtungslager" (Ost-Duden ^{18}1985).

Sieht man einmal davon ab, dass in der Auflage des Ost-Dudens von 1985 mit *Haft-, Zwangsarbeits-* und *Vernichtungslager* eine allmähliche Steigerung der negativen Wertung gegeben ist, dann besteht der wichtigste Unterschied zwischen beiden Auflagen im Umfang der Bezugnahme auf die außersprachliche Realität. Während durch das Merkmal *Hitlerfaschismus* die Bezugnahme auf Erscheinungen des Nationalsozialismus eingeschränkt wird, ermöglicht *faschistisch*[3] eine Erweiterung der

---

3 *Faschistisch* wird im Ost-Duden (^{18}1985) definiert als „offen terroristische Diktatur reaktionärster imperialistischer Kreise".

Bezugnahme. So verwundert es auch nicht, wenn in DDR-Zeitungstexten mit *KZ* auf Erscheinungen im heutigen Israel Bezug genommen wird. So geschehen etwa in der „Ostsee Zeitung" vom 15.7.87, wo unter der Überschrift „Folter in israelischem KZ" von „dem in Südlibanon von Israel errichtetem KZ Khiam" berichtet wird, in dem „nach wie vor gefoltert" werde. Sprachlenkung im Duden erfolgt also über die begriffliche Definition und Umwertung von Wörtern. Ob allerdings die gewünschte Wirkung auch tatsächlich erreicht wird, bleibt zumindest fraglich.

Seit ungefähr Ende der 70er-Jahre setzt sich in der Forschung die Einsicht durch, dass in beiden deutschen Staaten eine gemeinsame Nationalsprache besteht. So stellt etwa Hellmann (²1980) fest: „Kein Sprachwissenschaftler in Ost und West vertritt heute die These einer Spaltung der Sprache." Allerdings gilt auch 1980 noch, dass „vor allem das Lexikon „tiefgreifende Differenzierungen" (Hellmann (²1980: 523) erfahren hat, wobei naturgemäß der gesellschaftlich-politische Teilbereich des Lexikons von Differenzen betroffen ist. Als Beispiele für DDR-spezifische Wörter seien hier genannt:[4] *Aktivistenbrigade, Betriebskampfgruppe, Druschgemeinschaft, Erfüllungssoll, Erntekampagne, Friedensfahrt, Industriekombinat, Intershop, Jungaktivist, Kaderabteilung, Leistungslohn, Planschulden, Republikflucht, übererfüllen, volkseigen.*

Nach dem Zusammenbruch der DDR ergibt sich mit der „Sprache der Wende" ein neues Betätigungsfeld für die Sprachwissenschaft. Mit der Veränderung der politischen Verhältnisse ging auch eine „Sprachrevolte" (v. Polenz 1993) einher. Braun (1992: 38) weist in diesem Zusammenhang darauf hin, „daß bei der Entstehung und Durchführung einer unblutigen Revolution symbolische Methoden, also Formen des sprachlichen Handelns, eine größere Rolle gespielt haben als die physische Zwangsmethode". Erwähnt seien hier nur die zahlreichen Transparente und Parolen bei den Demonstrationen (*Wir sind das Volk*). Einerseits kommt der Sprache eine entscheidende Bedeutung bei der Durchsetzung gesellschaftlicher Veränderungen zu, andererseits haben aber auch gesellschaftliche Veränderungen Einfluss auf die Sprache. Diese „unauflösliche Verbindung zwischen Sprache und Leben, zwischen gesellschaftlicher Bewegung und Kommunikation" (Müller 1994: 123) bringt Christa Wolf in ihrer bekannten Rede auf der Ostberliner Demonstration vom 4. November 1989 treffend zum Ausdruck:

> Liebe Mitbürgerinnen und Mitbürger, jede revolutionäre Bewegung befreit auch die Sprache. Was bisher so schwer auszusprechen war, geht uns auf ein Mal frei von den Lippen. Wir drehen alte Losungen um, die uns gedrückt und verletzt haben, und geben sie postwendend zurück [...] ‚Trittbrettfahrer zurücktreten!' lese ich auf Transparenten [...] Rechtssicherheit spart Staatssicherheit' [...] Ja, die Sprache springt aus dem Ämter- und Zeitungsdeutsch heraus, in das sie eingewickelt war, und erinnert sich ihrer Gefühlswörter [...] Und dies ist für mich der wichtigste Satz dieser letzten Wochen, der tausendfache Ruf: ‚Wir sind das Volk!' Eine schlich-

---

4 Die Beispiele stammen aus dem West-Duden (¹⁹1986).

te Feststellung, und die wollen wir nicht vergessen. (Christa Wolf, zitiert nach: „Frankfurter Rundschau", 9.11.89)

Die Vielfältigkeit der Untersuchungsgegenstände und -methoden, mit denen sich die Sprache-und-Politik-Forschung jener Zeit befasst, zeigen exemplarisch die Sammelbände von Burkhardt/Fritzsche (1992) und Welke [u. a.] (1992a). Zwar stehen die sprachlichen Phänomene der Wendezeit und insbesondere die sprachlichen Folgen der Wende im Vordergrund, doch ist, wie etwa Welke feststellt, eine weitere Interessensrichtung auszumachen: „Was war das eigentlich: Die Sprache der DDR?" Welke (1992c: 7). Eine solche „DDR-Retrospektive" umfasst aber mehr als nur die Bestandsaufnahme lexikalischer Besonderheiten. So betont etwa Pätzold (1992) die Notwendigkeit, DDR-typische Kommunikationsphänomene zu untersuchen. Ein solches Phänomen ist nach Pätzold das Zwischen-den-Zeilen-Lesen des Durchschnittsrezipienten in der DDR. Die öffentliche Kommunikation in der DDR sei von einer „symptomatischen Indirektheit" (Pätzold 1992: 106) geprägt gewesen, was an Verlautbarungen offizieller Stellen deutlich werde. In dieser spezifischen Gebrauchsweise der deutschen Sprache in der DDR habe, so Pätzold (1992: 95), „die Sprache der Wende ihre Wurzeln".

Neuere Forschungen beschäftigen sich vor allem mit Fragen möglicher Verständigungsschwierigkeiten zwischen Ost- und Westdeutschen. Diese können lexikalisch bedingt sein, da es bei vielen Wörtern wie zum Beispiel *Arbeiter*, *Bewusstsein*, *Initiative* oder *Funktionär* eine „tückische Polysemie" (v. Polenz 1993) gebe, die das Resultat unterschiedlicher Gebrauchsweisen solcher Wörter in Ost und West ist. So zeigt Schlosser (1992) am Beispiel des in der DDR äußerst bedeutsamen Kommunikationsbereiches Ökonomie, dass prägende Denk- und Gefühlsmuster sogar länger nachwirken als die ursprünglich mit ihnen verbundene Terminologie. Für den Sprachwissenschaftler sei dies nachprüfbar „an zahlreichen Interferenzen, also an Überschneidungen alten und neuen Sprachgebrauchs" (Schlosser 1992: 45). Als Beispiel für solche „mentalen Interferenzen" (Schlosser 1992: 45) nennt Schlosser das zentrale Schlüsselwort *Plan* und dessen Komposita, welche in Ost und West in „völlig unvergleichbare Begriffs- und Wortfelder" (Schlosser 1992: 46) organisiert gewesen seien. Schlosser plädiert für die Rekonstruktion von exemplarischen DDR- und BRD-spezifischen Wort- und Begriffsfeldern, die Aussagen über „mentale Differenzen zwischen den beiden Teilen des deutschen Volkes" (Schlosser 1992: 54f.) ermöglichen.

Insgesamt gesehen besitzt die Untersuchung des Lexikons aber nicht mehr den Stellenwert, den sie noch vor der Wende besessen hat. Dies hängt natürlich damit zusammen, dass die früher noch so ausführlich beschriebenen Lexikondifferenzen nicht mehr bestehen bzw. eine allmähliche Assimilation im Bereich des Lexikons zwischen Ost- und Westdeutschen stattfindet (vgl. hierzu Müller 1994). Welke [u. a.] (1992b: XII) fordern, bei der Untersuchung künftiger Sprachentwicklung „größeres Gewicht auf pragmatische, textanalytische, sprachpsychologische und sprachsozio-

logische Prozesse" zu legen. Die Beschäftigung mit dem Lexikon weicht dem Interesse an der Untersuchung „unterschwelliger Sprachhaltungen, Stile, Redeweisen"
(Müller 1994: 131). So untersucht beispielsweise Liebe Reséndiz (1992) die Sprach-
einstellung von ost- und westdeutschen Sprechern. In einer empirischen Studie
spielt sie ost- und westdeutschen Sprechern Redebeiträge aus Rundfunksendungen
der DDR und Westberlins vor, wobei es unter anderem Aufgabe der Informanten ist,
die jeweiligen Sprachstile zu identifizieren und zu bewerten. Es stellt sich beispielsweise heraus, dass die Prosodie ein oftmals sicheres Zuordnungskriterium ist.
Während ostdeutsches Sprechen als *langsam, ruhig, monoton, leiernd* oder *roboter-
haft* charakterisiert wird, sind *schnell, akzentuierte Satzmelodie* und *deutliche, sinn-
hafte Pausensetzungen* Merkmale für westliches Sprechen.

Jüngere Untersuchungen behandeln die Thematik des sprachlichen Ost-/West-
Verhältnisses unter diskursanalytischen Gesichtspunkten. So verweisen etwa Roth/
Wiener (2008) darauf, dass auch fast 20 Jahre nach dem Mauerfall die Kategorien
Ost und West immer noch im Bewusstsein der Menschen seien, was seinen Grund
unter anderem in den medialen Diskursen über die innerdeutschen Verhältnisse seit
der Wiedervereinigung habe.

Waren die „Sprache im Nationalsozialismus", die „Sprache in der DDR" und die
„Sprache der Wende" in der Vergangenheit die bestimmenden Themen der
Politolinguistik, so treten seit ungefähr 25 Jahren Themen in ihren Fokus, die die
gesellschaftspolitischen Debatten der Bundesrepublik Deutschland geprägt haben.
Der gegenwärtig vorherrschende Gegenstand ist somit die „Sprache der Diskurse",
wobei dann jeweils zu spezifizieren ist, um welchen Diskurs es sich handelt (vgl.
Spieß 2011b: 299). Ein Gegenstandsbereich, der bereits in den 80-er Jahren die Aufmerksamkeit der Politolinguistik auf sich gezogen hat, ist der Aufrüstungsdiskurs
(vgl. hierzu vor allem Burkhardt [u. a.] (1989), Pasierbsky (1983) und Wengeler
(1992). Weitere untersuchte Gegenstände sind beispielsweise der Migrationsdiskurs
(vgl. Wengeler 2003), der Grundrechtediskurs (vgl. Kilian 1997), der Bioethikdiskurs
(vgl. Domasch 2007, Spieß 2011a), der Atomenergiediskurs (vgl. Jung 1994), der
68er-Diskurs   (vgl. Scharloth 2011), der Ost-West-Diskurs (vgl. Roth/Wienen 2008)
oder der Schuldiskurs nach 1945 (vgl. Kämper 2005).

2.3 Analysemodelle politischer Sprache

In diesem Kapitel werden sechs Analysemodelle politischer Sprache vorgestellt, die
in der Politolinguistik eine wichtige Rolle spielen. Diesen Modellen ist gemeinsam,
dass sie mehr oder weniger explizit den pragmatischen Aspekt der Sprachbetrach-
tung in den Vordergrund stellen. Alle im Folgenden vorgestellten Analysemodelle
werden in den weiteren Kapiteln des Arbeitsheftes wieder aufgegriffen und zur Analyse politischer Sprachverwendung herangezogen.

a) Das Agitationsmodell (Klaus 1971)

Der Semiotiker Klaus stellt in seinem 1971 erschienenen Buch „Sprache der Politik" die *Agitation* bzw. die Person des Agitators, des Benutzers politischer Sprache, in den Mittelpunkt. Sprache der Politik ist nach Klaus derjenige Bereich der Sprache, in dem sich der Agitator bewegt. Von einem marxistisch-leninistischen Standpunkt aus bestimmt Klaus die Aufgaben der politischen Sprache und der Sprache der Agitation als „Beeinflussung des Bewußtseins der Menschen, an die sie sich wenden, und zwar mit dem Ziel, diese zu einer bestimmten Verhaltensweise zu veranlassen bzw. die Wahrscheinlichkeit für eine solche Verhaltensweise zu vergrößern" (Klaus 1971: 193). Der Agitator ist für Klaus notwendigerweise parteilich, was aber keinesfalls als Schwäche ausgelegt wird. Die Parteilichkeit des sozialistischen Agitators wird vielmehr positiv umgedeutet als die Fähigkeit, den Menschen ein objektives Bild der Realität zu vermitteln. Die wissenschaftlichen Disziplinen der Semiotik und Informationstheorie liefern dabei die Hilfsmittel, um die Wirkung der sozialistischen Agitation zu erhöhen:

> Langweilige Agitation, die also an sich Richtiges sagt, aber so, daß es nicht aufgenommen wird, hebt sich in ihrer Wirkung mehr oder weniger selbst auf. Auf eine knappe Formel gebracht, bedeutet das: Das Richtige (die Wahrheit) muß auch richtig gesagt werden – nur dann erreicht unsere Agitation höchsten Effekt. (Klaus 1971: 154)

Ein weiteres Ziel besteht darin, die Absichten der kapitalistischen Agitation, die Klaus negativ-wertend als *Manipulation* bezeichnet, zu durchschauen.

In Fortführung und in Erweiterung eines von dem amerikanischen Semiotiker Charles W. Morris entwickelten Modells unterscheidet Klaus vier Zeichenrelationen (vgl. Klaus [1964] ⁶1972: 11ff. und Klaus 1971: 18): Demnach kann das Zeichen mit anderen Zeichen verknüpft sein (syntaktische Relation), es bedeutet etwas (semantische Relation), es bezeichnet etwas (sigmatische Relation) und es wird von Menschen hervorgebracht, benutzt, verstanden und löst Reaktionen aus (pragmatische Dimension). Die im Marxismus zentrale Abbildrelation, die bislang vorwiegend unter semantischen bzw. sigmatischen Gesichtspunkten untersucht wurde, will Klaus pragmatisch analysieren. Denn so Klaus,

> [d]ie Gesellschaft im allgemeinen und die gesellschaftlichen Klassen und Gruppen im besonderen üben einen starken Einfluß auf den Gebrauch von sprachlichen Zeichen und ihre Eigenschaft, in bestimmter Weise wirken zu können, aus. (Klaus 1971: 21)

Klaus versucht nun, die in der politischen Sprachverwendung auftretenden Zeichen unter semiotischen Gesichtspunkten zu untersuchen. Die Funktion sprachlicher Zeichen beschreibt er folgendermaßen:

Sprachliche Symbole rufen bei denen, an die sie sich wenden, eine bestimmte Disposition zu einem bestimmten Verhalten hervor bzw. verstärken sie und erhöhen die Wahrscheinlichkeit, daß sich die betreffenden Individuen, Gruppen von Menschen, Klassen unter Einwirkung dieser Symbole in einer bestimmten Weise verhalten. (Klaus 1971: 21)

Auf Grund ihrer triadischen Struktur kann der Agitator Zeichen in dreifacher Weise verwenden: Er kann mit ihrer Hilfe Sachverhalte bezeichnen (*designative* Komponente), Sachverhalte bewerten (*appraisive* Komponente) und ein bestimmtes Verhalten vorschreiben (*preskriptive* Komponente). Beispielsweise ist das Symbol *Demokratie* ein *Designator*, da es eine bestimmte Staatsform bezeichnet, es ist ein *Appraisor*, da es diese Staatsform positiv bewertet und es ist zugleich ein *Preskriptor*, da es die Menschen veranlassen soll, für diese als positiv eingestufte Staatsform einzutreten. Für den Agitator besteht die Aufgabe nun darin zu entscheiden, welcher dieser drei Komponenten in der jeweiligen Redesituation vorrangig zur Geltung kommen soll. Die Abbildung 2 fasst das Gesagte noch einmal zusammen:

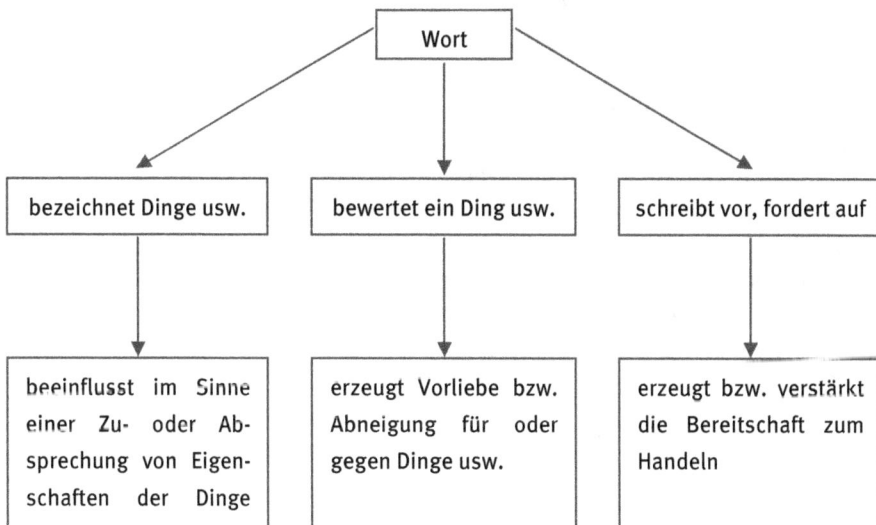

Abb. 2: Die Funktionen des sprachlichen Zeichens (Klaus 1971: 25)

Demokratie ist zugleich – wie etwa auch *Sozialismus, Freiheit, Fortschritt* oder *Kapitalismus* – ein Beispiel für ein so genanntes *hochaggregiertes Symbol*. Hierbei handelt es sich nach Klaus um „Bezeichnungen für sehr allgemeine, auf hoher Abstraktionsstufe bezeichnete ökonomische, politische oder geistige Sachverhalte" (Klaus 1971: 169). Nach Klaus dienen sie dazu, „bestimmte Handlungen der Massen, an die sie sich wenden, zu erzeugen" (Klaus 1971: 71).

Mit seiner Charakterisierung der Bedeutung und Funktion sprachlicher Zeichen in der Politik legt Klaus ein systematisches Beschreibungsinventarium politischer Sprache vor. Seinen Analysen zur politischen Sprache kommt das Verdienst zu, erstmals die pragmatische Dimension der Sprache konsequent in den Vordergrund zu stellen. Mit dem Agitator rückt der handelnde Akteur und damit die pragmatische Dimension des sprachlichen Handelns in das Zentrum der Untersuchung politischer Sprachverwendung.

b) Das Persuasionsmodell (Kopperschmidt 1973)[5]

Kopperschmidt entwickelt seine Theorie der Persuasiven Kommunikation vor dem Hintergrund einer Rhetorik, die sich nicht als technologische Theorie effizienter Überzeugungsstrategien versteht, sondern als Grammatik des vernünftigen Redens. Die Rhetorik ist nach Kopperschmidt eine Disziplin, die der Vernunft in Sprache Geltung verschaffen will. Vernünftiges Reden heißt, vermittels von Argumentation einen Konsens zwischen den Kommunikationspartnern über ihre handlungsleitenden Ziele anzustreben. Kommunikationsakte, die dieses Kriterium erfüllen, heißen *persuasive Kommunikationsakte*. Die Aufgabe der Rhetorik besteht nun darin, eine Theorie der persuasiven Kompetenz zu entwickeln. Die zu erstellende Grammatik der Persuasiven Kommunikation müsse „das Regelsystem modellhaft rekonstruieren, das unter situativ-konkreten Randbedingungen in Kommunikationsakten Persuasiven Charakters zur Anwendung kommt und deren Gelingen bedingt" (Kopperschmidt [2]1976: 22). Der von Kopperschmidt entwickelte Persuasionsbegriff weicht somit von einem allgemeineren Persuasionsbegriff ab, der sich auf alle kommunikativen Versuche bezieht, „Meinungen, Einstellungen und Verhalten zu beeinflussen, von der vorsichtigen, überzeugenden Argumentation bis zur täuschenden Überredung" (Käge 1980: 63).

Kopperschmidt nennt drei charakteristische Merkmale der Persuasiven (Überzeugenden) Kommunikation: Sie ist eine mittelbare, sprachliche und eine argumentativ bestimmte Form der Zielrealisation (vgl. Kopperschmidt [2]1976: 69). Wenn beispielsweise A B davon zu überzeugen versucht, das Fenster zu schließen, dann handelt es sich um eine mittelbare Zielrealisation. A realisiert den Zielzustand nicht selber, sondern wählt den Weg über B. Die mittelbare Zielrealisation muss aber nicht notwendigerweise sprachlich erfolgen, auch die Möglichkeit von Gewalt oder Sanktionen muss in Betracht gezogen werden. Wenn eine Zielrealisation schließlich sprachlich erfolgt, dann muss das Persuasive Verfahren von verwandten Verfahren wie Befehlen, Bitten oder Empfehlen

---

5 Im Folgenden wird die 2. Auflage 1976 zitiert.

abgegrenzt werden. Entscheidend ist hierbei die Intention, durch überzeugende Argumentation einen Konsens herzustellen. Im Gegensatz zu allen anderen Formen der Beeinflussung besitzt die Persuasive Kommunikation hermeneutische Funktion. Sie ist nicht nur instrumentelle Möglichkeit für die Durchsetzung von Zielen, sondern zugleich auch Aufklärung über mögliche Ziele. Persuasion ist ein dynamischer, wechselseitiger Prozess, in dessen Verlauf die Kommunikationspartner zugleich Subjekt und Objekt der Überzeugungsintention werden können.

Im Anschluss an die von Austin und Searle begründete Sprechakttheorie versucht Kopperschmidt, die Struktur und die Regeln des Persuasiven Sprechaktes zu beschreiben. Die mit einem Persuasiven Sprechakt verbundene Handlung besteht demnach darin, Argumente (Gründe) für einen bestimmten Sachverhalt anzuführen. Doch unter welchen Umständen kann man davon sprechen, dass ein Persuasiver Sprechakt vorliegt? Die Grundidee besteht darin, Bedingungen aufzustellen, die festlegen, ob ein Persuasiver Sprechakt glückt. Kopperschmidt (²1976: 84ff.) stellt die folgenden sieben Glückensbedingungen (Regeln) für den Persuasiven Sprechakt auf:

1. A ist nicht nur subjektiv willens, sondern auch faktisch in der Lage, mit B als gleichberechtigtem Kommunikationspartner zu interagieren.
2. A ist an einer argumentativ erzielten Verständigung (Konsens) mit B ernsthaft interessiert.
3. A geht gegenüber B die Verpflichtung ein, die Entscheidung von B in jedem Fall zu respektieren und nicht durch persuasionsfremde Mittel zu beeinflussen.
4. B ist in der Lage, sich mit den von A vorgebrachten Argumenten auseinanderzusetzen und sich gegebenenfalls durch sie überzeugen zu lassen.
5. B ist bereit, sich gegebenenfalls von den Argumenten des Kommunikationspartners überzeugen zu lassen.
6. B verpflichtet sich, gemäß seiner Überzeugung zu handeln.
7. Die Proposition bezieht sich auf Sachverhalte, deren strittiger Charakter einen Dissens zwischen den Kommunikationspartnern zulässt.

Die 1. Glückensbedingung verweist auf die Beziehungsebene zwischen den Kommunikationspartnern A und B. Zwischen beiden muss eine gleichberechtigte, symmetrische Kommunikationsbeziehung bestehen. Die 2. Glückensbedingung bezieht sich auf die Aufrichtigkeit von A, tatsächlich einen Konsens mit B zu erzielen. Diese Bedingung berührt vor allem die Glaubwürdigkeit von A, der von der Aussagekraft seiner Argumente überzeugt sein sollte. Ein persuasiver Sprechakt eines Politikers wäre beispielsweise dann nicht geglückt, wenn ihm unterstellt würde, er sei nicht an einem Konsens interessiert, sondern lediglich an einer Bloßstellung des politischen Gegners. Die 3. Glückensbedingung hebt den Persuasiven Sprechakt von anderen sprachlichen und auch nicht-

sprachlichen Mitteln der mittelbaren Zielrealisation ab. So schließt ein Persua-
sionsakt einen Befehl als nachfolgenden Sprechakt aus, nicht zuletzt auch deshalb, weil eine symmetrische Kommunikationsbeziehung zwischen den Kommunikationspartnern bestehen muss. Die 4. Glückensbedingung setzt einen zu
verantwortlichem Handeln fähigen Kommunikationspartner voraus, der über
sich selbst und seine handlungsleitenden Motive Rechenschaft ablegen kann.
Überzeugungsfähigkeit scheint eine anthropologische Grundkonstante zu sein,
die aber von der in der 5. Glückensbedingung formulierten Bereitschaft, sich
überzeugen zu lassen, unterschieden werden muss. Als mögliche Hindernisse
können etwa ideologisch verfestigte Denk- und Handlungsmuster genannt werden. Die 6. Glückensbedingung zielt auf das zukünftige Handeln von B ab, das
auf der Grundlage der im Argumentationsprozess gewonnenen Überzeugung
geschehen sollte. Ein Persuasiver Sprechakt wäre dann nicht geglückt, wenn B
behauptet, die Argumente von A hätten ihn überzeugt, er beabsichtige aber
nicht, sein zukünftiges Handeln danach auszurichten. Die 7. Glückensbedingung bezieht sich auf die Sachverhalte (Propositionen), die in einem Persuasiven Sprechakt thematisiert werden können. Die entscheidende Kategorie ist
hier die *Strittigkeit*, die auf den Geltungsanspruch[6] einer Äußerung verweist. So
können beispielsweise wissenschaftliche oder logische Gesetze nicht Gegenstand eines Persuasiven Sprechaktes sein, da sie sich auf Sachverhalte beziehen, die nicht strittig sind. In einem Persuasiven Sprechakt werden Argumente
vorgebracht, „die normative Einstellungen und Meinungen über Sachverhalte
überzeugend rechtfertigen" (Kopperschmidt [2]1976: 97) und die auf Grund ihrer
Überzeugungskraft als gültig oder als ungültig anerkannt werden können.

Es steht außer Frage, dass die Beschreibung der Persuasiven Kommunikation unter den Voraussetzungen der Vernünftigkeit und Konsensorientiertheit
nicht vorbehaltlos auf alle Aspekte der Sprachverwendung in der Politik über-
tragen werden kann. Insbesondere die parteiliche und machtbezogene Dimension der politischen Sprachverwendung vermag mit diesem normativen Modell,
dass sich die Postulate der Herrschaftsfreiheit, Gleichberechtigung und Rationa-
lität auf die Fahne geschrieben hat, nur schwer zu erfassen sein. Andererseits
erweist sich die Kenntnis der Struktur und der Regeln konsensorientierter überzeugender Sprechakte als äußerst nützlich, um vor deren Hintergrund die konkurrierenden, nicht auf argumentative Verständigung zielenden Formen des
Überredens zu erfassen. Ein Musterbeispiel konsensorientierter persuasiver
Kommunikation wird in Kapitel 6.2 am Beispiel der so genannten *Hauptstadt-
Debatte* vom 20. Juni 1991 im Deutschen Bundestag vorgestellt.

---

6 Vgl. hierzu ausführlich Kopperschmidt (1989a).

c) Das lexikalisch-argumentative Modell (Grünert 1974)

Grünert entwickelt sein lexikalisch-argumentatives Modell an einem histori-schen Gegenstand aus dem 19. Jahrhundert. Er untersucht die Reden, die die Politiker der ersten deutschen Nationalversammlung zwischen 1848 und 1849 in der Paulskirche zu Frankfurt am Main gehalten haben. Ziel ist die Analyse des Gebrauchs von Ideologiesprache, von gruppenspezifischen Zeicheninventaren, „in denen sich die jeweiligen politischen Auffassungen, Denkmuster, Wertvor-stellungen und Zielsetzungen ausdrücken" (Grünert 1974: 15). Grünert hebt ex-plizit den pragmatischen Aspekt, die „Einbeziehung des Menschen und der Ge-sellschaft" (Grünert 1974: 6), hervor. Gemäß diesem pragmatischen Ansatz geht es ihm nicht um das isolierte ideologiesprachliche Zeichen, sondern um seine Einbettung in einen engeren und einen weiteren Kontext, in dem das Zeichen erst seine Bedeutung im semantischen und seine Funktion im pragmatischen Sinne entfalten könne (Grünert 1974: 20). Unter dem *weiteren Kontext*, er be-zeichnet diesen auch als *ideologischen Kontext*, versteht er die historisch-gesellschaftliche Situation, die politisch-ideologischen Bedingungen sowie die besonderen argumentativ-kommunikativen Faktoren des Sprachgebrauchs. Der *engere* Kontext bezeichnet den sprachlichen Kontext, also die Relation der sprachlichen Zeichen untereinander. Der Untersuchung des Kontextes kommt eine entscheidende Rolle zu, da das Zeichen nur im Kontext „eine Bedeutung im semantischen und eine Funktion im pragmatischen Sinne" (Grünert 1974: 20) besitzt.

Um zu zeigen, dass ideologiesprachliche Zeichen über einen argumentati-ven Wert und über eine bestimmte Funktion im Argumentationsprozess verfü-gen, entwickelt Grünert ein Modell der Argumentation:

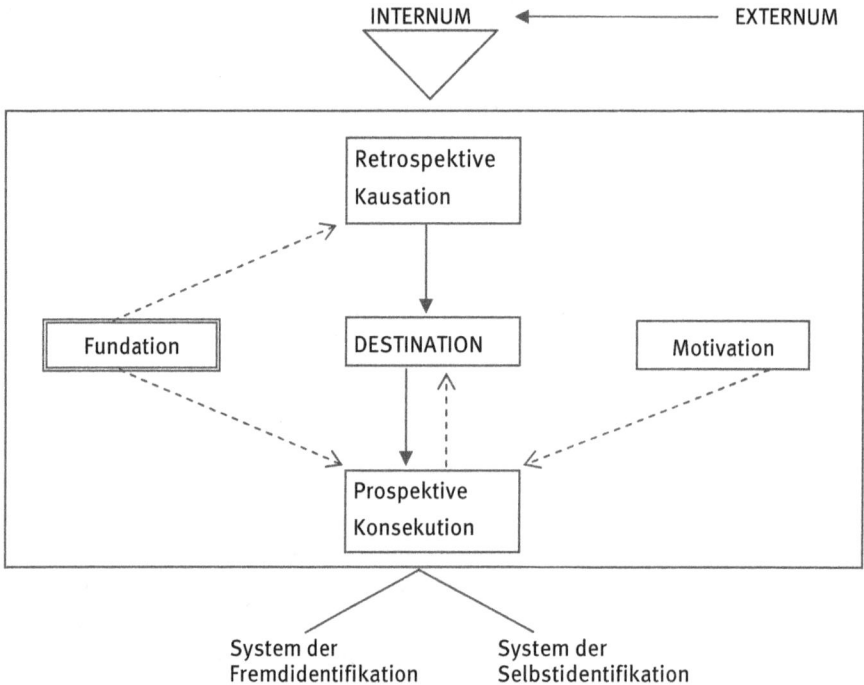

Abb. 3: Das Argumentationsmodell nach Grünert (1974: 31)

Dieses Modell dient ihm als strategischer Rahmen, innerhalb dessen sich ideologiesprachlicher Zeichengebrauch wirkungsvoll entfaltet. Grünert unterscheidet fünf Argumentationskategorien, die er auf einer präsentisch-horizontalen und einer präterital-futurischen Achse anordnet. Auf der präsentisch-horizontalen Achse sind die Kategorien der *Destination*, *Fundation* und *Motivation* angeordnet. Die zentrale Argumentationskategorie bildet die *Destination*. Darunter sind die außersprachlichen Gegenstände zu verstehen, die in der öffentlich-politischen Kommunikation thematisiert werden. Im konkreten Falle der von Grünert untersuchten Paulskirchendebatten sind dies beispielsweise die politisch-rechtliche Stellung der Nationalversammlung, die zukünftige Staatsform (Monarchie/Republik) oder die soziale Frage. Die Destination darf als zentrale Argumentationskategorie gelten, da alle anderen Kategorien letztlich auf sie bezogen sind bzw. von ihr abhängen. Die Destination bildet die Schnittstelle zwischen präsentisch-horizontaler und präterital-futurischer Achse.

Die Kategorie der *Fundation* fasst die sprachliche Kodierung „politischer Prinzipien, politischer Doktrinen, politischer Standpunkte, kurz politischer

Theorie und Philosophie [...] zusammen" (Grünert 1974: 28). Für das rechte politische Spektrum der Paulskirche lassen sich beispielsweise *Organismus* bzw. *organisch* als Fundationszeichen anführen (vgl. Grünert 1974: 191ff.). Der Staat und die Gesellschaft werden in Analogie zur Natur als lebendige Organismen betrachtet, deren Entwicklung nach biologischen Gesetzen verlaufe. Die Funktion der Organismusmetapher bestehe nun darin, die bestehende Gesellschaftsstruktur als natürlich und unveränderbar darzustellen, um so einen bestimmten Herrschaftsanspruch abzuleiten.

Die Kategorie der *Motivation* dient dazu, eine gegebene Destination zu motivieren, das heißt sie als notwendig bzw. als nicht notwendig zu erweisen. Dies kann vor allem durch die Berufung auf „Autoritäten" im weitesten Sinne geschehen. Die Motivation umfasst letztlich alle sprachlichen Mittel, „die für die Erreichung eines politischen Zieles größtmögliche Effektivität bedeuten" (Grünert 1974: 29). Nach Grünert ist *Volk* ein Kernzeichen der Motivationskategorie (vgl. dazu ausführlich Grünert 1974: 222ff.). Es eignet sich in besonderer Weise, gruppenspezifische Interessen mit Gesamtinteressen zu identifizieren und zu motivieren. Es gehört zu den affektiven Zeichen und ist durch einen undeterminierten Gebrauch gekennzeichnet. So kann etwa die rechte Seite durch Rückgriff auf das Motivationszeichen *Volk* behaupten, das Volk wolle die Monarchie. Dies gilt ebenso für die Gegenseite, die behauptet, das Volk wolle nicht die Monarchie, sondern die Republik.

Auf der präterital-futurischen Achse sind die Kategorien der *retrospektiven Kausation* und der *prospektiven Konsekution* angeordnet. Während die Kategorie der Kausation der Begründung einer bestimmten Destination dient, stellt die Konsekution die Folgen dar, die sich aus der Realisierung einer bestimmten Destination in der Zukunft ergeben. In der Konsekution werden „die ideellen Begriffe der Zeit als abstrakte Handlungsziele formuliert" (Grünert 1974: 30). Es kann sich dabei um positiv bewertete Konsekutionszeichen wie *Freiheit* oder um negativ bewertete Konsekutionszeichen wie *Anarchie* handeln. Die Kategorie der Kausation begründet eine Destination mit der Beschreibung der allgemeinen politischen, staatlichen und gesellschaftlichen Verhältnisse der Vergangenheit.

Wie Grünert hervorhebt, muss der Argumentationsweg jedoch nicht unbedingt von der Destination ausgehen, sondern kann von der Motivation über die Konsekution zur Destination führen, die ihrerseits wieder durch die Kausation begründet werden kann. Die beiden unterschiedlichen Argumentationswege lassen sich an folgendem Beispiel verdeutlichen: Die rechte Seite behauptet, das *Volk* (Motivationszeichen) wolle die *konstitutionelle Monarchie* (Destinationszeichen), da nur diese *Ruhe und Ordnung* (Konsekutionszeichen) garantiere. Die Umkehrung lautet: Das *Volk* (Motivationszeichen) will *Ruhe und Ordnung* (Konsekutionszeichen), welche nur durch die Schaffung einer *konstitutionellen Monarchie* (Destinationszeichen) gewährleistet werden. Nach Grünert ist der von der Motivation über die Konsekution zur Destination verlaufende Argumentationsweg effektiver, da die zentralen politischen Begriffe einer Epoche über diesen „konvers-argumentativen Weg stärker in das Bewusstsein des Rezipienten" (Grünert 1974: 31) eindringen und die Destination positiv oder negativ bewerten.

Um das Argumentationsmodell nämlich für die Analyse politischer Sprache nutzbar zu machen, muss es nach Grünert durch das Modell der Zweiwertigkeit ergänzt werden. Unter *Zweiwertigkeit* versteht er den für die politische Auseinandersetzung typischen Dualismus zwischen einem ideologiesprachlichen Eigensystem, dem so genannten *Internum*, und einem ideologiesprachlichen Fremdsystem, dem so genannten *Externum*. Ideologiesprachliche Zeichensysteme haben nun eine doppelte Funktion: Sie dienen zum einen der Selbstidentifikation und zum anderen der Fremdidentifikation. Insbesondere in der Kategorie der Konsekution kommt der Eigen- bzw. Fremdbezug zur Geltung, da sich hier gruppenspezifische Denkmuster in Gestalt von Symbolwörtern widerspiegeln.

Das lexikalisch-argumentative Modell Grünerts erlaubt es, den politisch-ideologischen Sprachgebrauch politischer Parteien detailliert zu analysieren. Mit der Einbettung des Ideologievokabulars in die Modelle der Argumentation und der Zweiwertigkeit liegt ein leistungsfähiges Analyseinstrumentarium politischer Sprachverwendung vor.[7]

d) Das Sprachhandlungsmodell (Holly 1990)

Im Zentrum des Sprachhandlungsmodells von Holly steht der Begriff der sprachlichen Handlung, den er auf eine bestimmte Form institutioneller Kommunikation anwendet. Holly fragt danach, „was ein Abgeordneter eigentlich wirklich tut, wenn er spricht. Welches sind die Muster, die er zur Verfügung hat, um seine vielfältigen und sehr unterschiedlichen Aufgaben im politischen Alltag zu bewältigen?" (Holly 1990: IX). In einer empirischen Untersuchung hat Holly einen Bundestagsabgeordneten in seinem Wahlkreis und in Bonn begleitet, um „wesentliche Teile der politisch-parlamentarischen Sprachkompetenz eines ‚durchschnittlichen‘ Bundestagsabgeordneten zu rekonstruieren" (Holly 1990: 266). Holly unterscheidet zwischen den *externen* und den *internen* Parlamentsfunktionen eines Abgeordneten, wobei er für beide typische Sprachhandlungsmuster aufdeckt. Wichtige externe Funktionen sind die *Interessenartikulation* und *Eigenwerbung*, die *Öffentlichkeitsfunktion* und die *Parteiwerbung*. Dem stehen die internen Funktionen *Richtungsbestimmung* und *Orientierungssuche*, *Detailarbeit* und *Profilierung* gegenüber. Das Vorgehen Hollys lässt sich am besten an einem Beispiel für subtiles LEGITIMIEREN und WERBEN

---

7 Zur Anwendung des lexikalisch-argumentativen Modells vgl. Kapitel 6.1 und 6.2.

demonstrieren, die als Sprachhandlungen im Rahmen der externen Funktion eines Abgeordneten realisiert werden.[8] Der folgende Textausschnitt[9] stammt aus einem Gespräch zwischen dem Abgeordneten und dem Beobachter (= Holly), in dem es um die Organisation der Fraktionsarbeit geht:

[...] und in der fraktion des hat der VN N eben ganz richtig gesagt da gibts dann die grundsatzdebatten – so wie – beispielsweise des letzte mal mit einer stimme mehrheit wir – äh die –
kriegsdienstverweigerungsnovelle von der tagesordnung abgesetzt haben. (Holly 1990: 202)

Die Frage lautet nun, welche Sprachhandlungsmuster in diesem Gespräch realisiert werden. Das zentrale Sprachhandlungsmuster ist die INFORMATION, die in der Kernaussage *und in der fraktion [...] da gibts dann die grundsatzdebatten* zum Ausdruck kommt. Was hier oberflächlich als INFORMATION präsentiert wird, ist tatsächlich aber mehr. Mit dem Ausdruck *grundsatzdebatten* wird das, was in der Fraktion geschieht, durch den Abgeordneten POSITIV BEWERTET. Die Wahl dieses Ausdrucks impliziert, dass in der Fraktion tatsächlich noch debattiert und nicht etwa, wie es Parlamentskritiker unterstellen könnten, bloß akklamiert wird. Die ganze Aussage dient somit auch der LEGITIMATION der Fraktionsarbeit. Der Abgeordnete INFORMIERT also, wobei er zugleich LEGITIMIERT, indem er POSITIV BEWERTET.[10] Die Information wird zusätzlich noch durch zwei weitere Aussagen ergänzt, die oberflächlich als BELEGE fungieren. Mit der Aussage *des hat der VN N eben ganz richtig gesagt,* BERUFT SICH der Abgeordnete auf einen Kollegen. Mit *eben* KNÜPFT er an eine vorhergehende Gesprächssituation AN. Die ERWÄHNUNG des Namens mit Artikel, Vorname und Nachname kann als SELBSTAUFWERTUNG interpretiert werden, zumal es sich bei dem Kollegen um eine prominentere Persönlichkeit handelt. Die SELBSTAUFWERTUNG wiederum dient dazu, die eigene Aussage WERBEND zu verstärken. Die explizite POSITIVE BEWERTUNG der erwähnten Äußerung (*ganz richtig*) kann wiederum als WERBEN für die eigene Partei interpretiert werden, indem nämlich SOLIDARITÄT mit dem Kollegen demonstriert wird. Der zweite ergänzende Beleg, *so wie – beispielsweise des letzte mal mit einer stimme mehrheit wir – äh die – kriegsdienstverweigerungsnovelle von der tagesordnung abgesetzt haben,* ist eine EXEMPLIFIZIERUNG. Der Abgeordnete BELEGT aber nicht nur, dass Grundsatzdebatten stattfinden, sondern drückt implizit aus, dass die Fraktionsführung nicht einfach diktiert, sondern die Mehrheit der Abgeordneten entscheidet. Zusätzlich wird dieser Teil der Äußerung noch durch fachsprachliches RENOMMIEREN

---

8 Sprachhandlungsmuster werden in Großbuchstaben wiedergegeben.

9 Der Gesprächsausschnitt ist in transkribierter Form wiedergegeben. *VN* steht für *Vorname, N* für *Nachname.*

10 Handlungen können prinzipiell durch Ketten von Mustern beschrieben werden, die sich mit *indem*-Relationen verknüpfen lassen. Darüber hinaus kann man nach mehreren Mustern gleichzeitig handeln. Dies lässt sich durch *und zugleich* oder *wobei* ausdrücken.

(*kriegsdienstverweigerungsnovelle, von der tagesordnung abgesetzt*) aufgewertet, ebenso durch SOLIDARISIEREN mit *wir*, wobei beide Sprachhandlungsmuster dem WERBEN dienen. Dieses Beispiel zeigt nach Auffassung Hollys, dass Politiker „gar nicht mehr anders können, als in jeder Äußerung ein Maximum an Nebenbei-WERBUNG unterzubringen" (Holly 1990: 202). Ihre sprachliche Kompetenz sei „durch ein hohes Maß an impliziter WERBUNG und LEGITIMATION geprägt" (Holly 1990: 202).

Das Modell Hollys, das den sprachhandlungstheoretischen Ansatz konsequent umsetzt, erweist sich nicht nur bei der Beschreibung von Politikersprache als nützliches Instrument. Es ist das „pragmatischste" aller hier vorgestellten Modelle, wobei seine Stärke zugleich auch seine Schwäche ist. Eine isolierte Anwendung dieser Methode birgt die Gefahr, sprachliche Äußerungen lediglich interpretierend zu paraphrasieren, wobei der Erkenntniswert gering bleibt. Ergänzt durch andere Untersuchungsmethoden (vgl. hierzu Kapitel 6) bildet das Sprachhandlungsmodell aber einen wichtigen Baustein bei der Analyse von Sprachverwendung in der Politik.

e)   Das Kommunikationsmaximenmodell (Heringer 1990)
In seiner Untersuchung politischen Sprachgebrauchs orientiert sich Heringer an einem Katalog von kommunikativen Maximen, deren Befolgung Voraussetzung für eine effektive und zugleich moralisch begründete Kommunikation sein soll. Die Idee, dass der Kommunikationsprozess von bestimmten, den Verstehensprozess steuernden Voraussetzungen abhängig ist, findet sich bei Grice ([1975] 1979), der von *Konversationsmaximen* spricht. Grice, auf den sich Heringer beruft, stellt die vier Maximen der Quantität, Qualität, Relation und Modalität auf und leitet sie aus dem übergreifenden Prinzip der Kooperation ab, dass er folgendermaßen formuliert:

Mache deinen Gesprächsbeitrag jeweils so, wie es von dem akzeptierten Zweck oder der akzeptierten Richtung des Gesprächs, an dem du teilnimmst, gerade verlangt wird. (Grice [1975] 1979: 248)

Grice bestimmt die Konversationsmaximen im Einzelnen folgendermaßen ([1975] 1979: 249f.):
I. *Quantität*
1. Mache deinen Beitrag so informativ wie (für die gegebenen Gesprächszwecke) nötig.
2. Mache deinen Beitrag nicht informativer als nötig.
II. Qualität: [Versuche deinen Beitrag so zu machen, dass er wahr ist.]
1. Sage nichts, was du für falsch hältst.
2. Sage nichts, wofür dir angemessene Gründe fehlen.
III. Relevanz: [Sei relevant]

IV. Modalität: [Sei klar]
1. Vermeide Dunkelheit des Ausdrucks.
2. Vermeide Mehrdeutigkeit.
3. Sei kurz (vermeide unnötige Weitschweifigkeit).
4. Der Reihe nach!

Grice will die Konversationsmaximen aber nicht – wie es auf den ersten Blick scheint – als Anleitung zu moralisch richtigem kommunikativen Handeln verstanden wissen, sondern als Bedingungen der Möglichkeit rationalen Verhaltens. So hat beispielsweise die 2. Maxime der Qualität nicht die Aufgabe, die Lüge als moralisch verwerfliche Handlung zu unterbinden. Mit dieser Maxime wird lediglich gesagt, dass Menschen ihren Gesprächspartnern in der Regel nicht unterstellen zu lügen, was durchaus im Sinne eines rationalen, auf Kooperation begründeten Verhaltens ist. Im Gegensatz dazu will Heringer die Konversationsmaximen als eine Anleitung zu moralisch begründetem kommunikativem Handeln verstanden wissen. In diesem Verständnis können die Konversationsmaximen als Instrument der Sprachkritik dienen, wobei insbesondere das Hintergehen von Maximen als Verlust an politischer Moral und Glaubwürdigkeit gewertet wird. An den Politiker, der die Öffentlichkeit beispielsweise über bestimmte Sachverhalte informieren will, stellt er die Forderungen, wahrhaftig (= Maxime der Qualität) und umfassend (= Maxime der Quantität) zu informieren, verständlich und klar zu informieren (= Maxime der Modalität) und angemessen und adressatenorientiert zu informieren (= Maxime der Relevanz). Eine charakteristische Eigenschaft sprachlichen Handelns in der Politik besteht nach Heringer aber nun darin, die Maximen nicht zu befolgen, sie im schlimmsten Fall sogar zu hintergehen. Als ein Beispiel für hintergangene Maximen führt Heringer den Fall Tschernobyl und die Informationspolitik der politisch Verantwortlichen an. Er zeigt dies exemplarisch an einer von der Baden-Württembergischen Landesregierung am 30.4.1986 herausgegebenen Pressemitteilung:

Im Laufe des Tages sind auch in Baden-Württemberg Anzeichen von leicht erhöhter Radioaktivität aufgetreten. Die gemessenen Werte sind völlig unbedenklich. 100 Dosismeßstellen des Kernreaktor-Fernüberwachungs-Systems, 20 Aerosolsammelstationen, 2 mobile Meßstationen sowie die Betreiber der kerntechnischen Anlagen in Baden-Württemberg messen fortlaufend die Radioaktivität der Luft. Es ist gewährleistet, daß durchgehend alle Meßstationen voll im Einsatz sind. Die Meßergebnisse werden dem Umweltministerium mitgeteilt und von dort fachlich bewertet. Zur Zeit sind keine Vorsichtsmaßnahmen erforderlich.

Nach Heringer liegt ein klarer Verstoß gegen die Relevanzmaxime vor, denn, so Heringer, „[w]er zu unseren eigentlichen Fragen nichts sagt, wenngleich er natürlich weiß, was wir wissen wollen, verstößt gegen diese Grundmaxime" (Heringer 1990: 123). Der Verstoß gegen die Relevanzmaxime ist auf kommunikative Macht gegründet, die es sich leisten kann, stillschweigend „Ersatzmaxi-men" an ihre Stelle zu setzen. Solche Ersatzmaximen lauten etwa „Gib deine In-formationen scheibchenweise", „Sag wenig, aber wiederhole es immer wieder" oder aber „Beachte nicht, was deine Adressaten wissen wollen" (vgl. Heringer 1990: 125ff.). Straßner (1991), der ebenfalls mit den Griceschen Konversations-maximen arbeitet, geht sogar so weit zu behaupten, dass der Maximenverstoß in der Politik die Regel sei:

> Es geht in der Politik um Erfolg, der offensichtlich nicht erzielt werden kann durch streng sach-bezogene, wahre, einsichtige, nachvollziehbare Aussagen, Begründungen, Erklärungen, Be-weise, Argumente. Es geht nicht um die Wahrheit, sondern um ein Lügen, Betrügen, Täuschen, Ablenken, Heucheln, aufs Kreuz legen, das aber als eigene Wahrheit ausgegeben wird. (Straßner 1991: 137)

Mit dem Kommunikationsmaximenmodell Heringers liegt ein pragmatisch aus-gerichtetes Instrument vor, mit dem das konkrete Sprachhandeln von Politikern sprachkritisch beurteilt werden kann. In Kapitel 3.5 wird gezeigt, wie die Idee der Konversationsmaximen durch die Einbeziehung des Implikaturenkonzepts interessante Perspektiven zur Analyse politischen Sprachgebrauchs eröffnet.

e) Das diskursgeschichtliche Topos-Modell (Wengeler 2003) und das Modell des topischen Argumentationshandelns Klein (2003)
Die Hinwendung der Politolinguistik zum Paradigma der Diskursanalyse zeigt sich deutlich in der von Martin Wengeler theoretisch begründeten und am Bei-spiel des Diskurses zur Arbeitsmigration von 1960-1985 empirisch erprobten To-pos-Analyse (vgl. insbesondere Wengeler 2003d). Dieses Modell, das wieder-kehrende Argumentationen im politischen Sprachhandeln als Argumen-tationsmuster erfasst, hat bis heute großen Einfluss in der politolinguistischen Forschung. Der Ansatz selbst wurde von Wengeler schon in früheren Arbeiten im Kontext der sogenannten *Düsseldorfer Schule* entwickelt und ist an verschie-denen Stellen skizziert worden (vgl. z. B. Wengeler 1997 und 2007). Bei Argu-mentationstopoi handelt es sich um Schlussregeln im Argumentationsprozess, die inhaltlich gefüllt sind, aber dennoch einen ausreichend hohen Abstrakti-onsgrad haben, um in unterschiedlichen Diskursen strategisch eingesetzt zu werden (vgl. Wengeler 1997: 124ff.). Argumentationstopoi haben die Funktion, bestimmte Positionen zu legitimieren und sind „Denkstrukturen des Herange-hens an eine politische Fragestellung" (Wengeler 1997: 129). Dabei ist zu beach-ten, dass Argumentationstopoi sowohl die eigene Position legitimieren, gleich-zeitig aber auch in umgekehrter Stoßrichtung von der gegnerischen Seite aufgegriffen werden können. Argumentationstopoi lassen sich als *wenn-dann* oder *weil*-Formulierungen darstellen. Wengeler unterscheidet zwischen kon-textabstrakten und kontextspezifischen Argumentationstopoi. Während erstere sehr allgemeine Schlussprozesse umfassen wie etwa den Kausalschluss, werden

letztere zwar nach den Formprinzipien der abstrakten gebildet, inhaltlich aber näher spezifiziert. Typische kontextspezifische Topoi sind beispielsweise der *Gefahren*-Topos, der *Belastungs*-Topos und der *Realitäts*-Topos. Diese lassen sich wie folgt formulieren: *Weil eine politische Handlung/ Entscheidung – bzw. deren Unterlassung – oder eine gesellschaftliche Entwicklung bestimmte gefährliche Folgen hat, sollte sie (nicht) ausgeführt werden/ ist sie zu unterbinden* (= Gefahren-Topos). *Weil eine Person/ eine Institution/ ein Land mit bestimmten Problemen stark belastet ist oder weil eine solche Belastung droht, sollten Handlungen ausgeführt werden, die diese Belastung vermindern bzw. verhindern* (= Belastungs-Topos). *Weil die Wirklichkeit so ist wie sie ist, sollte eine bestimmte Handlung/ Entscheidung ausgeführt/ getroffen werden bzw. nicht ausgeführt/ nicht getroffen werden* (= Realitäts-Topos).

Klein (2003c) greift das Topos-Modell auf und kann zeigen, dass bestimmte topische Grundmuster in allen politischen Reden von der Antike bis zur Gegenwart nachweisbar sind. Er ermittelt grundlegende Argumentationstopoi und setzt diese in einen handlungstheoretischen Rahmen (vgl. Klein 2003c: 1468). Demnach beziehen politische Akteure Stellung zu bestimmten Themen, indem sie aus ihrer Perspektive auf Situationsdaten verweisen, Bewertungen der Situationsdaten vornehmen, leitende Prinzipien oder Werte anführen, Ziele benennen und auf Konsequenzen des thematisierten Handelns oder auch der Daten, Bewertungen, Prinzipien und Ziele hinweisen. Argumentativ verwendet werden aus diesen Handlungskategorien Handlungstopoi, das heißt Begründungsschemata für die Rechtfertigung von Handlungen oder handlungsbezogene Einstellungen bzw. für Angriffe auf dieselben. Politische Handlungen werden also durch Ziele (*Finaltopos*) begründet und durch Situationsbewertungen (*Motivationstopos* oder *Valuationstopos*) motiviert. Den Situationsbewertungen liegen wiederum bestimmte Annahmen über die Situation (*Datentopos*) und bestimmte Prinzipien oder Werte (*Prinzipientopos*) zugrunde. Am Beispiel des Themas „Patientenverfügung" soll das topische Grundmuster noch einmal verdeutlicht werden (vgl. Klein 2005a: 136):

– *Datentopos*: Die Medizintechnik ermöglicht es, vegetative Lebensfunktionen fast beliebig lange aufrechtzuerhalten, auch dann wenn die für Menschen typischen Gehirnfunktionen zerstört sind, so dass der Mensch zum Objekt der Entscheidungen anderer wird.

– *Prinzipientopos*: die Würde des Menschen

– *Motivationstopos*: Dass die medizintechnische Entwicklung Menschen zu bloßen Objekten der Entscheidungen anderer werden lässt, ist eine nicht hinnehmbare Gefahr für die Würde der betroffenen Personen.

– *Finaltopos*: Der Mensch soll, soweit sein Lebensende Gegenstand von Entscheidungen ist, möglichst selbst entscheiden.

Die aus diesem Argumentationsgang folgende politisch-praktische Konklusion ist die Forderung nach einem Gesetz zur Patientenverfügung.

2.4 Literaturhinweise und Übungsaufgaben

Literaturhinweise

Ein Überblick über die Forschungsgeschichte der Politolinguistik findet sich beispielsweise bei Niehr (2014b). Lesenswert ist in jedem Falle immer noch der Forschungsüberblick in Dieckmann (²1975: 11ff.), der über die elementaren wissenschaftsgeschichtlichen Grundlagen Auskunft gibt.

Literaturhinweise zu lexikonorientierten und text-/diskursorientierten Untersuchungen werden an dieser Stelle nicht aufgeführt. Vgl. hierzu die Literaturhinweise in Kapitel 4.5 bzw. Kapitel 5.5.

Zum Themenkomplex Sprachkritik erhält man erste Auskunft bei Heringer (1982). Eine umfassende Bibliographie legt Dieckmann (1992) vor. Roth (2004) thematisiert die politische Sprachberatung und befasst sich mit den Aufgaben einer kooperativ-kritischen Sprachwissenschaft.

Literatur zur „Sprache im Nationalsozialismus": Einen sehr guten Überblick über die kaum überschaubare Vielzahl an Einzeluntersuchungen verschafft die Bibliographie von Kinne/Schwitalla (1994). Dort findet sich auch eine beachtenswerte Skizze der Forschungsgeschichte (Kinne/Schwitalla (1994: 1ff.). Nützlich ist auch die Bibliographie von Voigt (1983). Sehr empfehlenswert ist die Überblicksdarstellung von Maas (2000); Als Grundlagenwerke zum Thema „Sprache im Nationalsozialismus" sind insbesondere zu nennen: Schmitz-Berning (2000) [Vokabular der Sprache im Nationalsozialismus], Ehlich (³1995b) und Maas (1984); Arbeitsmaterialien zum Sprachgebrauch während der NS-Herrschaft finden sich in Kinne (1981); Untersuchungen zu Einzelaspekten: Braun (2007) [nationalsozialistischer Sprachstil], Glunk (1966 und 1970) [Erfolg und Misserfolg von Sprachlenkung], Kegel (2006) [Analyse der Sportpalast-Rede Goebbels'], Nill (1991) [der Sprachgebrauch Goebbels], Römer (1985) [zur Rolle der Sprachwissenschaft im Nationalsozialismus], ebenso Simon (1985); Sauer (1978a) [die Sprache der Nationalsozialisten vor 1933], Stoetzel (1989) [Geschichte der NS-Vergleiche seit 1946]. Eine umfassende Studie zur Geschichte der Sprache im Nationalsozialismus legt Schlosser (2013) vor.

Literatur zur „Sprache in der DDR": Einen guten Überblick über den Forschungskomplex „Sprache in der DDR" verschafft Hellmann (²1980). Eine Periodisierung der DDR-Sprachwissenschaft zum Problem Sprache in der DDR/BRD legt Welke (1992c) vor. Zur Problematik Duden-Ost/Duden-West vgl. Betz (1964) und Schubert/Hellmann (1968). Zum Begriff der Sprachlenkung vgl. Dieckmann (²1975: 44ff., ²1980) und Moser (1966). Zu Lexikondifferenzen zwischen Ost und West vgl. Andersson (1984). Hellmann (²1980, 1984) legt eine differenzierte Typologie der Ost/West Lexikondivergenzen vor. Das von Kinne [u. a.] (²1981) verfasste „Kleine Wörterbuch des DDR-Wortschatzes" gibt einen Überblick über die so genannten *DDR-Spezifika*.

Literatur zur „Sprache der Wende": Einen guten Einstieg in den Problemkomplex verschaffen die Sammelbände von Burkhardt/Fritzsche (1992) und Welke [u. a.] (1992a). Einen Forschungsbericht legt v. Polenz (1993) vor. Hellmann (1990) legt eine an Beispielen reiche Dokumentation des DDR-Sprachgebrauchs nach der Wende vor. Müller (1994) dokumentiert den ost- bzw. westspezifischen Sprachgebrauch nach der Wende. Über die Nominationen für die Wiedervereinigung und den Gebrauch von *Wende* informiert Bellmann (1996). Über zukünftige Forschungsaufgaben informiert Hellmann (2003). Schlüsselwörter der Wendezeit finden sich in Herberg/Steffens/Tellenbach (1997). Aktuelle Aspekte des sprachlichen Ost/West-Verhältnisses thematisieren die Sammelbände von Roth/Wienen (2008) und Bock/Fix/Pappert (2011). Texte aus fünfzigjähriger Forschung zur Sprache in Ost und West stellen Hellmann/Schröder (2008) in ihrem Reader zusammen.

Übungsaufgaben

1. Vergleichen Sie die beiden nachfolgenden Bedeutungsangaben zu den Stichwörtern *Kolonialismus* und *Selfmademan* aus dem West-Duden ([19]1986) und dem Ost-Duden ([18]1985). Inwiefern kann man hier von *Sprachlenkung* sprechen?
   Kolonialismus: ‚auf Erwerb und Ausbau von Kolonien ausgerichtete Politik eines Staates' (West-Duden [19]1986); *Kolonialismus*: ‚imperialistische Politik der Unterdrückung, Versklavung und Ausbeutung ökonomisch schwach entwickelter Länder' (Ost-Duden [18]1985).
   Selfmademan: ‚jmd., der sich aus eigener Kraft hochgearbeitet hat' (West-Duden [19]1986); *Selfmademan*: ‚in kapitalistischen Verhältnissen aus eigener Kraft [rücksichtslos] Emporgekommener' (Ost-Duden [18]1985).

2. Informieren Sie sich über die Bedeutungsentwicklung von *Wende*. Erste Informationen finden Sie in Ludwig (1992) und Bellmann (1996).

3. Der Semiotiker Klaus unterscheidet in seinem Agitationsmodell zwischen syntaktischen, semantischen, sigmatischen und pragmatischen Aspekten des Zeichens. Erläutern Sie am Beispiel der Wortpaare *Atommülldeponie/atomares Endlager* und *Friedensdienst/Kriegsdienst* den Unterschied zwischen dem semantischen Aspekt (der *Bedeutung*) und dem sigmatischen Aspekt (der *Bezeichnung*).

4. Inwiefern besteht ein Zusammenhang zwischen Demokratie und Persuasion einerseits und totalitärer Herrschaft und Agitation andererseits? Ziehen Sie zu Ihren Überlegungen das Agitationsmodell von Klaus und das Persuasionsmodell von Kopperschmidt heran.

5. Arbeiten Sie die Gemeinsamkeiten und Unterschiede zwischen dem Modell des topischen Argumentationshandelns von Klein und dem Argumentationsmodell von Grünert am Beispiel des Diskurses zur Bewältigung der Eurokrise heraus. Ziehen Sie die Übersicht in Klein (2013a: 204f.) als Ausgangspunkt Ihrer Überlegungen heran.

6. Welche der Kategorien des Argumentationsmodells von Grünert (*Destination*, *Motivation*, *Fundation*, *Kausation* und *Prospektion*) lassen sich auf den folgenden Redeausschnitt aus der „Berliner Rede" des Bundespräsidenten Johannes Rau vom 18.5.2001 anwenden?

Eugenik, Euthanasie und Selektion: Das sind Begriffe, die in Deutschland mit schlimmen Erinnerungen verbunden sind. Sie rufen deshalb – zu Recht – emotionale Abwehr hervor. Trotzdem halte ich das Argument für ganz falsch und irreführend, wir Deutsche dürften bestimmte Dinge wegen unserer Geschichte nicht tun. Wenn wir etwas für unethisch und unmoralisch halten, dann deshalb, weil es immer und überall unethisch und unmoralisch ist. In fundamentalen Fragen gibt es keine Geografie des Erlaubten oder des Unerlaubten.

3 Pragmalinguistische Grundlagen der Politolinguistik

Der Forschungsüberblick hat bereits einen ersten Einblick in die Themenvielfalt und die Analysemethoden der Politolinguistik vermittelt. In diesem Kapitel werden die wichtigsten Grundlagen eines pragmatischen Ansatzes vorgestellt, wie ihn auch neuere Ansätze der Politolinguistik mehr oder weniger explizit vertreten. Der pragmatische Ansatz hat im Gefolge der so genannten *kommunikativ-pragmatischen Wende* Ende der 60er-Jahre Eingang in die Linguistik gefunden. Sprache ist demnach kein Selbstzweck, sondern findet immer in bestimmten Situationen statt, richtet sich an ein Gegenüber und ist zielorientiert. Grundlage für eine pragmatisch fundierte Politolinguistik ist die Einsicht, dass politisches Handeln vornehmlich sprachliches Handeln ist. Im Mittelpunkt steht also die Frage nach der Sprachverwendung in konkreten politischen Kommunikationssituationen.

3.1 Ein Faktorenmodell der politischen Kommunikation

Als Ausgangspunkt für die nachfolgenden Überlegungen soll ein pragmatisches Faktorenmodell der Kommunikation dienen, das alle relevanten Faktoren umfasst, die die Selektion sprachlicher Mittel durch die politischen Akteure bestimmen:

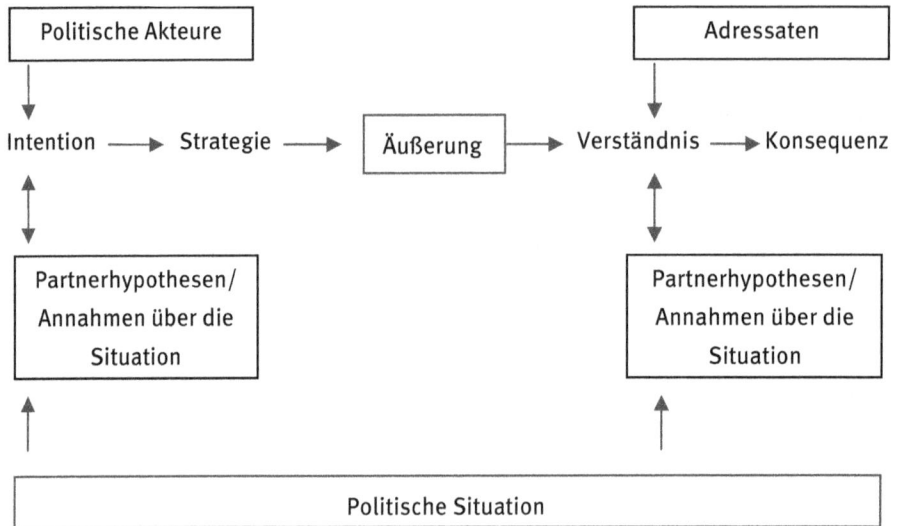

Abb. 4: Faktorenmodell der politischen Kommunikation (nach Hannapel/Melenk [2]1984: 21 und Herrgen 2000: 38; vgl. auch Spieß 2011a: 147)

In diesem Modell bilden *Intention* und *Situation* den Ausgangspunkt für den Kommunikationsakt. Die handelnden Akteure haben bestimmte Intentionen, worunter Absichten und Ziele zu verstehen sind. Als primäre Intention politischer Akteure kann hier – grob vereinfachend – das Erreichen von Zustimmung seitens der Öffentlichkeit angesetzt werden. Diese Intention kann allerdings nur in bestimmten Situationen realisiert werden. Unter *Situation* ist „die subjektive Umweltinterpretation und -orientierung des einzelnen Kommunikators, soweit sie als komplexe Voraussetzung der [...] Handlung fungiert" (Bayer [2]1984: 101) zu verstehen. Um deutlich zu machen, dass der Einzelne die Umwelt subjektiv interpretiert, wird in diesem Zusammenhang auch von *Situationsdefinitionen* gesprochen, die immer wieder neu geleistet werden müssen (vgl. Bayer [2]1984: 101). Voraussetzung für eine sinnvolle Orientierung in der Welt ist schließlich die Zuordnung einer Situation zu einem *Situationstyp*:

> Von einem Situationstyp kann man nur sprechen, wenn aus der Typisierung überindividuelle Verhaltensregeln abzuleiten sind. Wenn ich eine Situation als einen Fall des Situationstyps X ansehe, so frage ich nicht mehr nur: wie verhalte *ich* mich in *dieser* Situation, sondern wie verhält *man* sich in einer *solchen* Situation. (Hannapel/Melenk [2]1984: 64)

Auch der Kommunikationsbereich Politik besteht nicht aus einer unübersichtlichen Vielfalt von Situationen, sondern aus einer begrenzten Anzahl von Situationstypen, deren charakteristische Eigenschaften Teil des kollektiven Wissens sind. Ein solcher

Situationstyp ist beispielsweise die parlamentarische Debattenrede. Im Rahmen eines solchen Situationstyps leiten Politikerinnen und Politiker bestimmte Annahmen über die Adressaten ab, so genannte *Partnerhypothesen*, wobei auch umgekehrt die Adressaten bestimmte Erwartungen haben. Um das beabsichtigte Handlungsziel zu erreichen, wählen die politischen Akteure bestimmte Strategien. Unter *Strategie* lassen sich diejenigen sprachlichen Techniken und Instrumente subsumieren, die einer bestimmten Intention verpflichtet sind. Eine Strategie ist das Ergebnis einer Reihe von Auswahl- und Entscheidungsoperationen, die im Ergebnis zu einer *Äußerung* führen. Eine Äußerung kann unterschiedliche Komplexitätsebenen annehmen, von denen der Text die komplexeste Handlungseinheit darstellt. In einem Text drückt sich die Intention des politischen Akteurs aus und zwar als *Textfunktion*. Die Textfunktion ist die sprachlich kodierte Intention und damit nicht mit dieser gleichzusetzen, obgleich zwischen beiden in der Regel Übereinstimmung herrscht. Es muss aber immer mit der Möglichkeit gerechnet werden, dass sich hinter der Fassade einer bestimmten Textfunktion eine völlig andere Intention verbirgt. Manipulation, Lüge oder Täuschung sind die Folgen. Ein Beispiel hierfür ist etwa der Missbrauch der Form und der informativen Funktion der Nachricht zur Manipulation der Bevölkerung im Dritten Reich. Ob eine sprachliche Äußerung schließlich vom Hörer verstanden wird und mögliche Konsequenzen nach sich zieht, hängt von verschiedenen Interpretationsbedingungen ab. In der Terminologie der Sprechakttheorie spricht man davon, dass eine Äußerung geglückt ist, wenn sie verstanden wird und dass sie erfolgreich ist, wenn der Intention auch tatsächlich nachgekommen wird. Eine sprachliche Äußerung ist beispielsweise dann erfolgreich, wenn der Hörer der Intention des politischen Akteurs auch tatsächlich entspricht und beispielsweise seine Partei wählt.

3.2 Merkmale politischer Sprachverwendung

Der Kommunikationsbereich Politik hat einige charakteristische Merkmale, die ihn von anderen Kommunikationsbereichen unterscheiden. Ein früher Versuch, die Eigenschaften des so genannten *politischen Diskurses* in Abgrenzung zu anderen Diskursen, etwa dem wissenschaftlichen oder dem poetischen, systematisch zu erfassen, findet sich bei Morris ([1946] 1981: 215ff.). Für Morris sind Diskurstypen sprachliche Spezialisierungen der Alltagssprache, die bestimmte Zwecke erfüllen. Der politische Diskurs besitzt „enge Beziehungen zu anderen Diskurstypen und ist nur schwer genau zu isolieren" (Morris ([1946] 1981: 242). Seine herausragenden Merkmale sind nach Morris *Präskription* und *Valuation*, das heißt – verkürzt gesprochen – in einem solchen Diskurs sollen von einer bestimmten gesellschaftlichen Gruppe positiv bewertete Sachverhalte durchgesetzt werden. Aus der Vielzahl der in der Forschung vorgeschlagenen Differenzierungskriterien sollen im Folgenden die

Merkmale *Öffentlichkeit* und *Massenmedialität, Gruppenbezogenheit* und *Repräsentanz, Institutionsgebundenheit* und *Diskursgebundenheit* herausgehoben werden.

a) *Öffentlichkeit* und *Massenmedialität*

Politische Kommunikation findet zu einem großen Teil öffentlich statt und wird über die Massenmedien Fernsehen, Presse, Rundfunk und Internet verbreitet. Die Öffentlichkeit als Grundprinzip und Voraussetzung freiheitlicher Demokratie hat einen unmittelbaren Einfluss auf das sprachliche Handeln, dessen spezifische Ausprägungen in der heutigen Zeit wesentlich von den Massenmedien mitbestimmt werden. Als Folge von Öffentlichkeit und Massenmedialität ist sprachliches Handeln oft *mehrfachadressiert*, also an mehrere Personengruppen gleichzeitig gerichtet. So kann sich beispielsweise eine Rede im Bundestag gleichzeitig an die Mitglieder der eigenen Partei, an die Mitglieder der anderen Parteien und an die Bürgerinnen und Bürger richten. Eng mit der Mehrfachadressierung verbunden ist zudem die erstmals von Edelmann (1964) aufgestellte These von der „Doppelung der Realität des Politischen", die oft auch als *Inszeniertheit* bezeichnet wird (vgl. hierzu auch Dieckmann 1981, Strauß 1984/85: 14ff. und Holly 1990: 54ff.). Demnach kann die Interaktion zwischen politischen Akteuren zwei verschiedene Funktionsweisen annehmen: Die eine auf der Ebene der direkten Interaktion zwischen den politischen Akteuren, die andere auf der Ebene zwischen den politischen Akteuren und der nur indirekt beteiligten Öffentlichkeit.

Die massenmediale Ausrichtung politischer Kommunikation bringt zudem spezifische mündliche Interaktionstypen hervor. Der heutige Prototyp eines solchen Interaktionstyps ist die im Fernsehen ausgestrahlte politische Talkshow, die den politischen Akteuren die Gelegenheit bietet sich vor einem Millionenpublikum dem politischen Wettbewerb zu stellen, eigene Positionen zu vermitteln und sich als Person zu profilieren. Wie der Politiker Wolfgang Gerhardt zu Recht ausführt, erreicht man als Politiker und Politikerin mit der Teilnahme an einer politischen Talkshow

„auf einen Schlag mehr Menschen, als man sie in allen Hinter- und Vorderzimmerveranstaltungen pro Jahr zu Gesicht bekommt. Die Quoten für Anne Will, Maybrit Illner oder hartaberfair liegen beständig weit jenseits der Zwei-Millionen-Marke, was bedeutet: Man müsste das Berliner Olympiastadion 30-40 Mal bis auf den letzten Platz füllen, um von der gleichen Anzahl Menschen bewusst wahrgenommen zu werden." (Gerhardt 2009: 184).

Die Ausrichtung auf ein Massenpublikum hat zur Folge, dass politisches Sprachhandeln inszeniert wird. Die Teilnehmerinnen und Teilnehmer einer politischen Talkshow kommunizieren faktisch mit zwei Personengruppen bzw. Adressaten. Erstens kommunizieren sie direkt mit den anderen Gästen bzw. der Moderatorin und dem Moderator, zweitens kommunizieren sie indirekt aber auch mit den Fernsehzuschauerinnen und Fernsehzuschauern. Es entstehen somit zwei Kommunikationsebenen, die den *Inszenierungscharakter* politischen

Sprachhandelns deutlich machen. Was auf der ersten (inszenierten) Ebene als Diskussion erscheint, stellt sich auf der zweiten Ebene als Persuasion der Öffentlichkeit dar. Der Einfluss der Massenmedien auf politisches Handeln wird oft auch kritisch mit den Stichworten *Politainment* oder *Mediokratie* umschrieben. Politik als Unterhaltung und die Dominanz der Medien bestimmen die Politikvermittlung und damit die Art und Weise, wie die Bürgerinnen und Bürger Politik wahrnehmen.

Mit der Rolle der Massenmedien und dem Inszenierungscharakter von Politik wird auch ein Aspekt hervorgehoben, der als *Darstellungspolitik* bezeichnet wird. Diese „ist medienvermittelte Politik, die sich dem Gesamtkomplex der symbolischen und öffentlich inszenierten Politik zuordnen lässt" (Korte 2009: 17). Der Darstellungspolitik steht die *Entscheidungspolitik* gegenüber, die in der Regel nichtöffentlich stattfindet, etwa in Ausschüssen oder Fraktionsdebatten (vgl. hierzu exemplarisch Klein/Steyer 2000) und die bestimmte Verfahren wie zum Beispiel das Gesetzgebungsverfahren beinhaltet. Auch in der Entscheidungspolitik spielt Sprache eine wichtige Rolle, da Entscheidungen erst einmal sprachliche vorbereitet und ausgehandelt werden müssen, etwa durch DISKUTIEREN, VERHANDELN oder FRAGEN und ANTWORTEN.

Die öffentliche Ausrichtung der politischen Kommunikation hat auch zur Folge, dass die sprachlichen Anforderungen an die politischen Akteure steigen. Sobald sie in der Öffentlichkeit auftreten wird das, was sie sagen, einer ständigen Beobachtung und Kontrolle unterzogen. Sie müssen ihre Botschaften exakt, prägnant und verständlich übermitteln. Oft entsteht der Eindruck, dass sie immer die gleichen Phrasen und Worthülsen, mediengerecht verpackt, von sich geben. Mediale Erfahrung und rhetorische Geschultheit gehören somit zu den Kernkompetenzen politischer Akteure.

b) *Gruppenbezogenheit* und *Repräsentanz*
Neben Öffentlichkeit und Massenmedialität sind *Gruppenbezogenheit und Repräsentanz* weiter wichtige Merkmale öffentlich-politischer Kommunikation. Politische Kommunikation ist geprägt durch Wettbewerb und die Konfrontation der Meinungen. Die politischen Akteure stellen sich dem Wettbewerb mit dem politischen Gegner, wobei sie in der Regel als Repräsentanten bestimmter Gruppen, Parteien, Verbände etc. agieren. Grob gesagt lassen sich, je nach Standpunkt, eine positiv bewertete Eigengruppe und eine negativ bewertete Fremdgruppe unterscheiden. Die Mitglieder der Eigengruppe besitzen gleiche Deutungs- und Interpretationsmuster, die ein gruppenspezifisches Bewusstsein konstituieren. Alles, was in Zusammenhang mit der Eigengruppe steht, wird als positiv, alles, was von den Einstellungen der Eigengruppe abweicht, wird als negativ bewertet. In dem Gegensatz von Eigen- und Fremdgruppe zeigt sich das für politisches Handeln typische Schwarz-Weiß-Denken. Die Zugehörigkeit zu einer bestimmten Gruppe hat Auswirkungen auf das sprachliche Handeln und die Erwartungshaltung der Adressaten. Von Politikerinnen und Politikern wird

erwartet, dass sie bestimmte kommunikationsethische Maximen (vgl. hierzu auch Kapitel 3.5) erfüllen (die Wahrheit sagen, klar und verständlich reden, fair sein). Gleichzeitig verfolgen sie als Vertreter von Parteien aber auch strategische Maximen, insbesondere sind dies folgende (vgl. Klein 2009b: 2125):

(1) Stelle die eigene Position positiv dar!
(2) Stelle die gegnerische Position als ablehnenswert dar!
(3) Demonstriere Leistungsfähigkeit und Durchsetzungskraft!
(4) Mache dir durch deine Rede in relevanten Gruppen möglichst viele geneigt, vor allem aber möglichst wenige zu Gegnern!
(5) Halte dir Operationsspielräume offen – auch wenn du dich festlegen musst!

Kommunikationsethische und strategische Maximen können in Konflikt treten, etwa wenn Politikerinnen und Politiker sich aus wahltaktischen Gründen bewusst vage ausdrücken, um sich nach der Wahl beispielsweise Koalitionsoptionen offen zu halten. Als ähnlich problematisch erweist sich beispielsweise das Versprechen in Form eines (strategischen) Wahlversprechens. Die Wählerinnen und Wähler wissen sehr wohl, dass es sich in Wirklichkeit um gar kein Versprechen im alltagssprachlichen Sinne handeln kann. Zum Versprechen gehört nämlich notwendigerweise, dass derjenige, der etwas verspricht, auch in der Lage ist, das Versprechen einzulösen. Verspricht ein Politiker oder eine Politikerin beispielsweise vor der Wahl Steuersenkungen, dann kann er oder sie sich nach der Wahl auf den Standpunkt zurückziehen, dass die veränderten wirtschaftlichen Rahmenbedingungen nun keine Steuersenkungen mehr zulassen.

c) *Institutionsgebundenheit*
Institutionsgebundenheit ist ein weiteres wichtiges Merkmal der politischen Kommunikation. Diese ist immer an spezifische institutionelle Gegebenheiten geknüpft, die das parlamentarisch-demokratische System vorgibt, etwa in Form von parlamentarischen Geschäftsordnungen.

Aber auch die Medien geben bestimmte Regeln vor, was sich auch am Beispiel der politischen Talkshow zeigen lässt. Diese sind hinsichtlich des Rederechts, der Rededauer, der Themenordnung und der Zulässigkeit bzw. Unzulässigkeit bestimmter Sprechhandlungen normiert. So wird etwa die Sprechhandlung BELEIDIGEN als unangemessen zurückgewiesen und kann entsprechend sanktioniert werden. Solche Reglementierungen haben natürlich Einfluss auf das Sprechhandeln der politischen Akteure, die ihren Gesprächsbeitrag in einem begrenzten Zeitfenster unterbringen müssen.

d) *Diskursgebundenheit*
Ein weiteres typisches Merkmal öffentlich-politischer Kommunikation ist ihr hoher Grad an *Diskursgebundenheit*. Darunter versteht man die Tatsache, dass politische Kommunikation immer in übergreifende funktionale und thematische Zusammenhänge eingebettet ist (z. B. Kampagnen wie Wahlkämpfe) und sich die thematisierten Gegenstände immer schon auf bereits Vorangegangenes

beziehen und auf Künftiges ausgerichtet sind. Öffentlich-politische Kommunikation findet immer im Rahmen von konkreten Diskursen statt wie z. B. dem
Diskurs über den Afghanistan-Einsatz der Bundeswehr (zum Diskursbegriff vgl.
v. a. Kapitel 5.3). Im Rahmen solcher Diskurse ist die kommunikative Verständigung, die Erreichung eines Konsenses, ein wichtiges Ziel. Mit Bergsdorf ist davon auszugehen, dass in einer freiheitlichen Gesellschaft mindestens der „anti-
autoritäre Grundkonsens [...] zu einer Überlebensvoraussetzung der pluralisti-
schen Demokratie" wird (Bergsdorf 1983: 20). Allerdings muss ein bestimmtes
Ziel nicht notwendigerweise durch Konsens erreicht werden. Vielmehr werden
politische Diskurse bzw. einzelne Handlungsschritte innerhalb eines Diskurses
sehr häufig nur deshalb in Gang gesetzt, um einen Zustand des Dissenses zu
schaffen oder aufrechtzuerhalten. Ein anschauliches Beispiel dafür, wie neue
Themen ausschließlich mit einem solchen Ziel in den Diskurs eingebracht werden, ist eine Äußerung des ehemaligen CDU-Generalsekretärs Heiner Geißler,
der 1983 im Bundestag über die Friedensbewegung feststellte:

Der Pazifismus der 30er Jahre, der sich in seiner gesinnungs-ethischen Begründung nur wenig
von dem unterscheidet, was wir in der Begründung des heutigen Pazifismus zur Kenntnis zu
nehmen haben, dieser Pazifismus der 30er Jahre hat Auschwitz erst möglich gemacht. (Heiner
Geißler 1983, zitiert nach: Der Spiegel, 25/1983: 27)

Hier handelt es sich um eine Polarisierung und damit um eine Verstärkung des
bereits vorhandenen Dissenses, die das Ziel verfolgt, den Diskurs „Nato-
Doppelbeschluss" in eine andere Richtung zu lenken. Das Beispiel ist auch deshalb besonders geeignet, auf die Dissensorientiertheit aufmerksam zu machen,
weil Geißler zehn Jahre später, am 28. Mai 1993, auf dem „reporterforum" seine
damalige Strategie erläuterte:

Die CDU ist damals, 1983, im Grunde genommen die letzte politische Organisation oder Kraft
gewesen, die für die Nachrüstung eingetreten ist, für den NATO-Doppelbeschluß und damit für
die NATO selber [...] Joschka Fischer hatte damals als einer der grünen Bundestagsabgeordneten den Begriff geprägt, die Regierung und die CDU bereiteten ein ‚atomares Auschwitz' vor.
Ich habe damals dann, sozusagen als Gegenargument und auch als Basis für eine Gegenaktion,
gesagt, daß ohne den Pazifismus der dreißiger Jahre Auschwitz gar nicht möglich gewesen wäre. Das war ein sehr verkürztes, aber dennoch historisch richtiges Argument. Dies hat eine un-
glaubliche Aufregung verursacht, und das war natürlich auch beabsichtigt, daß nämlich durch
die Aufregung und durch den Streit über das Gegenargument die andere Aktion zum Stoppen
gebracht wurde. Es hat deswegen eine große Aufregung verursacht, weil es eben ein sehr über-
raschendes und ein sehr kontradiktorisches Argument gewesen ist. (zitiert nach Rolke 1995:
183)

Geißler gelang somit mit Hilfe der öffentlichkeitswirksamen Textsorte Bundestagsrede eine dissensorientierte Themenverlagerung im politischen Diskurs
„NATO-Doppelbeschluss".

3.3 Handlungsfelder in der Politik

Der Kommunikationsbereich Politik besteht aus zahlreichen Einzelbereichen, in denen die unterschiedlichsten Sprachverwendungstypen zur Geltung kommen. Einer der ersten Ansätze zur Differenzierung des Kommunikationsbereiches Politik stammt von Edelman (1964: 130ff.), der aus politikwissenschaftlicher Perspektive die institutionellen Gliederungen zum Ausgangspunkt nimmt und vier Formen politischer Sprache unterscheidet: die *Sprache der Überredung* (*hortatory language*), die *Sprache der Verhandlung* (*bargaining language*), die *Sprache der Verwaltung* (*administrative language*) und die *Sprache des Gesetzes* (*legal language*). Dieckmann (²1975: 81ff.) lehnt sich an die Einteilung Edelmans an, wobei er für die vier *Sprachstile* der *Überredung*, *Verhandlung*, *Verwaltung* und *Gesetz* den Oberbegriff *Funktionssprache* prägt: Die Funktionssprache dient nach Dieckmann der organisatorischen Verständigung innerhalb des staatlichen Apparates und seiner Institutionen. Der Funktionssprache stellt er die *Meinungssprache* gegenüber: Sie richtet sich primär an die Öffentlichkeit und „vermittelt die Deutungen, die die Ideologie von der Wirklichkeit gibt" (Dieckmann (²1975: 81). Eine primär institutionelle Typologie des Kommunikationsbereiches Politik legt Bergsdorf (1983: 487) vor, der die „Felder" Gesetzgebung, Verwaltung, Verhandlung sowie Erziehung und Propaganda unterscheidet. Während die Typologisierungsversuche von Edelman (1964), Dieckmann (²1975) und Bergsdorf (1983) sowohl institutionsbezogene als auch spezifische sprachliche Funktionen einbeziehen, konzentriert sich die neuere pragmatisch orientierte Forschung auf die speziellen situativen Rahmenbedingungen und Handlungszusammenhänge, in denen Sprachverwendung in der Politik stattfindet. Im Anschluss an den Philosophen Ludwig Wittgenstein ist es beinahe schon zu einem Topos geworden, für diese Handlungszusammenhänge den Ausdruck *Sprachspiel* zu verwenden. Wittgenstein selbst will mit dem Gebrauch von *Sprachspiel* „hervorheben, daß das Sprechen der Sprache ein Teil ist einer Tätigkeit, oder einer Lebensform" (Wittgenstein [1958] 1977: 29). Auch in der Politolinguistik wird der Sprachspielbegriff herangezogen, um die Verankerung der politischen Sprachverwendung in bestimmte kommunikativ-institutionelle Zusammenhänge sichtbar zu machen. Dabei zeigen sich allerdings zum Teil sehr unterschiedliche Auffassungen des Sprachspielbegriffs. Relativ eng an Wittgenstein lehnt sich Strauß (1984/85) an. Er greift den Sprachspielbegriff Wittgensteins auf und bestimmt diesen als „konkrete Aufgaben-, Problemlösungs- und Interaktionskonstellation" (Strauß 1984/85: 6). Sprachspiele gehören „einer bestimmten sozialen Wirklichkeit" (Strauß 1984/85: 33) an und sind historisch gewachsen. Für die Bundesrepublik Deutschland geht Strauß von einem so genannten *Makrosprachspiel* „politische Willensbildung in der Bundesrepublik Deutschland" aus. Aus diesem Makrosprachspiel lassen sich unter funktionalen Gesichtspunkten untergeordnete Sprachspiele ausdifferenzieren. Im Einzelnen sind dies:

1. Sprachspiel: „Öffentlich-politische Meinungsbildung"
2. Sprachspiel: „Innerparteiliche Willensbildung"
3. Sprachspiel: „Politische Werbung"
4. Sprachspiel: „Meinungs- und Willensbildung in Institutionen"
5. Sprachspiel: „Politische Bildung"

Die von Strauß aufgestellten Sprachspiele sind funktional-institutionell geprägt. Sie sind Kombinationen von spezifischen Problemsituationen, Handlungsbeteiligten mit bestimmten Beziehungen und Rollen, gemeinsamen Situationswissen, bestimmten Aufgabenstellungen und Handlungszielen, kommunikativen Strategien und eben den genannten institutionellen Rahmenbedingungen. Insofern lässt sich zusammenfassend auch von spezifischen *Sach-* und *Handlungsbereichen* sprechen, die den Kommunikationsbereich Politik konstituieren.

Um den facettenreichen und überaus vagen Terminus *Sprachspiel* zu vermeiden, bietet es sich an, von *Handlungsfeldern* zu sprechen. Sie entsprechen in etwa den *Interaktionsrahmen* bei Klein (1991b: 47). *Handlungsfelder* sind Ausschnitte der jeweiligen politischen Wirklichkeit und erhalten ihre charakteristische Ausprägung erst durch diese. Sie bilden den äußeren Handlungsrahmen bzw. die kommunikativ-institutionellen Voraussetzungen für die politische Sprachverwendung und lassen sich als Kombination aus Sach- und Handlungsbereich beschreiben.[11] Bezogen auf das pragmatische Faktorenmodell der politischen Kommunikation (vgl. Kapitel 3.1) stellen die Handlungsfelder zentrale Bausteine der Situation dar. Für die Bundesrepublik Deutschland lassen sich in Anschluss an Strauß (1984/85) eine Reihe elementarer Handlungsfelder angeben, die bereits in der Verfassung vorgegeben sind. Das Handlungsfeld „öffentlich-politische Meinungsbildung" ist das zurzeit wohl dominierende, da wichtige politische Entscheidungen zumeist einen öffentlichen Diskurs in Gang setzen bzw. erst durch diesen eingeleitet werden. Weitere wichtige Handlungsfelder sind die „innerparteiliche Willensbildung", die „politische Werbung", „Meinungs- und Willensbildung in Institutionen", „Politische Bildung" und die „Gesetzgebung". Den Handlungsfeldern können bestimmte Textsorten zugeordnet werden, deren Gebrauch durch den Politiker eng an das jeweilige Handlungsfeld geknüpft ist. Einige Textsorten stellen gleichsam Prototypen für das jeweilige Handlungsfeld dar, so etwa die Textsorte *Parteiprogramm* für das Handlungsfeld „innerparteiliche Willensbildung" oder die Textsorte *Wahlkampfrede* für das Handlungsfeld „politische Werbung". Ein Thema, das in einem bestimmten Handlungsfeld seinen Ausgangspunkt nimmt, etwa dem Gesetzgebungsverfahren, kann mehrere Handlungsfelder durchlaufen.

---

11 Kritische Einwände zu einer Einteilung des Kommunikationsbereiches Politik in verschiedene Handlungsfelder finden sich beispielsweise bei Holly (1990: 36ff.).

3.4 Sprachfunktionen und kommunikative Verfahren in der Politik

Neben den Handlungsfeldern als zentralen Bausteinen der Situation sind es vor allem die Funktionen von Sprache, die für die Sprachverwendung in der Politik von besonderer Bedeutung sind. Oben wurde schon erwähnt, dass unter *Sprachfunktion* die in einer sprachlichen Handlung encodierte Intention des Politikers zu verstehen ist. Die heute in der Linguistik zirkulierenden Typologien von Sprachfunktionen gehen im Allgemeinen auf Bühlers *Organonmodell* der Sprache zurück (vgl. Bühler [1934] ^{2}1965). Demnach ist die Sprache ein Kommunikationsmittel „um einer dem andern etwas mitzuteilen über die Dinge" (Bühler [1934] ^{2}1965: 24). Das Sprachzeichen besitzt nach Bühler drei Funktionen:

> Es ist *Symbol* kraft seiner Zuordnung zu Gegenständen und Sachverhalten, *Symptom* (Anzeichen, Indicium) kraft seiner Abhängigkeit vom Sender, dessen Innerlichkeit es ausdrückt, und *Signal* kraft seines Appells an den Hörer, dessen äußeres oder inneres Verhalten es steuert wie andere Verkehrszeichen. (Bühler [1934] ^{2}1965: 28)

Man muss davon ausgehen, dass die Sprachverwendung in der Politik zunächst einmal dieselben Funktionen wie in der Alltagssprache hat. Aber, und hier ist Burkhardt zuzustimmen,

> anders als etwa in der alltäglichen Kommunikation oder auch in der Wissenschaft wird hier [in der politischen Sprachverwendung, H.G.] das Moment des Appellativen eine bevorzugte Rolle einnehmen, weil es in der Politik im allgemeinen um das Durchsetzen von Interessen und Herrschaftsansprüchen und im Sonderfall des demokratischen Staates mit parlamentarischem System um die Schaffung von öffentlicher Akzeptanz und um die Beeinflussung von Wahlentscheidungen geht. (Burkhardt 1988: 340)

Was Burkhardt hier mit dem „Moment des Appellativen" anspricht ist eine der grundlegendsten Funktionen politischen Sprachhandelns, nämlich die *Persuasion*. Persuasion bezieht sich auf alle Versuche mit Hilfe sprachlicher Mittel die Meinungen und Einstellungen der Adressaten zu beeinflussen und Vertrauen in die Richtigkeit des Gesagten und die handelnden Akteure zu schaffen (vgl. Klein 2009: 2114) oder, wie Hosman es formuliert: „Generally, persuasion is communication designed to create, reinforce, or change the beliefs, attitudes, values, and/or behaviors of others." (Hosman 2008: 1120). Da politische Kommunikation in demokratischen Staaten darauf zielt, Politik öffentlich zu machen, politisches Handeln zu legitimieren und Zustimmungsbereitschaft zu erhalten, ist es für die politischen Akteure unabdingbar, ihr sprachliches Handeln persuasiv auszurichten. Im Idealfall geht Persuasion dabei den Weg überzeugender Argumentation. Es werden Argumente vorgebracht, „die normative Einstellungen und Meinungen über Sachverhalte überzeugend rechtfertigen". (Kopperschmidt ^{2}1976: 97).

Eine Ausdifferenzierung der für den Kommunikationsbereich Politik konstitutiven Sprachfunktionen schlägt Grünert (1984) vor, der in seinem Modell allerdings nicht von *Sprachfunktionen*, sondern von *Sprachspielen* spricht.[12] Der oben bereits diskutierte ‚Sprachspiel‘-Begriff wird von Grünert in einer speziellen Variante verwendet: *Sprachspiele* sind für ihn allgemeine „Denk-, Sprach- und Handlungsstrukturen" (Grünert 1984: 31), die nicht – wie bei Strauß (1984/85) – eine bestimmte gesellschaftlich-historische Konstellation widerspiegeln. Aus schon genannten Gründen erscheint der Gebrauch des ‚Sprachspiel‘-Begriffes auch hier wenig sinnvoll. Stattdessen bietet es sich an, von *Sprachfunktionen* zu sprechen (vgl. hierzu auch Herrgen 2000: 44). Grünert unterscheidet vier Sprachfunktionen.

1. Die regulative Sprachfunktion

   Bei der regulativen Sprachfunktion geht es um die Beziehungen „zwischen ‚oben‘ und ‚unten‘, zwischen Regierenden und Regierten" (Grünert 1984: 32). Hier setzen sich Machtstrukturen in Sprache um. Typische Texte, in denen sich die regulative Funktion realisiert, sind beispielsweise *Verfassungen, Gesetze, Verbote, Erlasse* oder *Verordnungen*.

2. Die poskative Sprachfunktion

   Bei der poskativen[13] Funktion werden „von Gruppen, Schichten, Klassen gegenüber der institutionellen Macht Wünsche geäußert, Bitten vorgetragen, Petitionen eingereicht, Forderungen gestellt, Ansprüche erhoben [...] oder [...] gegenüber dem Unrecht von Herrschaft Widerstand geleistet" (Grünert 1984: 33). Die poskative Sprachfunktion ist eine Umkehr der regulativen Sprachfunktion. Typische Texte, in denen sich die poskative Funktion realisiert, sind beispielsweise *Aufrufe, Flugblätter* oder *Manifeste*.

3. Die informativ-persuasive Sprachfunktion

   Die informativ-persuasive Sprachfunktion „zielt ab auf Bewußtseinsbildung und dient der Begründung, Motivation und Vorbereitung, der Analyse, Kritik und Rechtfertigung politischen Handelns [...]" (Grünert 1984: 36). Sie dominiert die gegenwärtige Sprachverwendung in der Politik. Typische Texte, in denen sich die informativ-persuasive Funktion realisiert, sind beispielsweise *Texte der politischen Theorie, Debattenreden, Wahlreden*, oder *Wahlslogans*. Texte mit informativ-persuasiver Funktion finden sich primär im Handlungsfeld „politische Werbung". Die zentrale Rolle der informativ-persuasiven Funktion macht deutlich, dass Sprachhandeln in der Politik eng mit der Machtfrage verknüpft ist. Es geht um Deutungshoheit und Verwendungshoheit von Sprache, die ein Instrument zur Erlangung, Sicherung, Ausübung und Kontrolle von Macht ist. In einer freiheitlichen Demokratie ist die informativ-persuasive Funktion allerdings kei-

---

12 Auch Burkhardt (1988: 339f.) arbeitet eine differenziertere Typologie der Sprachfunktionen aus, die sich an der Dreiteilung Bühlers orientiert.

13 Grünert verwendet an dieser Stelle den Terminus *instrumental*, der hier aber in Anschluss an Herrgen (2000: 44f.) durch *poskativ* (vgl. lateinisch *poscere* ‚fordern‘) ersetzt wird.

ne Einweg-Kommunikation, die nur die Kommunikationsrichtung Politikerinnen und Politiker – Bürgerinnen und Bürger hat. Sie lebt vielmehr auch von der aktiven politischen Partizipation der Bürgerinnen und Bürger. Dazu gehören unter anderem die Beteiligung an Wahlen, die aktive Mitarbeit in Parteien, Bürgerinitiativen etc., das regelmäßige Sich-Informieren als notwendige Voraussetzung und Grundlage politischen Handelns und die Fähigkeit und Bereitschaft zur politischen Diskussion.

4. Die integrative Sprachfunktion

Die integrative Sprachfunktion dient dazu „Gruppen zu definieren, nach außen abzugrenzen und nach innen zu stabilisieren, so dass sich das einzelne Gruppenmitglied mit der Gruppe identifizieren kann" (Grünert 1984: 34). Typische Texte, in denen sich die integrative Funktion realisiert, sind *Gedenkreden* und *Parteiprogramme*.

Setzt man die von Grünert aufgestellten Sprachfunktionen mit den Bühlerschen Sprachfunktionen in Beziehung, dann ergibt sich folgendes Bild: Die regulative, poskative und informativ-persuasive Sprachfunktion[14] sind spezielle, für die politische Sprachverwendung konstitutive Ausprägungen der Appellfunktion, die integrative Sprachfunktion ist eine für die politische Sprachverwendung typische Ausprägung der Ausdrucksfunktion. Mit der Erweiterung der Bühlerschen Sprachfunktionen bzw. ihrer Spezifizierung wird den besonderen Gegebenheiten der politischen Sprachverwendung Rechnung getragen. Wohlgemerkt sind die genannten Sprachfunktionen die jeweils für einen Text dominanten Grundfunktionen der politischen Sprachverwendung. Sie treten in der Regel immer in Kombination mit anderen Sprachfunktionen auf.

In eine ähnliche Richtung wie die Sprachfunktionen zielen die so genannten *kommunikativen Verfahren*, wie sie sich beispielsweise bei Dieckmann (1983) und in der Nachfolge bei Strauß (1984/85) finden. Unter einem *kommunikativen Verfahren* lassen sich nach Strauß Handlungsfolgen verstehen, die von den Beteiligten unter einer gemeinsamen Zielsetzung zur Lösung eines Problems eingesetzt werden (vgl. Strauß 1984/85: 8). Es sind für die Sprachverwendung in der Politik typische Sprachhandlungsmuster. Während Dieckmann die vier kommunikativen Verfahren AUFFORDERN, PERSUASION, VERHANDELN und DELIBERIEREN nennt, modifiziert und erweitert Strauß diese Liste der kommunikativen Verfahren. Dabei unterscheidet er zwischen *Makro-* und *Mikroverfahren*. Ein Makroverfahren wie AKTIVIEREN, das dazu dient, den Adressaten zu einer Einstellung/Handlung zu bewegen, kann durch die

---

14 In der *informativ-persuasiven* Sprachfunktion vermischen sich – der Terminus bringt es bereits zum Ausdruck – Darstellungsfunktion und Appellfunktion, wobei aber mit einer Dominanz der Appellfunktion zu rechnen ist.

Mikroverfahren WERBEN, ÜBERZEUGEN und ÜBERREDEN realisiert werden (vgl. Strauß 1985/85: 27f.).

Zur Analyse politischer Sprachverwendung erweist es sich als methodisch sinnvoll, zwischen *Grundfunktionen* und *(kommunikativen) Verfahren* zur Vermittlung dieser Grundfunktionen zu unterscheiden. Unter *Verfahren* sollen „Vorgehensweisen von Handelnden zur effektiven Lösung vorgefaßter oder sich aus bestimmten Situationen ergebender Ziele [...]" (Heinemann/Viehweger 1991: 158) verstanden werden. Kommunikative Verfahren zielen auf das Wie der Vermittlung bestimmter Grundfunktionen. So kann beispielsweise die Funktion informativ-persuasiv durch die unterschiedlichen Verfahren ARGUMENTIEREN und DELIBERIEREN realisiert werden. ARGUMENTIEREN und DELIBERIEREN werden hier deshalb nicht als *Sprachfunktionen*, sondern als *Verfahrenstypen* zur Realisierung einer bestimmten dominanten Sprachfunktion aufgefasst. Es sind letztlich Sprachhandlungsmuster, die sich schrittweise in einem Text entfalten. Am Beispiel der Textsorte *Parteiprogramm* kann das Verhältnis von Sprachfunktion und Verfahren verdeutlicht werden: Die dominierende Funktion des Parteiprogrammes ist die integrative Funktion oder – um es mit den Worten eines Politikers zu formulieren, Parteiprogramme sind „die Grundlage für die Identität einer Partei" (Waigel 1989: 384). Zu dieser Grundfunktion kommen zahlreiche Verfahren, beispielsweise LEGITIMIEREN, PROFILIEREN, IDENTIFIZIEREN und WERBEN hinzu (vgl. hierzu auch Klein 2000a: 745). Sowohl die Sprachfunktionen als auch die Verfahrenstypen bilden zusammen mit den Handlungsfeldern die pragmatischen Bausteine einer Typologie politischer Textsorten (vgl. hierzu ausführlicher Kapitel 5.1).

Zum Schluss dieses Kapitels muss noch die Frage geklärt werden, in welchem Verhältnis die aufgeführten Sprachfunktionen zu den Handlungsfeldern stehen. Da die Sprachfunktionen in der politischen Sprachverwendung prinzipiell die gleichen wie in der Alltagssprache sind, wenn auch mit unterschiedlichen Gewichtungen, kommt der eigentliche politische Charakter der Sprachfunktionen erst durch die Zuordnung zu bestimmten Handlungsfeldern zustande (vgl. hierzu auch Strauß 1984/85: 9). Es hat sich schon angedeutet, dass grobe Zuordnungen von Texten mit gleicher Funktion zu einem Handlungsfeld möglich sind. So sind beispielsweise Texte mit informativ-persuasiver Funktion primär eine Domäne des Handlungsfeldes „politische Werbung", Texte mit regulativer Sprachfunktion dagegen eine des Handlungsfeldes „Gesetzgebungsverfahren". Es muss aber kritisch auf die Gefahr einer allzu schematischen Zuordnung von Handlungsfeld und Sprachfunktion aufmerksam gemacht werden. Holly (1990: 36) weist beispielsweise darauf hin, dass Wahlreden auf Wahlkampfveranstaltungen vor allem der Mobilisierung der Eigengruppe dienen (integrative Funktion) und nicht unmittelbar der Wählerwerbung (informativ-persuasive Funktion). Andererseits dürfte auch deutlich geworden sein, dass Texte aus verschiedenen Handlungsfeldern dieselben Funktionen erfüllen können. So haben sowohl Parteiprogramme als exemplarische Vertreter des Handlungsfeldes „Innerparteiliche Willensbildung" als auch Gedenkreden als exemplarische Vertreter des Handlungsfeldes „Meinungs- und Willensbildung in Institutionen" integrative Funktion. Beachtet man zudem das in der politischen Sprachverwendung charakteristische Phänomen der Doppelung und Inszeniertheit (vgl. Kapitel 3.2), das heißt der oftmals verdeckten Realisierung von Sprachfunktionen, dann wird deutlich, dass die Grenzen zwischen Handlungsfeldern und Sprachfunktionen fließend sind.

3.5 Implikaturen und Konversationsmaximen

In Kapitel 2.3 wurden im Zusammenhang mit dem Kommunikationsmaximenmodell Heringers die von Grice ([1975] 1979: 249f.) formulierten kommunikationsethischen Maximen, an die sich die Beteiligten unter rationalen Gesichtspunkten halten, vorgestellt: *die Wahrheit sagen* (Qualitätsmaxime), *die erwartete Inforationsmenge geben* (Quantitätsmaxime), *nur zum Thema Relevantes sagen* (Relevanzmaxime) und *sich klar und verständlich ausdrücken* (Modalitätsmaxime). Die Konversationsmaximen und das ihnen übergeordnete Kooperationsprinzip stellen das Gerüst dar, auf dessen Grundlage erst komplizierte Schlussfolgerungsprozesse seitens der Kommunikationsteilnehmer in Gang gesetzt werden. Solche Schlussfolgerungsprozesse werden *Implikaturen* genannt. Insbesondere die scheinbare Verletzung einzelner Maximen ruft Implikaturen hervor, da der Hörer eine Äußerung – immer unterstellt, das Kooperationsprinzip wird von Sprecher und Hörer beachtet – sinnvoll zu machen versucht. Implikaturen sind deshalb auch insbesondere für den Bereich der öffentlich-politischen Kommunikation interessant, da sie erklären, wieso das, was politische Akteure sagen, nicht unbedingt identisch ist mit dem, was sie meinen. Implikaturen bzw. die sie steuernden Konversationsmaximen sind daher ein wichtiges Mittel der Sprachverwendung in der Politik. Aus vielerlei Gründen kann es nun im Interesse der politischen Akteure liegen, die kommunikationsethischen Maximen bewusst zu verletzen, sei es aus parteitaktischen, wahltaktischen oder individuellen Gründen der Selbstdarstellung und Profilierung. Die nachfolgenden Beispiele aus Interviews mit politischen Akteuren sollen dies veranschaulichen:

Ein Beispiel für eine scheinbare Verletzung der Qualitätsmaxime zeigt der nachfolgende Ausschnitt aus einem Interview, das der damalige Bundesaußenminister Guido Westerwelle der „Bild-Zeitung" (14.6.2010) gab:

> Bild-Zeitung: Mehrere Minister, darunter auch der Verteidigungsminister sollen mit Rücktritt gedroht haben. Was ist da dran?

> Westerwelle: Mir ist so was mit keiner Silbe zu Ohren gekommen.

Dass Westerwelle von möglichen Rücktrittsdrohungen nichts gehört hat, ist eher unwahrscheinlich. Mit seiner Äußerung vermeidet er eine direkte Kommentierung des Vorgangs. Da er die Rücktrittsdrohungen auch nicht dementiert, ist davon auszugehen, dass seine Antwort hier in ironischer Weise zu verstehen ist. Er verletzt bewusst die kommunikationsethische Maxime *die Wahrheit sagen*, allerdings in ironischer Absicht. Eine Verletzung der kommunikationsethischen Maxime *die Wahrheit sagen* ist auch die Lüge. Im Gegensatz zur Ironie soll aber der Adressat bei der Lüge die Maximenverletzung nicht erkennen. Wird sie aber doch als solche erkannt, hat das für politische Akteure meist Sanktionen zur Folge.

Ein weiteres Beispiel für Ironie und damit eine Verletzung der Qualitätsmaxime zeigt auch der nachfolgende Auszug aus der Generaldebatte über den Etat des Bundeskanzleramtes im Bundeshaushalt 2015 vom 10.9.2014:

> Gysi: Was bedeutet denn eine Investitionsschutzklausel? Wenn wir in Berlin einmal eine vernünftigere Regierung bekämen das ist schließlich möglich, zum Beispiel mit Linken (Lachen bei der CDU/CSU) – es freut mich, dass Sie sich jetzt schon darauf freuen, (Beifall bei der LINKEN – Michael Grosse-Brömer (CDU/CSU): Ein Hauch von Büttenrede!

Die Bemerkung des LINKEN-Politikers Gysi ist eindeutig als ironisch zu bewerten. Der Kontext macht deutlich, dass sich zum einen die CDU/CSU Fraktion natürlich nicht über eine mögliche Regierungsbeteiligung der LINKEN freut und zum anderen Gysi wiederum nicht über das Lachen der CDU/CSU-Fraktion erfreut ist.

Der nachfolgende Ausschnitt aus einem Interview des ehemaligen Bundesumweltministers Norbert Röttgen, (RP-Online.de vom 28.11.2009) ist ein Beispiel für die Entstehung einer Implikatur durch die Verletzung der Quantitätsmaxime:

> RP-Online: Der Atomausstieg gilt?

> Röttgen: Kernenergie ist eine Brückentechnologie und dient als solche der Überführung in die regenerative Energieversorgung.

Der Bundesumweltminister vermeidet aus strategischen Gründen eine eindeutige Antwort. Er antwortet auf die Frage nicht etwa mit *ja* oder *nein*, sondern liefert mehr Informationen als nötig, indem er genauer auf die gegenwärtige und zukünftige Rolle der Kernenergie verweist. Die Relevanz der Antwort wird erst klar, wenn die Adressaten Schlussfolgerungsprozesse ziehen, die aber möglicherweise dadurch erschwert werden, dass sich der Bundesumweltminister nicht für alle Adressaten klar und verständlich ausdrückt. Was genau mit *Brückentechnologie* und *Überführung in die regenerative Energieversorgung* gemeint ist und ob dies die Frage nach dem Atomausstieg beantwortet, erschließt sich erst auf der Basis von Hintergrundwissen. Insofern wird auch die Modalitätsmaxime verletzt. Mit dieser Vermeidungsstrategie gelingt es dem Bundesumweltminister eine für ihn unangenehme Frage unter Aufrechterhaltung des Kooperationsprinzips zu beantworten.

Auch das der nachfolgende Interviewausschnitt mit der Bundeskanzlerin Angela Merkel in der „Bild am Sonntag" vom 13.6.2010 [Kontext Fußballweltmeisterschaft 2010] zeigt eine Verletzung der Quantitätsmaxime:

> BILD am Sonntag: Mehrere Nationalspieler werden die Nationalhymne nicht singen. Ist das in
> Ordnung?
>
> Merkel: Ich freue mich über jeden Nationalspieler, der die Nationalhymne singt.

Die Bundeskanzlerin vermeidet mit dieser Antwort eine explizite Bewertung derjenigen Nationalspieler, die nicht die Nationalhymne singen. Die Bewertung erfolgt indirekt, indem eine Implikatur in Gang gesetzt wird: Wenn sich die Bundeskanzlerin über jeden Nationalspieler freut, der die Nationalhymne singt, dann freut sie sich nicht über diejenigen, die die Nationalhymne nicht singen. Man spricht hier auch von einer *skalaren Implikatur*, einem Subtyp der durch eine Verletzung der Quantitätsmaxime ausgelösten Implikaturen: *Mehrere* implikatiert *nicht alle*. Der Vorteil einer solchen Stellungnahme liegt auf der Hand: Wenn ihr jemand vorwerfen sollte, sie ärgere sich über bestimmte Nationalspieler, dann kann sie zu Recht darauf verweisen, dies nie wörtlich gesagt zu haben.

Typische Fälle für die Verletzung der Relevanzmaxime sind abrupte Themenwechsel. Hierzu folgendes Beispiel aus einem Interview mit dem ehemaligen hessischen Justizminister Jörg-Uwe Hahn (HNA.de vom 14.6.2010) [Kontext: Wahl des deutschen Bundespräsidenten am 30. Juni 2010]:

> HNA: Eine letzte Frage. Die Grünen haben mit Hildegard Hamm-Brücher eine ehemals prominente Liberale zur Wahlfrau für den 30. Juni bestimmt. Ihr Kommentar?
>
> Jörg-Uwe Hahn: Ich freue mich, sie in Berlin zu sehen.

Der ehemalige hessische Justizminister verletzt hier eindeutig die Maxime der Relevanz, um die ihm unangenehme Frage, wieso eine ehemals prominente Politikerin seiner Partei Wahlfrau der Grünen wird, nicht kommentieren zu müssen. Er bringt seine Wertschätzung ihr gegenüber zum Ausdruck, vermeidet aber eine politische Stellungnahme.

Die Verletzung der Relevanzmaxime geht oftmals mit der Sprecherhandlung AUSWEICHEN einher. Wie Klein (2015) zeigt, ist AUSWEICHEN für einen politischen Akteur dann eine Handlungsoption, „wenn eine nicht-ausweichende Äußerung zu einem Thema, mit dem man konfrontiert wird, negative Folgen für die Akzeptanz beim Publikum bzw. bei relevanten Publikumssegmenten – und damit direkt oder indirekt für Machtoptionen – befürchten lässt" (Klein 2015: 241). Beim AUSWEICHEN vermeidet der politische Akteur das eindeutige SICH FESTLEGEN, um von einem für ihn möglicherweise unangenehmen Thema abzulenken. Ein Beispiel für AUSWEICHEN liefert die nachfolgende Sequenz aus einem Interview mit der Verteidigungsministerin Ursula von der Leyen in der „ZEIT" vom 21.8.2014:

> Zeit: Katar finanziert zu großen Teilen die Terroristen von IS, Russland destabilisiert die Ukraine und hat sich die Krim einverleibt. Ausgerechnet Russland und Katar sind die Ausrichter der

nächsten beiden Fußballweltmeisterschaften, idealen Gelegenheiten für globale PR in eigener Sache. Kann es dabei bleiben?

Von der Leyen: Wo immer auch gespielt wird: Deutschland schickt schießendes Personal.

Von der Leyen vermeidet eine Festlegung bezüglich der Ausrichtung der Fußball-weltmeisterschaft in Katar bzw. Russland und antwortet mit einem unbestimmten *wo auch immer*. Damit bezieht sie sich zwar auf die angesprochenen Länder, lässt aber keinen Zweifel daran zu, dass sie die Frage nicht eindeutig beantworten will. Mit dem folgenden Hauptsatz *Deutschland schickt schießendes Personal* verletzt sie zudem noch die Maxime der Modalität, da sie mit *schießendes Personal* bewusst eine mehrdeutige Formulierung verwendet, mit der – im Kontext des Interviews – sowohl auf Fußballspieler als auch auf Soldaten referiert werden kann. Da AUSWEI-CHEN allerdings beim Publikum einen negativen Eindruck hinterlassen kann, versu-chen politische Akteure oft mit mehr oder weniger Erfolg das AUSWEICHEN ZU KA-SCHIEREN, es also möglichst unbemerkt erscheinen zu lassen. Auch die Verletzung der Modalitätsmaxime durch von der Leyen ist vor dem Hintergrund des KASCHIE-RENS zu sehen. Die nachfolgende Sequenz zeigt ein weiteres Beispiel für AUSWEICHEN und zugleich den VERSUCH dieses AUSWEICHEN ZU KASCHIEREN. In dieser Sequenz, die der Polit-Talkshow „Anne Will" vom 23.8.2009 entnommen ist und in der die Mode-ratorin Anne Will den ehemaligen Verteidigungsminister Franz Josef Jung befragt, geht es um die ethische Vertretbarkeit des Afghanistan-Einsatzes der Bundeswehr.

Will: Herr Jung, war der Afghanistan-Einsatz der Bundeswehr so wie er bisher geführt worden ist, jedes einzelne Opfer innerhalb der Zivilbevölkerung und auch unter den Soldaten wert?

Jung: Also ich finde die Bundeswehr hat hier einen ganz entscheidenden Beitrag geleistet auch und gerade für unsere Sicherheit. Sie müssen sehen, die Terroranschläge von New York sind von Afghanistan ausgegangen. Wir haben fast 30 Millionen Menschen dort von dieser Terror-herrschaft der Taliban befreit. (...)

Will: War es jedes einzelne Opfer wert? (...)

Jung: Man muss deutlich sagen, dass leider Gottes dieser Einsatz auch mit Risiko für Leib und Leben verbunden ist und dass es auch zu hinterhältigen und verbrecherischen Anschlägen ge-kommen ist. Das ist klar. Aber ich finde, dass unsere Soldaten einen ganz entscheidenden Bei-trag hier leisten, gerade auch im Interesse unserer Sicherheit. Denn was ist unser Ziel? Unser Ziel ist, dass Afghanistan selbst in der Lage ist, für seine Sicherheit zu sorgen, nicht wieder zu-rückfällt in ein derartiges Terrorregime der Taliban und nicht wieder zurückfällt in ein Ausbil-dungscamp für den Terrorismus. (...)

Der ehemalige Verteidigungsminister geht in seinem Redebeitrag nicht auf die Frage nach den Opfern ein, sondern erwähnt die Leistungen der Bundeswehr und die aktuelle politische Situation in Afghanistan. Er verschiebt somit innerhalb des Fra-mes ‚Afghanistan-Einsatz der Bundeswehr' den Fokus der Fragestellung und stellt gleichzeitig mit *Bundeswehr* bzw. *Soldaten* grammatische und semantische Kohärenz zur Frage her (vgl. Klein 2015: 277f.). Zusätzlich vermittelt er den Eindruck eines plausiblen Argumentationsganges bei gleichzeitiger Verwendung von Symbolwörtern. Dass NACHHAKEN der Moderatorin macht allerdings deutlich, dass der VERSUCH AUSWEICHEN ZU KASCHIEREN auf Seiten Jungs nicht erfolgreich war. Jung geht in seiner ERWIDERUNG zwar näher auf die Fragestellung ein, indem er mit der Phrase *Risiko für Leib und Leben* semantische Kohärenz zu *Opfer* herstellt. Anschließend nimmt er aber den Argumentationsgang der ersten Antwort wieder auf und hebt die Leistungen der Bundeswehr in Afghanistan hervor.

3.6 Literaturhinweise und Übungsaufgaben

Literaturhinweise

Zum pragmatischen Ansatz in der Politolinguistik vgl. beispielsweise Dieckmann (²1975), Girnth (1993a), Grünert (1974, 1984a), Herrgen (2000), Holly (1990), Klaus (1971), Spieß (2011a), Strauss (1984/85), Volmert (1989). Über den Handlungsbegriff in der Linguistik kann man sich bei Harras (²2004) und Meibauer (²2001: 84f.) informieren. Zur Wort- und Begriffsgeschichte von *Öffentlichkeit* vgl. beispielsweise Hölscher (1978) und Schiewe (1989: 169ff.). Zum Phänomen der Mehrfachadressierung vgl. vor allem Kühn (1995). Über Konversationsmaximen und Implikaturen sollte man sich zuerst bei Grice ([1975] 1979) selbst informieren. Wie man Konversationsmaximen für die Analyse und vor allem Beurteilung politischer Sprache einsetzen kann zeigen beispielsweise Heringer (1990), Klein (1989c) und Strassner (1991). Über AUSWEICHEN und das KASCHIEREN von AUSWEICHEN kann man sich bei Klein (2015) informieren. Inwiefern auch SCHWEIGEN eine Handlungsstrategie politischer Akteure darstellt, zeigt Schröter (2013).

Übungsaufgaben

1. Eine Eins-zu-eins-Zuordnung von Handlungsfeldern und politischen Textsorten ist in vielen Fällen nicht möglich. Welchen Handlungsfeldern lässt sich die parlamentarische Debattenrede zuordnen. Informieren Sie sich hierzu bei Klein (1991b: 268f) und ausführlich bei Burkhardt (2005).

2. 1986 äußerte der damalige Bundeskanzler Kohl in einem „Newsweek"-Interview über das damalige sowjetische Staatsoberhaupt Gorbatschow:

Er ist ein moderner kommunistischer Führer, der sich auf Public Relations versteht. Goebbels, einer von jenen, die für die Verbrechen der Hitler-Ära verantwortlich waren, war auch ein Experte in Public Relations. (zitiert nach Kühn 1995: 7)

a) Inwiefern liegt in dieser Äußerung eine Implikatur vor?
b) Ist diese Äußerung mehrfachadressiert? Nennen Sie mögliche Adressaten.

3. Zeigen Sie am Beispiel der nachfolgenden Sequenz aus der Fernsehsendung „Was nun, Herr Schäuble" (ZDF) vom 18.5.2011 (Moderator: Peter Frey; Gast: Bundesfinanzminister Wolfgang Schäuble), inwiefern die Sprecherhandlungen AUSWEICHEN und KASCHIEREN von AUSWEICHEN realisiert werden:

Frey: „Der Euro steht so tief wie lange nicht. Was nun, Herr Schäuble? Die Börsen sind hoch nervös, das zeigt auch der heutige Tag. Ist die Politik eigentlich, ist der Finanzminister noch Herr des Verfahrens?"

Schäuble: „Na, ganz Herr des Verfahrens ist die Politik nie. Deswegen wollten wir eine Freiheitsordnung, dass die Politik nicht alles bestimmen kann. Aber wir sind ja nicht gezwungen, uns von den Nervositäten der Märkte im Stundentakt anstecken zu lassen."

4. Welche Sprecherhandlungen werden in dem nachfolgenden Ausschnitt aus der Gedenkrede Angela Merkels vom 9.11.2008 anlässlich des 70. Jahrestages der Pogromnacht vom 9.11.1938 realisiert?

[...] meine sehr geehrten Damen und Herren, heute, am 70. Jahrestag, gedenken wir der Pogromnacht von 1938. Wir gedenken einer dunklen Nacht, die stellvertretend für das dunkelste Kapitel der deutschen Geschichte steht: Die Shoa. Wir gedenken in dieser Nacht vom 9. auf den 10. November eines beispiellosen, sich systematisch steigernden Ausgrenzungs- und Entrechtungsprozesses. Am Anfang, am 10. Mai 1933, brannten Bücher. Am 9. November 1938 brannten Synagogen – 1.400 in ganz Deutschland in wenigen Stunden. Und bald danach brannte ganz Europa.

4 Lexikon und Nomination

In diesem Kapitel geht es um diejenigen Einheiten der Sprache, die in der Politolinguistik traditionell immer im Mittelpunkt gestanden haben. Es sind dies die politisch relevanten Wörter, die einen Teilausschnitt des Lexikons (des „Wortschatzes") bilden. Für die Sprachverwendung in der Politik ist das Lexikon zwar nicht das einzige, aber das wichtigste Instrument sprachlichen Handelns. Die politischen Akteure stehen täglich vor vielfältigen Selektionsentscheidungen, die sich in der Frage bündeln: Wie benenne ich was wie für wen in welcher Kommunikationssituation? Diese Fragen werden im Rahmen der *Nominationstheorie* beantwortet, die sich als Sprachverwendungslehre versteht und somit die Grenzen der eher systemlinguistisch ausgerichteten Beschreibung des politischen Lexikons überschreitet. Eng damit zusammen hängt die in der Politolinguistik beharrlich gepflegte Metapher vom „Begriffe-Besetzen". In dieser Redeweise verbergen sich vor allem zwei Sachverhalte, die man weniger martialisch als *politischen Wettbewerb um die Bedeutungs- und Verwendungshoheit von Wörtern* charakterisieren kann.

Zunächst aber soll der für die Sprachverwendung in der Politik relevante lexikalische Teilausschnitt des Gesamtwortschatzes, das *politische Lexikon*, in seinem Aufbau und seiner Gliederung kurz beschrieben werden. Gemäß dem hier vertretenen pragmatischen Ansatz ist eine Beschreibung des politischen Lexikons eine notwendige Voraussetzung, um anschließend seine Verwendung durch die politischen Akteure in konkreten Nominationsakten zu untersuchen.

4.1 Das Lexikon in der Politik. Umfang und Gliederung

In der Politolinguistik gibt es zahlreiche Vorschläge, das politische Lexikon und seine interne Gliederung zu beschreiben (vgl. insbesondere Dieckmann ²1975, Strauß/Zifonun 1982/1983, Klein 1989c). Allen Versuchen gemeinsam ist der Hinweis auf die Schwierigkeit, das politische Lexikon von der Alltagssprache als auch von den Fachsprachen anderer Sachgebiete deutlich abzugrenzen. Im Gegensatz beispielsweise zur Medizin oder Physik ist die Politik nämlich kein Sachgebiet mit einem klar abgrenzbaren Fachlexikon. Politik ist vielmehr ein „Handlungs- und Funktionskomplex" (Dieckmann ²1975: 47), der alle Bereiche des gesellschaftlichen Lebens erfassen kann. Selbst Wörter, die heute niemand dem politischen Lexikon zurechnen würde, können unter bestimmten gesellschaftlichen Bedingungen „politisch" werden. Als Beispiel sei hier das Projekt *Stuttgart 21* angeführt, das 1994 in einem Entwurf vorgestellt wurde und ein Verkehrsprojekt zur Neuordnung des Eisenbahnknotenpunktes Stuttgart bezeichnet. Die Bauarbeiten begannen im Februar 2010 und es entwickelte sich ein über Stuttgart hinausgehender politischer Diskurs. *Stuttgart 21* entwickelte sich so von einer wertneutralen Bezeichnung für ein Ver-

kehrsprojekt zu einem Schlagwort von hoher politischer Brisanz. Das politische
Lexikon ist gleichzeitig auch von Fachwörtern anderer Sachgebiete durchdrungen.
Es bestehen somit nicht nur zwischen der Alltagssprache und dem Lexikon der Politik, sondern auch zwischen dem Fachlexikon der Politik und den Fachlexika der
einzelnen Sachgebiete große Abgrenzungsschwierigkeiten. So ist etwa *Präimplantationsdiagnostik* bzw. das Kurzwort *PID* ein medizinischer Terminus, der in der öffentlich-politischen Diskussion verwendet wird, da der damit bezeichnete Sachverhalt politische Relevanz erlangt hat. Hierzu ein Beispiel aus der „Berliner Rede" des
ehemaligen Bundespräsidenten Rau, der zugleich noch eine Erklärung des Fach-
wortes *Präimplantationsdiagnostik* anfügt:

> Manche fordern, dass auch in Deutschland die Präimplantationsdiagnostik, kurz PID, erlaubt
> werden soll. Dabei geht es um die Frage: Soll bei einer künstlichen Befruchtung ein Embryo auf
> genetische Schäden untersucht werden, bevor er in den Körper einer Frau eingepflanzt wird?
> Darf der Embryo beseitigt oder darf er verwertet werden, wenn solcher Schaden festgestellt
> wird? (Johannes Rau, Berliner Rede v. 18.5.2001)

In diesem Redeausschnitt finden sich neben *Präimplantationsdiagnostik* noch weitere Fachwörter wie *künstliche Befruchtung, Embryo* und *genetisch*. Diese Beispiele
machen noch einmal deutlich, dass grundsätzlich jedes Thema politisch werden
kann. In seiner Rede formuliert der ehemalige Bundespräsident diesen Zusammenhang zwischen Wissenschaft und öffentlich-politischer Kommunikation folgendermaßen: „Hier wirft die Wissenschaft Fragen auf, die uns alle angehen. Sie müssen
in der ganzen Gesellschaft diskutiert und sie müssen dann politisch entschieden
werden – im Parlament" (Rau 2001: 2).

Über diese prinzipielle Offenheit des politischen Lexikons hinaus muss bedacht
werden, dass der Grad der Durchdringung zahlreicher Lebens- und Sachbereiche
durch die Politik von dem jeweiligen Herrschaftssystem bzw. von den jeweiligen
historischen und sozio-kulturellen Gegebenheiten abhängig ist. Art und Umfang des
politischen Lexikons einer Sprachgemeinschaft müssen daher im Idealfall immer
wieder neu bestimmt werden. Dieckmann (²1975: 55) erinnert in diesem Zusammenhang an die wichtige Unterscheidung zwischen dem politischen Lexikon einer bestimmten Sprache und dem politischen Lexikon eines bestimmten Systems. Das
politische Lexikon der Bundesrepublik Deutschland ist keinesfalls identisch mit
dem politischen Lexikon der deutschen Sprache. Er stellt lediglich eine Teilmenge
des politischen Lexikons der deutschen Sprache dar, der umfangreicher ist und
auch Wörter enthält, mit denen auf Referenzobjekte Bezug genommen wird, die in
keinem der deutschsprachigen Länder eine Funktion im politischen Organisations-
gefüge haben. Man denke hierbei etwa an *Kongress, Unterhaus* und *Oberhaus*.

Ein wichtiger und in der Forschung immer wieder zitierter Vorschlag zur Gliederung des politischen Lexikons stammt von Dieckmann, der zwischen *Institutionssprache, Fachsprache des verwalteten Sachgebietes* und *Ideologiesprache* unterscheidet (vgl. Dieckmann ²1975: 47-52). Die *Institutionssprache* setzt sich nach

Dieckmann zusammen „aus den Bezeichnungen für die einzelnen Institutionen und
Organisationen eines Gemeinwesens, ihre interne Gliederung, die Aufgaben, die sie
erfüllen und die Prozesse, in denen sie funktionieren [...]" (Dieckmann 1975: 50).
Innerhalb der Institutionssprache unterscheidet Dieckmann zwischen der *Organisationssprache* und der *Verfahrenssprache*. Zur Organisationssprache gehören Ausdrücke für die Institutionen (z. B. *Bundesrat, Parlament, Partei*), ihre Gliederungen
(z. B. *Fraktion, Parteivorstand, Ausschuss*), ihre Aufgaben (z. B. *Verfassungsschutz,
Finanzpolitik, Entwicklungshilfe*) und Amtsbezeichnungen (z. B. *Bundeskanzler,
Minister, Fraktionsmitglied*). Die Verfahrenssprache umfasst Ausdrücke, mit denen
formale Praktiken in der Politik bezeichnet werden (z. B. *Abstimmung, Hammel-
sprung, konstruktives Misstrauensvotum*). Die *Fachsprache des verwalteten Sachgebietes* besteht „aus den politikeigenen Sprachformen, die sich mit der staatlichen
Verwaltung der verschiedenen Sachgebiete ergeben" (Dieckmann 1975: 509). Sie
wird vor allem von den politischen Experten des jeweiligen Sachgebietes verwendet.
Hierzu gehören beispielsweise die verschiedenen Bereiche der Wirtschaftspolitik,
der Sozialpolitik, der Bildungspolitik usw. So finden etwa fachsprachliche Ausdrücke der Wirtschaft, die zunächst außerhalb des politischen Lexikons stehen, Eingang in die Wirtschaftspolitik. Hierzu zählen beispielsweise Ausdrücke wie *Brutto-
sozialprodukt, Konjunktur,* und *soziale Marktwirtschaft*. Insbesondere das letztere
Beispiel zeigt die Dynamik des politischen Lexikons. So können Ausdrücke der Institutionssprache das Merkmal der Ideologiegebundenheit erhalten und zu Einheiten der Ideologiesprache werden. Auf die Merkmale der Ideologiesprache wird in
Kapitel 4.2 ausführlich eingegangen. Die Abbildung 5 zeigt die Gliederung des politischen Lexikons nach Dieckmann noch einmal in einer Übersicht:

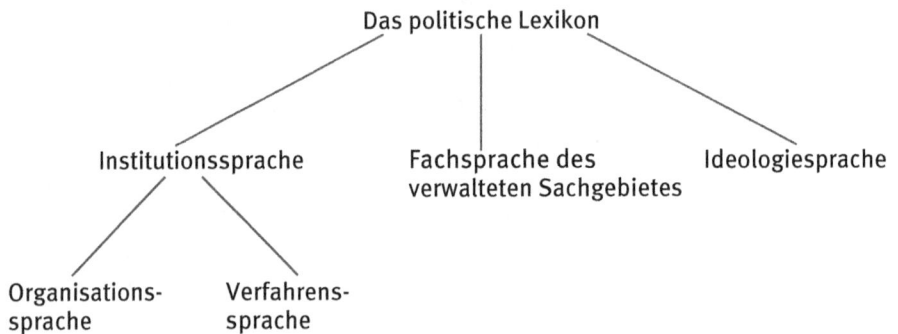

Das politische Lexikon

Institutionssprache   Fachsprache des   Ideologiesprache
                             verwalteten Sachgebietes

Organisations-   Verfahrenssprache   sprache

Abb. 5: Die Gliederung des politischen Lexikons nach Dieckmann (²1975)

Klein (1989c) greift den Gliederungsvorschlag Dieckmanns auf und unterscheidet
zwischen dem *Institutionsvokabular* (entspricht der *Institutionssprache* bei Dieckmann), dem *Ressortvokabular* (entspricht der *Fachsprache des verwalteten Sachgebietes* bei Dieckmann), dem *Ideologievokabular* (entspricht der *Ideologiesprache*

Dieckmanns) und – dies stellt eine Erweiterung gegenüber Dieckmann dar – dem *allgemeinen Interaktionsvokabular*. Darunter subsumiert er „Bezeichnungen für menschliche Interaktion und ihre verschiedenen Aspekte" (Klein 1989c: 7). Hierbei handelt es sich um Ausdrücke, die weder fachsprachlicher noch ideologiesprachlicher Natur sind, beispielsweise *Kraftanstrengung*, *Kompromiss*, *Mobilisierung*, *Krise* oder *Affäre*. Die hohe Frequenz des Interaktionsvokabulars in der politischen Kommunikation rechtfertigt nach Auffassung Kleins die Etablierung des Wortschatzbereiches *Interaktionsvokabular*. Eine weitere Änderung gegenüber dem Vorschlag Dieckmanns besteht in der Feingliederung des Ressortvokabulars. So hebt Klein hervor, dass das Ressortvokabular nur zu einem Teil aus fachsprachlichen Ausdrücken besteht. Ein wichtiger Bestandteil des Ressortvokabulars sind darüber hinaus semi-fachsprachliche Ausdrücke wie *Giftmüll* oder *Fristenlösung*, mit deren Hilfe „politisch brisante Tatbestände eines Ressorts auf eine griffige Formulierung" (Klein 1989c: 7) gebracht werden. Die folgende Abbildung fasst den Gliederungsvorschlag Kleins in 4 Teilbereiche noch einmal zusammen:

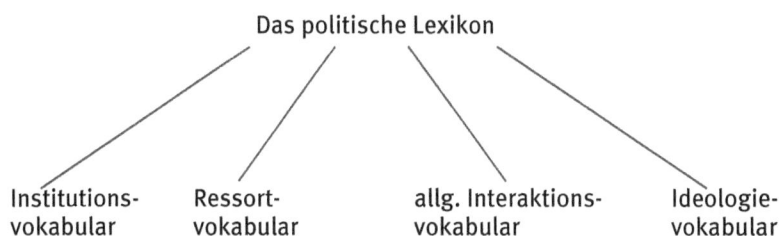

Abb. 6: Die Gliederung des politischen Lexikons nach Klein (1989c)

Auch innerhalb des Institutionsvokabular nimmt Klein noch eine Feindifferenzierung vor (vgl. Klein 1989c: 5f.):

Ausdrücke für die staatlichen Organisationen, die politischen Institutionen und deren Untergliederungen:
z. B. *Bundeskabinett*, *Bundesrat*, *Bundesstaat*, *Bundesverfassungsgericht*, *Kreistag*, *Opposition*, *Parlamentarische Demokratie*, *Sachverständigenrat*, *Senat*, *Vermittlungsausschuss*.

– Ausdrücke für staatliche und politische Rollen:
z. B. *Bundeskanzler*, *Bundesminister*, *Datenschutzbeauftragter*, *Mandat*, *Ministerpräsident*, *Mitglied des Bundestages (MdB)*, *Parteitagsdelegierter*, *Staatssekretär*, *Wehrbeauftragter*.

– Ausdrücke für kodifizierte Normierungen politisch institutionellen Handelns:
z. B. *Grundgesetz*, *Landesverfassung*, *Pakt*, *Partei-Statut*, *Staatsvertrag*.

– Ausdrücke für politische Handlungen, Prozesse und Zustände:

z. B. *Fraktionssitzung, freie, gleiche und geheime Wahlen, konstruktives Misstrau-ensvotum, Legislaturperiode, Parteitag, Volksbegehren, Wahlkampf.*

4.2 Das Ideologievokabular

Die Eigenschaft der Ideologiegebundenheit von Wörtern bezieht sich auf die Deter-mination ihrer Bedeutung durch die einer Gesellschaft oder politischen Gruppe zugrunde liegenden Deutungen und Wertungen sozialer Tatsachen (vgl. zum Ideo-logiebegriff auch Kapitel 1.2). In einer engeren Definition werden nur solche Wörter als *ideologiegebunden* bezeichnet, die Glieder eines terminologischen Systems einer Ideologie sind (vgl. etwa Schmidt 1972: 14). Eine solche Definition ist jedoch zu sehr auf den Bereich der Terminologie festgelegt und würde wichtige Bereiche des politi-schen Wortschatzes ausschließen. Eine Ausweitung des Begriffs der Ideologiege-bundenheit auf andere Wortschatzbereiche schlagen daher auch Strauß/Zifonun (1982/1983: 72f.) vor. Oftmals könne nämlich keine klare Trennung zwischen ideolo-gisch-terminologischem und ideologisch-nichtterminologischem Gebrauch vorge-nommen werden und auch Wörter der Alltagssprache seien „bestimmten ideologi-schen Positionen oder Wertsystemen verpflichtet" (Strauß/Zifonun 1982/1983: 73). Darüber hinaus zeigt auch das Beispiel der scheinbar „ideologieneutralen" Be-zeichnungen für staatliche Institutionen, dass auch diese vom Wertesystem einer Gesellschaft abhängig sind, somit also einer bestimmten Ideologie verpflichtet sind. Versteht man ein politisches System als Konkretisierung einer Ideologie, dann sind auch Wörter wie *parlamentarische Demokratie, freie, gleiche und geheime Wahlen, Parteien* und *Opposition* ideologiegebunden (vgl. auch Klein 1989c: 8). Das Merkmal der Ideologiegebundenheit zieht sich also quer durch alle Lexikonbereiche.

Welches sind aber nun die semantischen und pragmatischen Eigenschaften von Ausdrücken, die ihre Charakterisierung als *ideologiegebunden* rechtfertigen? Ideo-logiegebundene Wörter bilden ein triadisches Ensemble aus *denotativen, evaluati-ven* und *deontischen* Bedeutungskomponenten (vgl. hierzu auch die designative, appraisive und preskriptive Komponente des sprachlichen Zeichens bei Klaus 1971). In die denotative Bedeutungskomponente gehen solche Merkmale ein, die begriffli-cher Natur sind und die Eigenschaften des Denotats (des außersprachlichen Gegen-standes oder des Referenzobjektes) repräsentieren. So lässt sich die denotative Be-deutung von Demokratie mit ‚Staatsform' beschreiben. Die evaluative Bedeu-tungskomponente enthält diejenigen Merkmale, die das Referenzobjekt bewerten. *Demokratie* besitzt demnach positive Evaluation. In den deontischen semantischen Merkmalen sind Sollens- oder Nicht-Sollens-Aussagen kodifiziert. So ist in *Demokra-tie* die deontische Bedeutung mit enthalten, „daß sie ein hohes Gut ist, das also erstrebt und erhalten werden muß" (Hermanns 1989: 74f.). Evaluative und deontische Bedeutung werden auch als Bestandteile der *Konnotation* eines Wortes zusammengefasst. Auf Grund der denotativen, evaluativen und deontischen Bedeutungskomponente können die politischen Akteure mit ideologiegebundenen Wörtern Referenzobjekte *bezeichnen*, sie *bewerten* und zu Handlungen *auffordern* (vgl. Abb. 7).

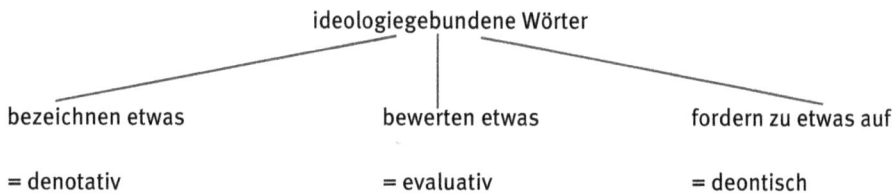

ideologiegebundene Wörter

bezeichnen etwas   bewerten etwas   fordern zu etwas auf

= denotativ   = evaluativ   = deontisch

Abb. 7: Die Funktionen und Bedeutungskomponenten des Ideologievokabulars

Zur Beschreibung des Phänomens, dass ein ideologiegebundener sprachlicher Ausdruck wie *Demokratie* verschiedenen Ideologien gemeinsam ist, zugleich aber Unterschiedliches bezeichnet, führt Dieckmann den Terminus *ideologische Polysemie* ein (vgl. Dieckmann ²1975: 70ff.). Dieckmann geht davon aus, dass die verschiedenen ideologisch bedingten Gebrauchsweisen von *Demokratie* von einer allen gemeinsamen ideologieneutralen Bedeutung überdacht werden. Diese umschreibt er mit der Formaldefinition ,Herrschaft des Volkes'. In Abhängigkeit von der jeweiligen Ideologie gehen die semantischen Merkmale verschiedene Strukturgebilde ein, die es rechtfertigen, von *ideologischer Polysemie* zu sprechen. Strauß/Zifonun (1982/83: 68f.) schlagen vor, statt von *ideologischer Polysemie* von *semantischer Varianz* zu sprechen. Darunter verstehen sie „meinungsgruppenbedingte Gebrauchsdifferenzen eines Wortes, und zwar jeweils bezogen auf eine semantische Dimension" (Strauß/Zifonun 1982/83: 68f.). Was Strauß/Zifonun unter einer *semantischen Dimension* verstehen, lässt sich am Beispiel von *Sozialismus* zeigen. *Sozialismus* verfügt über die drei semantischen Dimensionen ,gesellschaftliche Lehre', ,sozialistisches System, sozialistischer Staat' und ,(gesellschaftliche) Bewegung, Strömung, Richtung'. Es sind dies drei verschiedene Lesarten eines Ausdrucks, wobei jede Lesart wiederum eine bestimmte ideologiekonforme Bedeutung erhalten kann. Klein (1989c: 17ff.) ersetzt den Terminus *ideologische Polysemie* durch den Terminus *Bedeutungskonkurrenz*. Mit *Bedeutungskonkurrenz* wird der politische Meinungsstreit um die „richtige" Bedeutung eines Wortes in den Vordergrund gestellt und damit die semantische um eine pragmatische Betrachtungsebene erweitert.

Den Kernbestand des Ideologievokabulars bilden die so genannten *Symbolwörter* (vgl. zu diesem Terminus auch Toman-Banke 1996: 49ff.). In der Sprache-und-Politik-Forschung sind zahlreiche alternative Termini für *Symbolwort* in Gebrauch, so zum Beispiel *key symbols* (Lasswell [u. a.] 1966: 13) bzw. *Schlüsselwörter, hochaggregierte Symbole* (Klaus 1971: 139), *Grundwerte-Lexeme* (Fuhs 1987: 1ff.), *Leitvokabeln* (Böke 1996c: 32ff.) oder auch *Schlagwörter* (Niehr 2007b). Symbolwörter haben die Funktion, die komplexe Wirklichkeit, vereinfachend, man könnte auch sagen verdichtend, darzustellen. In der öffentlich-politischen Kommunikation sind sie auf Grund ihrer Reduktionsleistung leicht verfügbar und besitzen eine starke emotionale Anziehungskraft auf die Adressaten. Indem sie die komplexe Wirklichkeit reduzieren, weisen sie ihr gleichzeitig eine ideologiekonforme Wertung zu. Die Erforschung der in einer bestimmten historischen Epoche verwendeten Symbolwörter kann einen wertvollen Beitrag zum Verständnis dieser Epoche leisten. Ihre Semantik ermöglicht Rückschlüsse auf das Denken und Handeln einer Sprachgemeinschaft. Ein Symbolwort kann entweder als einzelnes Wort oder als Wortgruppe (*Recht auf Selbstbestimmung*) auftreten. Beispiele für Symbolwörter finden sich in dem folgenden Ausschnitt aus der Erklärung des Bundeskanzlers Gerhard Schröder zur Lage im Kosovo vom 24.3.1999 (vgl. hierzu auch Kapitel 6.1):

> Mit der gemeinsam von allen Bündnispartnern getragenen Aktion verteidigen wir auch unsere gemeinsamen grundlegenden Werte von *Freiheit*, *Demokratie* und *Menschenrechten*.

Das Symbolwort teilt seine Funktion, die komplexe Wirklichkeit zu reduzieren und emotional zu wirken, mit dem *Schlagwort*. Das Schlagwort gilt als auffälligste sprachliche Erscheinung in der öffentlich-politischen Kommunikation. Schon Ladendorf betont 1906 in seinem „Historischen Schlagwörterbuch" die „prägnante Form" und den „Gefühlswert" des Schlagwortes, auf die er dessen „erstaunliche Wirkung" zurückführt (Ladendorf [1906] 1968: IX). In der Alltagssprache wird *Schlagwort* meist abwertend verwendet. Dieckmanns Charakterisierung des Schlagwortes bringt es in eine deutliche Nähe zum Symbolwort:

> In den Schlagwörtern werden die Programme kondensiert; sie erheben Relatives zu Absolutem, reduzieren das Komplizierte auf das Typische, Überschaubare, Einfach-Gegensätzliche und bilden dadurch bipolare Wortschatzstrukturen aus; sie bringen das Abstrakt-Ferne sprachlich nahe und geben der Meinungssprache ihre emotionellen Obertöne. (Dieckmann ²1975: 103)

In der Politolinguistik gibt es zahlreiche Vorschläge, das Schlagwort vom Symbolwort abzugrenzen. Von besonderem Nutzen dürfte dabei die Erkenntnis sein, dass ein Wort nie von Natur aus ein Schlagwort ist, sondern immer nur als solches gebraucht wird (vgl. beispielsweise Luhmann 1974). Während ein Symbolwort einen historisch gewachsenen Orientierungspunkt darstellt und fest in das ideologische Wertesystem einer Gemeinschaft eingebunden ist, ist ein Schlagwort „abhängig von der politischen Aktualität des Sachverhaltes, auf den es Bezug nimmt" (Toman-Banke 1996: 54). Auf Grund seiner Abhängigkeit von der politischen Aktualität, seiner appellativen und treffsicheren Wirkung ist es mit dem Wahlslogan vergleichbar. Als Beispiele für Schlagwörter seien hier die von der SPD im Bundestagswahlkampf 1994 verwendeten (negativen) Schlagwörter *soziale Kälte* und *Sozialabbau* sowie das von ihr 1998 eingesetzte (positive) Schlagwort *Neue Mitte* angeführt.[15] Während Symbolwörter also beständig sind, zeichnen sich Schlagwörter durch eine relative Kurzlebigkeit aus. Dass die Grenzen zwischen beiden aber fließend sind, zeigt sich spätestens dann, wenn ein Schlagwort durch ständigen Gebrauch in den Rang eines Symbolwortes erhoben werden kann bzw. ein Symbolwort als Schlagwort benutzt wird. Nicht zuletzt aus diesem Grund wird in der Politolinguistik zunehmend auf diese Unterscheidung verzichtet und stattdessen ausschließlich von *Schlagwörtern* gesprochen (vgl. etwa Niehr 2007b und Schröter 2011). Das Schlagwort bildet somit die übergreifende Kategorie und kann dann entsprechend der unten vorgestellten Gliederung weiter unterteilt werden

Symbolwörter lassen sich auf Grund ihrer evaluativen semantischen Merkmale in *Miranda* und *Anti-Miranda* klassifizieren. Ist ein Symbolwort positiv konnotiert spricht man auch von einem *Mirandum* (Dieckmann [2]1975: 49), einem *Leitwort* (Strauß/Zifonun 1982/83: 100) oder einem *Hochwertwort* (Burkhardt 1998: 103). Bei einem *Mirandum* handelt es sich um einen ideologiegebundenen sprachlichen Ausdruck, der für die Mitglieder einer Sprachgemeinschaft positive Evaluation besitzt. Nach Dieckmann ([2]1975:49), der sich auf Lasswell (1966) bezieht, erwecken Miranda Bewunderung, sprechen die Gesinnung an, stabilisieren die Loyalität gegenüber dem Staat oder einer bestimmten gesellschaftlichen Gruppe und stärken das Zusammengehörigkeitsgefühl. Für die Bundesrepublik Deutschland sind beispielsweise *Frieden*, *Freiheit*, *Gerechtigkeit* prototypische Miranda. Sie repräsentieren die einer Gesellschaft gemeinsamen Überzeugungen und Werthaltungen und sind deshalb bevorzugte „Objekte (groß)gruppen- und parteibezogener sprachlicher Usurpationsversuche" (Strauß/Zifonun 1982/83: 104). Ihr Gegenstück bilden die *Anti-Miranda* oder auch *Unwertwörter* (Burkhardt 1998: 103) . Sie besitzen negative Evaluation und bezeichnen „das Bekämpfte, Verachtete, nicht Wünschenswerte" (Dieckmann [2]1975: 49). Als Beispiele seien hier *Diktatur*, *Nationalsozialismus* oder *Rassismus* genannt. Miranda und Anti-Miranda sind gruppenübergreifende bzw. ideologieübergreifende Symbolwörter. Mögliche Bedeutungskonkurrenz bzw. ideologische Polysemie bezieht sich bei ihnen auf die denotative Bedeutungskomponente.

Neben der Differenzierung der Symbolwörter durch gruppenübergreifende Evaluation besteht die Möglichkeit ihrer Differenzierung durch gruppeninternen Gebrauch. Ideologiegebundene Ausdrücke gehören bestimmten ideologischen Systemen an und dienen der Abgrenzung gegenüber anderen ideologischen Systemen. Das so genannte *Abgrenzungsvokabular* besteht aus Ausdrücken, die „einen Parteistandpunkt in plakativer Weise kenntlich machen" (Hermanns 1982: 92), die eine

---

15 Vgl. zum Schlagwort *Neue Mitte* auch Klein (1999: 23). Wie Klein hervorhebt, handelt es sich bei *Neue Mitte* um einen „Integrationsbegriff", mit dem es die SPD geschafft habe, „die Union semantisch in die Defensive zu drängen" (Klein 1999: 23).

gewisse Brisanz besitzen und bei deren Benutzung man seine Nähe zu einer bestimmten Ideologie zum Ausdruck bringt. Sie können entweder als *Fahnenwörter* oder als *Stigmawörter* auftreten. Positiv konnotierte Fahnenwörter dienen dazu, die Eigengruppe aufzuwerten, mit Hilfe negativ konnotierter Stigmawörter wird der politische Gegner diffamiert. Für Stigmawörter ist charakteristisch, dass sie von der anderen Seite „nicht als geeignete Interpretationsvokabeln für Erscheinungen der sozialen Realität generell bzw. speziell der eigenen sozialen Realität betrachtet und daher gemieden bzw. explizit zurückgewiesen werden" (Strauß/Zifonun 1982/83: 116). Auf Grund der Tatsache, dass man mit Fahnenwörtern auf Referenzobjekte des eigenen ideologischen Systems und mit Stigmawörtern auf Referenzobjekte des fremden ideologischen Systems referiert, spricht man auch von *Eigengruppen-* bzw. *Fremdgruppenreferenz*. Während Miranda und Anti-Miranda also gruppen- bzw. ideologieübergreifende Evaluation besitzen, sind Fahnen- bzw. Stigmawörter durch gruppen- bzw. ideologieinterne Evaluation und Gebrauch gekennzeichnet. Als Beispiel für ein Fahnen- und zugleich Stigmawort sei hier *Pazifismus* genannt.[16] Ist Pazifismus für die Anhänger der Friedensbewegung ein Fahnenwort, so wird es von Politikern, Militärs und eher rechtsstehenden politischen Gruppierungen als Stigmawort verwendet. Die Auseinandersetzung um *Pazifismus* gewann besondere Brisanz im Zusammenhang mit der Nachrüstungsdebatte in den 80er-Jahren, als Verfechter der Nachrüstung versuchten, zwischen dem Pazifismus der 30er-Jahre und den aktuellen Pazifismus Parallelen herzustellen, so etwa der damalige CDU-Generalsekretär Heiner Geißler, der 1983 im Bundestag feststellte:

> Der Pazifismus der 30er Jahre, der sich in seiner gesinnungs-ethischen Begründung nur wenig von dem unterscheidet, was wir in der Begründung des heutigen Pazifismus zur Kenntnis zu nehmen haben, dieser Pazifismus der 30er Jahre hat Auschwitz erst möglich gemacht. (Geißler, zitiert nach: *Der Spiegel*, 25/1983: 27)

Die nachfolgende Abbildung fasst noch einmal die oben vorgestellte Feingliederung des Ideologievokabulars zusammen:

---

16 Zur Geschichte und Verwendung von *Pazifismus* in der öffentlich-politischen Kommunikation vgl. Strauß [u. a.] (1989: 282ff.).

```
                        Ideologievokabular
              /                              \
    1. Differenzierung                2. Differenzierung
      durch Evaluation                  durch Gebrauch
      /         \                        /          \
  Miranda   Anti-Miranda        Fahnenwörter   Stigmawörter
```

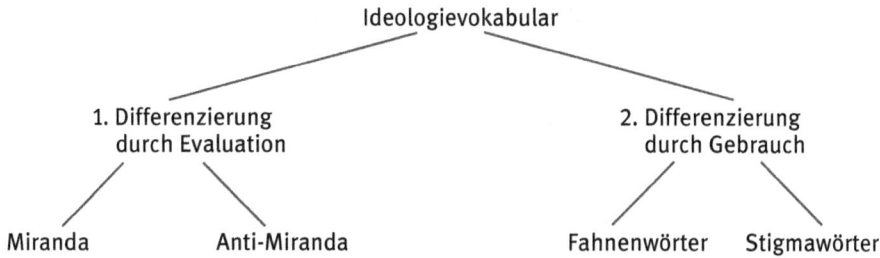

Abb. 8: Die Gliederung des Ideologievokabular

4.3 Das Nominationskonzept

Mit Hilfe von Wörtern nehmen die politischen Akteure kommunikativ Bezug auf außersprachliche Gegenstände. Dieser Vorgang des Referierens ist unauflöslich mit einer Konzeptualisierung des Außersprachlichen verknüpft. Spätestens seit Ogden/Richards ([1923] 1974) gehört es zum Allgemeingut der Linguistik, dass der Bezug auf außersprachliche Gegenstände durch Begriffe vermittelt ist. Die politischen Akteure vollziehen mit dem Referenzakt zugleich auch eine Konzeptualisierung des außersprachlichen Objektes. Im Falle von Konkreta wie *Parlament* oder *Verfassung* tritt die Konzeptualisierung zum Referenzakt hinzu, im Falle von Abstrakta fallen beide sogar zusammen. Abstrakta wie *Frieden, Freiheit* oder *Gerechtigkeit* werden erst durch den Akt der Begriffsbildung konstituiert. Die elementare Funktion der Referenz besteht in der Identifikation der Referenzobjekte, der außersprachlichen Gegenstände. Der Referenzakt ist dann geglückt, wenn der Adressat weiß, wovon der Politiker redet. Damit ein Äußerungsakt vollständig ist, muss zur Referenz noch die Prädikation hinzutreten. Es ist allgemein üblich, Referenz und Prädikation als Bestandteile der *Proposition* oder des *Aussagegehaltes* einer Äußerung zu bezeichnen. Hierzu ein Beispiel aus der „Berliner Rede" von Bundespräsident Johannes Rau vom 18.5.2001:

> Ich wiederhole: Ökonomische Interessen sind legitim und wichtig. Sie dürfen aber nicht gegen die Menschenwürde und den Schutz des Lebens aufgewogen werden

Die Referenzausdrücke, die der Bundespräsident hier gebraucht, lauten *ich, ökonomische Interessen, sie, Menschenwürde* und *Schutz des Lebens* (im Falle von *sie* spricht man auch von *Koreferenz durch Pronominalisierung*, da das Personalpronomen *sie* auf einen bereits im Text erwähnten Ausdruck Bezug nimmt). Die Prädikatsausdrücke lauten *wiederhole, sind legitim und wichtig* sowie *dürfen nicht aufgewogen werden*. Referenz und Prädikation bilden den semantischen Kern der

Äußerung, die Proposition. Man kann sagen, dass der Referenzakt dann geglückt ist, wenn der Adressat weiß, über welches Referenzobjekt gesprochen worden ist. Den in der Politik Agierenden geht es aber um mehr als nur darum, die kommunikative Bestimmtheit von Referenzobjekten zu sichern. Um ihre Intentionen und Interessen durchzusetzen, müssen sie Position beziehen und Einstellungen und Bewertungen gegenüber dem politischen Gegner und politischen Sachverhalten zum Ausdruck bringen. Einstellungen lassen sich definieren als „bewertende Stellungnahmen zu einem in der Proposition dargestellten Gegenstand" (Girnth 1993a: 62). Sie sind das Ergebnis von Bewertungen, die der politische Akteur beispielsweise auf der Grundlage der in einer Gesellschaft gültigen Normen und Werte vorgenommen hat. Einstellungen lassen sich in eine *kognitive*, *affektive* und *voluntative* Komponente unterteilen. Die *kognitive* Komponente umfasst das Wissen, Denken, Vorstellungen aber auch Stereotype darüber, worauf sich die Einstellung bezieht. Hermanns (2002:76) weist darauf hin, dass es ohne ein solches Wissen überhaupt nicht möglich sei, Einstellungsobjekte zu erkennen und auf sie zu reagieren. Daher nimmt die kognitive Komponente in der Hierarchie der Einstellungskomponenten die oberste Position ein. Die *affektive* (oder auch evaluative, emotive) Komponente bezieht sich auf das Gefühl, das jemand gegenüber einem Einstellungsobjekt hat. Die *voluntative* (oder auch *konative*) Komponente bezieht sich auf die Handlungsbereitschaft, die jemand gegenüber einem Einstellungsobjekt besitzt. Die Komponenten kognitiv, affektiv und voluntativ können auch treffend als *Denken*, *Fühlen* und *Wollen* charakterisiert werden (vgl. Hermanns 2002: 81f.). So lassen sich beispielsweise die mit der Verwendung des Stigmawortes *Extremist* zum Ausdruck gebrachten Einstellungen bzw. Einstellungskomponenten folgendermaßen beschreiben: ,Person, die radikale politische Positionen vertritt und diese unter Umständen auch gewaltsam durchsetzt. Deshalb ist diese Person gefährlich' (= kognitiv); ,Ablehnung, Verachtung, Furcht' (= affektiv); ,Diese Personen müssen mit den Mitteln des Rechtsstaates bekämpft werden' (= voluntativ). Die Verwendung des Stigmawortes *Extremist* stellt eine bewertende Stellungnahme gegenüber dem Einstellungsobjekt dar, das auf einer Positiv-Negativ-Skala eindeutig als negativ bewertet wird. Es ist offensichtlich, dass den Einstellungskomponenten *kognitiv*, *affektiv* und *voluntativ* die semantischen Komponenten *denotativ*, *evaluativ* und *deontisch* entsprechen (vgl. Abb. 7).

Das Lexikon einer Sprache stellt das Inventar von Ausdrücken bereit, unter denen der politische Akteur eine intentional-selektive, seine parteispezifischen Interessen unterstützende Auswahl trifft. So antwortete der ehemalige Bundesaußenminister Fischer in einem Interview mit dem Magazin „Der Spiegel" auf die Frage, ob Deutschland nicht einen neuen Anlauf bei der Bundeswehrreform brauche, um eine professionelle Einsatztruppe zu schaffen:

> Es ist schon toll, dass ausgerechnet dieselben politischen Krähen, die die nötigen Reformen bis 1998 verweigert haben, jetzt vom Baume herabkrächzen, wie schlimm das alles ist. Herr Rühe [...] ist doch der Hauptverantwortliche dafür. Die Reform hätte 1995 beginnen müssen. Der

neue Spitzenkandidat der Union erzählt jetzt, er hätte gern die alte Kalte-Kriegs-Armee, die wir nicht mehr brauchen, und obendrauf noch die neue Bundeswehr. Wie er das finanzieren will, darüber schweigt des bayuwarischen Sängers Höflichkeit. (Fischer, in: Der Spiegel Nr. 4, 2002)

Fischer geht es in diesem Interview offensichtlich nicht nur darum, auf die Referenzobjekte ‚Bundeswehr', ‚Opposition' und ‚Edmund Stoiber' Bezug zu nehmen. Mit der Wahl der Ausdrücke *politische Krähen*, *Kalte-Kriegs-Armee* und *bayuwarischer Sänger* (in Abwandlung eines Phraseologismus) bringt er seine negative Einstellung gegenüber dem politischen Gegner und dessen Konzepten zum Ausdruck. Er geht also über das nur Referieren hinaus und bewertet gleichzeitig das in Rede stehende Referenzobjekt. Man bezeichnet diese stellungsbeziehende, wertende Form der Referenz als *Nomination* und die zu diesem Zwecke verwendeten Wörter als *Nominationsausdrücke*. Die Nomination weist über die kommunikative Bestimmtheit von Referenzobjekten hinaus, indem sie die Einstellung der handelnden Akteure zum bezeichneten Referenzobjekt zum Ausdruck bringt. Da es sich bei der Nomination um eine höhere, vor allem wertende Stufe der Ausdrucksverwendung handelt, schlägt Bellmann folgende prägnante Definition vor: „Nomination ist Referenz plus [...] Wertungspragmatik" (Bellmann 1996: 11). Der Nominationsakt ist eine sprachliche Handlung, genauer eine lexikalische Teilhandlung, die Referenz und Wertung miteinander verknüpft. Die Leistungsfähigkeit des Nominationskonzeptes kommt insbesondere bei der Analyse öffentlich-politischer Kommunikation zum Tragen. Eine wichtige Vorarbeit hierzu leistet Volmert (1989) mit seinem Begriff der *Etikettierung*. Volmert „betrachtet schon die Zuordnung von Nomina zu (konkret gemeinten) Objekten als kommunikative Handlung, die unter bestimmten gesellschaftlichen Bedingungen stattfindet" (Volmert 1989: 43). Dieser von ihm als *Etikettierungsakt* bezeichnete Vorgang geht über die Referenzbeziehung hinaus, da erst die Berücksichtigung bestimmter gesellschaftlicher Normen und Konventionen den adäquaten Gebrauch sprachlicher Ausdrücke zulässt.

Die Nomination, die die Funktion einer Einstellungsbekundung und damit einer bewertenden Stellungnahme hat, fordert eine Reaktion auf Seiten des Adressaten heraus. Auf Grund der mit dem Nominationsakt verbundenen Wertung wird im Adressaten „eine Präferenzdisposition gegenüber dem betreffenden Objekt erzeugt" (Sager 1982: 40), die zu einer Umdefinition der Sinnstruktur dieses Objekts beim Adressaten führt. Die von den politischen Akteuren intendierten Adressatenreaktionen sind *Einstellungsmodifizierung*, *Einstellungspolarisierung* und *Einstellungsaffirmation* (vgl. Girnth 1993a: 95f.). Die Einstellungsmodifizierung soll eine Veränderung der Einstellungen des Adressaten bewirken. Insbesondere in Texten mit informativ-persuasiver Funktion werden Nominationsausdrücke gebraucht, die dem Zwecke der Einstellungsmodifizierung dienen. Auch die intendierte Einstellungspolarisierung wird vorwiegend in Texten mit informativ-persuasiver Funktion realisiert. Allerdings hat sie nicht die Funktion, Einstellungen zu verändern, sondern den eigenen Standpunkt deutlich zu machen und gegebenenfalls eine Reaktion auf Seiten des Adressaten herauszufordern. Die Einstellungsaffirmation zielt darauf ab, vorhandene Einstellungen auf Seiten des Adressaten zu bestätigen und eventuell auch zu bekräftigen. Sie kann vor allem in Texten mit integrativer Funktion wirksam werden. Die Eigenschaft der bewertenden Stellungnahme macht den Nominationsakt zu einem wichtigen Mittel der Persuasion. Gibt es nun bestimmte Ausdrucksmittel, die sich in besonderer Weise für den Nominationsakt und damit zur Persuasion eignen? Hier müssen an erster Stelle Ausdrücke genannt werden, die morphologisch und semantisch (figurativ) motiviert sind. *Motivation* bezeichnet eine wie auch immer geartete Beziehung zwischen der Ausdrucksseite und der Inhaltsseite sprachlicher Zeichen. So sind Komposita morphologisch motiviert, da sich die Gesamtbedeutung des Zeichens aus den Einzelkomponenten erschließen lässt (z. B. *Währungsreform, Handlungsfähigkeit, Staatsmacht, Lastenausgleich, Regimegegner, Parteivorsitzender*). Da Komposita aus zwei eigenständigen Wörtern zusammengesetzt sind, bietet sich dem politischen Akteur die Möglichkeit, bestimmte Eigenschaften des Referenzobjektes besonders hervorzuheben. Komposita enthalten deshalb oft bereits verkürzte Urteile, die nur bestimmte, im parteispezifischen Interesse liegende Merkmale hervorheben (z. B. *Solidaritätsabgabe, Öko-Steuer, Rentenbetrug*). Dies ist die Grundlage für einen möglichen Persuasionserfolg, der darin besteht, die Einstellungen des Adressaten je nach Intention entweder zu modifizieren, zu affirmieren oder zu polarisieren.

Wird der Motivationsbegriff auf die Inhaltsseiten sprachlicher Zeichen ausgedehnt, spricht man von *semantischer* oder *figurativer* Motivation (vgl. Ullmann [2]1972: 83). Bei solchermaßen motivierten Ausdrücken handelt es sich um Metaphern (z. B. *soziales Netz, Aufschwung, Talsohle, Kostendämpfung*). In der neueren, kognitiv ausgerichteten Metaphernforschung sind Metaphern keine stilistischen Mittel mehr, die der Ausschmückung von Texten dienen, sondern Ausdruck einer grundlegenden kognitiven Fähigkeit des Menschen. Durch Metaphernbildung werden neue sprachliche Ausdrucksmittel geschaffen und neue Konzepte sprachlich erschlossen (vgl. Lakoff/Johnson 1980). Die Konzeptualisierung kann sowohl über die Wahrnehmung außersprachlicher Gegenstände als auch durch die freie Kombination von Konzepten erfolgen, wobei das Ergebnis der Versprachlichung Metaphern sind. Nach Drommel/Wolff (1976) können Metaphern in der politischen Rede verschiedene Funktionen übernehmen. Sie vereinfachen komplexe Sachverhalte, sie bewerten die Referenzobjekte positiv oder negativ, sie interpretieren politische Entwicklungen und Handlungen, insbesondere durch die Organmetaphorik, sie ermöglichen den Rückgriff auf Vertrautes und ermöglichen Assoziationen. Wie Wesel (1991) herausstellt, sind einige Bereiche der Politik, wie etwa die „Dritte Welt", ohne Metaphern, die zugleich ein entsprechendes Erklärungs- und Handlungsmodell liefern, kaum mehr zu bezeichnen. Als Beispiel kann die „Überschwemmungs-/Eindämmungsmetaphorik" genannt werden, die im Zusammenhang mit Flüchtlingsbewegungen und Bevölkerungswachstum verwendet wird. Wesel weist auf „die schon zwanghafte Bildhaftigkeit des Grundvokabulars in der Asylfrage" (Wesel 1991: 73) hin. Hier liefern Ausdrücke wie *Flut, Strom* und *Damm* „die Muster für Problemwahrnehmung und -verarbeitung" (Wesel 1991: 73).

Eine viel zitierte und schon zum Schlagwort avancierte Metapher ist die Charakterisierung politischen Handelns als *Politik der ruhigen Hand*. Diese Metapher wurde von Bundeskanzler Gerhard Schröder geprägt. In dem nachfolgendem Ausschnitt aus seiner Rede vom 26.6.2001 anlässlich der Festveranstaltung zum 10-jährigen Jubiläum der Firma Jenoptik heißt es:

> Ich bitte also einfach darum, zu verstehen, dass die Bundesregierung den Kurs, den ich beschrieben und begründet habe, beibehalten wird, dass sie sich einer hektischen Debatte nicht anschließen will und aus nationalen wie internationalen Erwägungen nicht darf sowie dass sie ganz entschieden eine Politik weiterverfolgen wird, die in der Finanz- und Wirtschaftspolitik auch deshalb eine *Politik der ruhigen Hand* genannt wird, weil sie auf Kalkulierbarkeit setzt. Ich bin fest davon überzeugt, dass das mittelfristig das einzige Rezept ist, um die Wachstumsdelle, die in Deutschland weltwirtschaftlich verursacht worden ist, auszugleichen.

Die Organmetapher der *ruhigen Hand* hat die Funktion, die Politik der Bundesregierung zu interpretieren und positiv zu bewerten. Mit dieser Metapher werden vor allem die Merkmale *Stetigkeit, Verlässlichkeit* und *Gelassenheit* konnotiert. Darüber hinaus eröffnet die Metapher von der *ruhigen Hand* Assoziationen vom Politiker als Steuermann, der das (Staats)schiff allen Stürmen zum Trotz sicher auf Kurs hält und nicht hektisch das Ruder bewegt. Die Metapher der *ruhigen Hand* ist aber auch ein Paradebeispiel dafür, wie eine Metapher vom politischen Gegner umgedeutet und umgewertet werden kann. Statt der positiv konnotierten Merkmale *Stetigkeit, Verlässlichkeit* und *Gelassenheit* werden mit der ruhigen Hand die negativ konnotierten Merkmale *Untätigkeit* und *Stillstand* verbunden. Der Bundeskanzler selbst ist es, der auf Grund dieser Metaphernumdeutung in zahlreichen Interviews zur Interpretation seiner eigenen Metapher gezwungen wird. So antwortet er beispielsweise in einem Interview mit der „Braunschweiger Zeitung" vom 18. August 2001 auf die Frage, ob seine Politik der ruhigen Hand wirklich ausreiche:

> Diese Vorzüge unserer Volkswirtschaft herauszustreichen und stärker zu nutzen, darum geht es mir. Und daran können Sie auch erkennen, was ich mit ‚ruhiger Hand' gemeint habe. Das bedeutet aber gerade nicht, untätig zu sein. (Schröder 2001b)

Standen bislang die Nominationsausdrücke und ihre Semantik im Vordergrund, so soll nun gefragt werden, ob es in der Politik bestimmte Referenzobjekte bzw. Wirklichkeitsausschnitte gibt, die spezifisch für diesen Kommunikationsbereich sind. Daran schließt sich die Frage an, welche Nominationsausdrücke verwendet werden, um auf diese Wirklichkeitsausschnitte Bezug zu nehmen. Im Mittelpunkt steht also die onomasiologische Fragestellung, die von den Referenzobjekten bzw. Begriffen ausgeht und danach fragt, welche Nominationsausdrücke der Politiker verwendet, um auf diese Bezug zu nehmen. Die durch Nominationsausdrücke bezeichneten Referenzobjekte lassen sich in Klassen zusammenfassen, die so genannten *Nomina-*

tionssektoren. Nominationssektoren repräsentieren die für das politische Sprachhandeln zentralen Wirklichkeitsausschnitte. Sie besitzen vor allem deshalb politische Relevanz, weil vom politischen Akteur erwartet wird, dass er auf diese Wirklichkeitsausschnitte sprachlich Bezug nimmt. Es lassen sich die folgenden Sektoren unterscheiden:

NOMINATIONSSEKTOR 1: „Nominationen politischer Gruppen und Personen"

Diesem Wortschatzsektor kommt nicht nur auf Grund seiner Frequenz in der politischen Sprachverwendung eine besondere Bedeutung zu. Die in der politischen Auseinandersetzung fundamentale Dichotomie zwischen Eigen- und Fremdgruppe findet hier ihren Ausdruck (z. B. *Bürger, Christdemokrat, Demokrat, Deutsche, Genosse, Grüne, Lobbyist, Opportunist, Sozialdemokrat, Verfolgter*).

NOMINATIONSSEKTOR 2: „Nominationen politisch relevanter Aktivitäten und Handlungszusammenhänge"

Hierzu zählen sowohl positiv bewertete Aktivitäten und Handlungszusammenhänge der Eigengruppe (z. B. *Aufbau, Gestaltung, Reform,*) als auch negative bewertete der Fremdgruppe (z. B. *Misswirtschaft, Vertreibung, Zick-Zack-Kurs*).

NOMINATIONSSEKTOR 3: „Nominationen politisch relevanter Einstellungen"

Dem Nominieren von Einstellungen kommt in der öffentlich-politischen Kommunikation eine wichtige Funktion zu, da politische Akteure ihre Einstellungen direkt und nicht zusätzlich zu einem Referenzobjekt bekunden (z. B. *Scham, Schmerz, Tatsache, Trauer, Wahrheit, Wissen*).

NOMINATIONSSEKTOR 4: „Nominationen politisch relevanter Intentionen und Interessen"

Dieser Nominationssektor enthält diejenigen Nominationsausdrücke, in denen sich gruppenspezifische Deutungen und Wertungen widerspiegeln. Im Wesentlichen handelt es sich um Wörter des Ideologievokabulars, wobei die Intentionen und Interessen der Eigengruppe positiv, die der Fremdgruppe negativ bewertet werden. Innerhalb des Nominationssektors „Nominationen politisch relevanter Intentionen und Interessen" erweist sich eine Feindifferenzierung in drei Unterbereiche als zweckmäßig:

a) „Nominationen objektivierter Intentionen und Interessen in abstrakter Form"

Hierunter fallen diejenigen Nominationsausdrücke, mit denen man für die jeweilige Gruppe objektiv gültige Interessen und Intentionen bezeichnen kann, die die normative Basis für Bewertungen der Gruppe bilden und sich über einen langen historischen Zeitraum hinweg etabliert haben. Für die Eigengruppe sind dies beispielsweise Nominationsausdrücke wie *Moral, Normen, Prinzipien* oder *Werte*, für die Fremdgruppe Nominationsausdrücke wie *Ideologie* oder *Weltanschauung*.

b) „Nominationen politisch relevanter Intentionen und Interessen in konkreter Form"

In diesen Nominationssektor fallen Nominationsausdrücke wie *Frieden*, *Freiheit*, *Menschenrechte* oder *Solidarität*. Es handelt sich also um konkrete Ausprägungen von Normen, Werten und Prinzipien. *Konkret* heißt hier, dass es sich um mögliche Realisierungen abstrakter Werte handelt. Nominationsausdrücke wie *Prinzipien* und *Werte* sind gleichsam Hyperonyme zu *Frieden* und *Freiheit*.

c) „Nominationen objektivierter Intentionen und Interessen in scheinbar subjektiver Form"

Nominationsausdrücke wie *Aufgabe*, *Pflicht* oder *Verantwortung* beziehen sich auf das einzelne Individuum und verlagern die gruppenspezifischen Intentionen und Interessen in den einzelnen als Mitglied der Gruppe. Die Formulierung „in scheinbar subjektiver Form" soll zum Ausdruck bringen, dass der Politiker mit der Verwendung dieser Ausdrücke ein individuelles Verhalten einfordert, dass aber gruppenspezifischen Interessen dient.

NOMINATIONSSEKTOR 5: „Nominationen politisch relevanter Systeme und Institutionen/Nominationen von Formen und Verfahrensweisen politischer Herrschaft"

Hierzu zählen vor allem die Ausdrücke des Institutionsvokabulars, also beispielsweise *Gewaltenteilung*, *parlamentarische Demokratie* oder *Wahlen*.

NOMINATIONSSEKTOR 6: „Nominationen politisch relevanter Ereignisse und Sachverhalte"

Da prinzipiell jedes Ereignis und jeder Sachverhalt „politisch" werden kann, ist eine Aufzählung exemplarischer Nominationsausdrücke für diesen Nominationssektor nur für einen konkreten Sachverhalt möglich. Als Beispiel sei hier die „CDU-Spendenaffäre" genannt, auf die etwa mit Hilfe der Nominationsausdrücke *Affären-Sumpf*, *Bimbes-Affäre*, *Finanzskandal*, *Lügensumpf*, *Spendenmorast* oder *Spendendesaster* nominiert worden ist.

Die vorgestellte Aufteilung der politisch relevanten Wirklichkeit in Nominationssektoren stellt die Grundlage für eine pragmatische Gliederung der (lexikalischen) Sprachverwendung in der Politik dar. Sie geht damit über die Gliederung der politischen Lexik, wie sie etwa von Dieckmann (²1975) und Klein (1989c) vorgeschlagen wird, hinaus. Eine solche sprachverwendungsorientierte Gliederung hat den Vorteil, dass sie die prinzipielle Offenheit des politischen Lexikons mit einbezieht und die für den politischen Sprachgebrauch typischen Innovationen, wie sie oben anhand der Beispiele für den Nominationssektor 6 dokumentiert wurden, berücksichtigt. Dem traditionellen Kernbestand des politischen Lexikons wird insbesondere in Gestalt der Nominationssektoren 4 und 5 Rechnung getragen.

Die Nominationsausdrücke eines Nominationssektors, die den Sprachgebrauch einer bestimmten Sprechergruppe repräsentieren, bilden ein so genanntes *Nomina-*

tionsparadigma. Die Untersuchung von Nominationsparadigmen gewährt einen Einblick in gruppen- bzw. ideologiespezifische Deutungen und Wertungen der sozialen Wirklichkeit. Dies lässt sich exemplarisch an der Diskussion um den §218 (vgl. hierzu v. a. Böke 1991 und 1995) zeigen, wo sich zahlreiche Beispiele für Nominationskonkurrenz finden. Differenziert man die Nominationsausdrücke für das Referenzobjekt ‚medizinischer Eingriff‘ nach den Sprechergruppen Katholische Kirche, Frauenbewegung, Mediziner/Juristen, CDU/CSU und FDP/SPD, dann ergibt sich folgendes Bild: *Tötung*; *Mord*; *Kindsmord*; *Massenmord* (Katholische Kirche); *Abtreibung* [neutral verwendet], *Schwangerschaftsabbruch* (Frauenbewegung); *Schwangerschaftsabbruch, abrumpierender Eingriff, Abtötung der eingenisteten Frucht, Herbeiführung des Abgangs* (Mediziner/Juristen); *Abtreibung* [‚Tötung‘], *Massenmord, Todespille* (CDU/CSU); *Schwangerschaftsunterbrechung, Schwangerschaftsbeseitigung, Abtreibung* [‚Straftat‘] (FDP/SPD). Das Referenzobjekt ‚Fötus‘ wird mit folgenden Ausdrücken nominiert: *ungeborenes Leben, lebenswert erachtetes Leben* (Katholische Kirche); *Embryo, Zellgewebe, Fötus, sogenanntes Leben, Kaulquappe, Honigbiene, Tintenfisch* (Frauenbewegung); *werdendes Leben, ungeborenes Leben* (Mediziner/Juristen); *ungeborenes Leben* (CDU/CSU); *werdendes Leben, keimendes Leben, Embryo, Leibesfrucht, Fötus, Lebenskeimling* (FDP/SPD). Ohne jetzt auf die Debatte und die darin verwendeten Nominationsausdrücke im Einzelnen eingehen zu können, soll im Folgenden kurz auf das Referenzobjekt ‚Fötus‘ und den Nominationsausdruck *Leben* eingegangen werden. Am Beispiel des Hochwertwortes *Leben* lässt sich zeigen, welche Funktion der Attribuierung in der Nominationskonkurrenz zukommt. Mit Hilfe der Partizipialattribute *ungeborenes* und *werdendes* wird das Referenzobjekt näher spezifiziert, charakterisiert und vor allem im gruppenspezifischen Sinne bewertet. Während die Reformgegner des §218 den Referenzbereich von *Leben* ausweiten, indem sie das Partizipialattribut *ungeborenes* verwenden (*ungeborenes Leben* = *Kind*), engen die Gegner der Strafverfolgung den Referenzbereich von *Leben* ein. Der Nominationsausdruck *werdendes Leben* bezeichnet dann den Zustand des ‚noch nicht Mensch-Seins‘. In der Frauenbewegung werden zu diesem Zwecke auch emotiv-distanzierende Nominationsausdrücke wie *Embryo* oder entmenschlichende Metaphern wie *Kaulquappe* verwendet. Auch der Nominationsausdruck *sogenanntes Leben* dient der Distanzierung von der Auffassung der Reformgegner. Es handelt sich hier um metasprachliche Nomination, bei der die Sprecher sich vom Gebrauch eines bestimmten Nominationsausdrucks distanziert, typischerweise durch das Partizipialattribut *so genannt*.

Als weitere Beispiele für Nominationskonkurrenzen sollen im Folgenden die in dem Diskurs um das Betreuungsgeld verwendeten Nominationsausdrücke aufgeführt werden (vgl. Spieß 2012a: 100). Das von der CSU entwickelte Konzept des Betreuungsgeldes sieht vor, dass denjenigen Familien, die ihre Kinder in den ersten Lebensjahren nicht in Betreuungseinrichtungen geben wollen, ein Betreuungsgeld gezahlt wird. Dies würde zu heftigen Diskussionen, in deren Verlauf von den Befürwortern die Nominationsausdrücke *Betreuungsgeld, Prämie, Bonus, finanzieller*

Ausgleich, *Betreuungsbonus*, *Erziehungsbonus* und (in kritischer Absicht) *Herdprämie* verwendet wurden. Die Gegner des Betreuungsgeldes verwendeten dagegen die Nominationsausdrücke *Herdprämie*, *Falle für die Frauen*, *Kita-Verhinderungsbonus*, *Gluckengehalt*, *Prämie fürs Daheimbleiben*, *Schnapsgeld*, *Prämie*, *Anti-Bildungs-Prämie* und *Aufzuchtprämie*. Auch diese Beispiele machen deutlich, dass Nominationsausdrücke gruppenspezifische Interessen widerspiegeln, da sie über die Identifizierung des Referenzobjektes hinaus Einstellungen und Wertungen zum Ausdruck bringen. Die Ausdrücke konkurrieren miteinander und sind Beispiele für denjenigen Aspekt sprachlichen Handelns in der Politik, der im folgenden Kapitel als „Kampf um Wörter" bezeichnet wird.

4.4 Der Kampf um Wörter

Sprachliches Handeln in der Politik ist oft auch metasprachliches Handeln. Die Sprache selbst wird dann zum Thema. Politiker fordern einen bewussten, reflektierten Umgang mit Sprache. Sie kritisieren den Gebrauch bestimmter Wörter, klagen die Verwendungshoheit symbolträchtiger Wörter für ihre Partei ein und sprechen dem politischen Gegner das Recht ab, über diese Wörter zu verfügen. So rief der damalige stellvertretende Parteivorsitzende der SPD, Wolfgang Thierse, auf dem SPD-Parteitag 1997 in Hannover den Delegierten zu:

> Nehmen wir endlich den Kampf um die Begriffe auf! [...] Machen wir die Kombination von Innovation und sozialer Gerechtigkeit zu unseren Markenzeichen! Füllen wir die Begriffe mit Inhalt. (Thierse 1997)

Auf demselben Parteitag fordert Oskar Lafontaine seine Parteifreunde auf: „Lassen wir uns doch die Begriffe nicht klauen" (Lafontaine 1997) und bezichtigt damit den politischen Gegner, sich unrechtmäßig „parteieigener" Begriffe wie *Moderne*, *Reform* oder *soziale Gerechtigkeit* zu bemächtigen. Thierse und Lafontaine heben in ihren Redebeiträgen denjenigen Teilaspekt politischen Sprachhandelns hervor, der das Wort als Mittel der Persuasion einsetzt und der unter der metaphorischen Formulierung *Begriffe Besetzen* Eingang in die Literatur gefunden hat. Die Formulierung wurde vom damaligen CDU-Generalsekretär Kurt Biedenkopf geprägt und hat sich als eingängige Metapher in der sprachkritischen und linguistischen Literatur etabliert. Auf dem 22. Parteitag der Christlich-Demokratischen Union Deutschlands 1973 in Hamburg proklamierte Biedenkopf die wichtige Rolle der Semantik in der politischen Auseinandersetzung. Dies belegt der nachfolgende Redeausschnitt:

> Sprache, liebe Freunde, ist nicht nur ein Mittel der Kommunikation. Wie die Auseinandersetzung mit der Linken zeigt, ist Sprache auch ein wichtiges Mittel der Strategie. Was sich heute in unserem Land vollzieht, ist eine Revolution neuer Art. Es ist die Revolution der Gesellschaft durch die Sprache. Die gewaltsame Besetzung der Zitadellen staatlicher Macht ist nicht

> länger Voraussetzung für eine revolutionäre Umwälzung der staatlichen Ordnung. Revolutionen finden heute auf andere Weise statt. Statt der Gebäude der Regierungen werden die Begriffe besetzt, mit denen sie regieren, die Begriffe, mit denen wir unsere staatliche Ordnung, unsere Rechte und Pflichten und unsere Institutionen beschreiben. (Biedenkopf 1973: 61)

Wie dieses Zitat verdeutlicht, besteht Macht in der Politik vornehmlich auch darin, die Semantik von Wörtern parteispezifisch festzulegen, um die Deutungshoheit und zugleich auch die Verwendungshoheit über diese Wörter zu erlangen. Wie Herrgen (2000: 137) hervorhebt, hat die Formulierung *Begriffe Besetzen* ihren realistischen Kern darin, dass

> Sprecher mitunter den Eindruck beklagen, kein zur kommunikativen Realisierung ihrer Aussageintentionen adäquates Lexemmaterial zur Verfügung zu haben, da alle Ausdrücke in einem bestimmten, in ihrem Blick unerwünschten Sinn ‚besetzt' seien. (Herrgen 2000: 137)

Die politisch motivierten semantischen Auseinandersetzungen werden auch als *Wortkampf*, *Bedeutungskonkurrenz* (Klein 1989c) oder *Bedeutungstrennung* (Reich 1968: 302) bezeichnet. Insgesamt lassen sich 3 Typen des „Kampfes um Wörter" unterscheiden, die als *denotative Lesarten-Konkurrenz*, *evaluative Lesarten-Konkurrenz* und *Nominationskonkurrenz* bezeichnet werden können.[17] Bei den ersten beiden Typen handelt es sich um die semantische Strittigkeit der Inhaltsseite eines Wortes, die sich entweder auf das Denotat oder das Evaluat beziehen kann. Die denotative Lesarten-Konkurrenz ist in der politischen Auseinandersetzung am wichtigsten, da es hier zumeist um parteiübergreifende, positiv konnotierte Symbolwörter wie *Freiheit*, *Gerechtigkeit* und *Solidarität* geht, die parteispezifisch „besetzt" werden sollen. Am Beispiel von *sozialer Gerechtigkeit* wird dieser Typ des Kampfes um Wörter unten ausführlicher beschrieben. Die evaluative Lesarten-Konkurrenz bezieht sich auf den Versuch des gegnerischen Lagers, das Evaluat bestimmter Wörter in seinem Sinne zu beeinflussen. Am Beispiel von *Pazifismus* (vgl. Kapitel 4.2) wurde oben schon gezeigt, wie das positiv evaluierte Fahnenwort *Pazifismus* von der Gegenseite als negativ evaluiertes Stigmawort verwendet wird. Ein anderes Beispiel ist *Sozialismus*, das von der SPD als positiv evaluiertes Fahnenwort, vom gegnerischen „bürgerlichen" Lager aber als Stigmawort verwendet wird. Die Lesarten-Konkurrenz hat über die eigentliche semantische Frage nach dem begrifflichen Inhalt auch Folgen für den Vorgang des Referierens. Die jeweilige parteispezifische Lesart entscheidet darüber, auf welche Referenzobjekte das entsprechende Wort überhaupt angewendet bzw. nicht angewendet werden darf.

Für den dritten Typ des Kampfes um Wörter, die Nominationskonkurrenz, sind in der Politolinguistik die Termini *Bezeichnungskonkurrenz* und *synonymische Unter-*

---

17 Zur Verwendung dieser Termini vgl. auch Herrgen (2000: 198ff.). Die entsprechenden Termini bei Klein (1989c: 17) lauten *deskriptive Bedeutungskonkurrenz* (auch *ideologische Polysemie*), *deontische Bedeutungskonkurrenz* und *Bezeichnungskonkurrenz*.

scheidung gebräuchlich. Grundlegend ist hier die Annahme, dass der Lesarten-Konkurrenz auf der Inhaltsseite eine Lesarten-Konkurrenz auf der Ausdrucksseite von Wörtern entspricht. Ein Beispiel hierfür sind *Kriegsdienst* und *Friedensdienst* für ‚Dienst in der Bundeswehr'. Die Reduzierung dieser Wörter auf eine ausdrucksseitige Differenz greift allerdings nur, wenn man Referenzidentität mit begrifflicher Identität auf der Inhaltsebene gleichsetzt, wie dies insbesondere mit dem Terminus *synonymische Unterscheidung* suggeriert wird. Wenn die politischen Akteure auf ein und dasselbe Referenzobjekt mit unterschiedlichen Ausdrucksseiten Bezug nehmen, dann beabsichtigen sie aber über die Konkurrenz auf der Ausdrucksebene hinaus das Referenzobjekt semantisch in parteispezifischer Absicht zu qualifizieren. Mit Hilfe des Nominationsbegriffes ist es nun möglich, „die in der Politik häufigen Fälle semantischer Divergenz bei gleichzeitiger referentieller Identität" (Herrgen 2000: 198) zu erfassen. Nomination als stellungsbeziehende, wertende Form der Referenz geht über das bloße Identifizieren von Referenzobjekten hinaus. Der Nominationsakt ermöglicht eine Einstellungsbekundung gegenüber dem bezeichneten Sachverhalt, der Gegenstand der öffentlich-politischen Kommunikation ist.

Das Problem der Nominationskonkurrenz hat insbesondere seit den 80er-Jahren eine spezifische Ausprägung erhalten, die unter dem Stichwort *political correctness* auch in der Öffentlichkeit viel diskutiert wird. Ursprünglich bezeichnet *political correctness* eine Einstellung, die alle Handlungen und sprachlichen Ausdrucksweisen ablehnt, die Menschen beispielsweise auf Grund ihrer Rasse, ihres Geschlechts oder ihrer Zugehörigkeit zu einer bestimmten sozialen Schicht diskriminiert. Vorschläge oder auch Vorschriften für einen bestimmten, nicht diskriminierenden Sprachgebrauch haben ihre Ursache in der Wertungspotenz von Sprache, die sich linguistisch als ihr Nominationspotenzial beschreiben lässt.

Es soll nun erörtert werden, welche sprachlichen Strategien die politischen Akteure einsetzen, um die semantische Herrschaft über ein (positiv evaluiertes) Symbolwort zu erlangen. Als Fallbeispiel hierfür soll *soziale Gerechtigkeit* dienen (vgl. zum Folgenden auch Girnth 2001 und 2013a). Es handelt sich um ein besonders konfliktträchtiges Symbolwort, das in der Geschichte der Bundesrepublik Deutschland Gegenstand zahlreicher semantischer Kämpfe gewesen ist und das die SPD immer noch als ihren Markenkern ansieht. Über die meisten Parteigrenzen hinweg ist *soziale Gerechtigkeit* eine positive evaluative und eine einheitliche deontische Bedeutung gemeinsam. Was dagegen unter *sozialer Gerechtigkeit* zu verstehen ist, also seine denotative Bedeutung, wird nicht nur parteienabhängig, sondern auch in der Bevölkerung sehr unterschiedlich gesehen. In einer Umfrage aus dem Jahre 2013 hat das Institut für Demoskopie Allensbach Bürgerinnen und Bürger gefragt, was *soziale Gerechtigkeit* ist. Eine Auswahl der Antworten sieht demnach folgendermaßen aus (vgl. Der Spiegel 2013, Nr. 33: 60-63): „Dass man von dem Lohn für seine Arbeit auch leben kann" (91%); „Alle Kinder haben die gleichen Chancen auf eine gute Schulbildung" (90%); „Wer mehr leistet, soll auch mehr verdienen als derjenige, der weniger leistet" (70%); Familien mit Kindern werden vom Staat finanziell unterstützt" (66%); „Der Staat muss durch Steuern dafür sorgen, dass die Einkommensunterschiede in der Gesellschaft nicht größer werden" (53%). Die Antworten zeigen deutlich, dass unter *sozialer Gerechtigkeit* unterschiedliche Inhalte subsumiert werde können, je nachdem ob beispielsweise von *Chancengerechtigkeit* oder *Leistungsgerechtigkeit* gesprochen wird. Die semantische Uneindeutigkeit von *sozialer Gerechtigkeit* macht es aber auch zu einem attraktiven Symbolwort für die Parteien, da allein schon die Nennung ausreicht, um sich ein positives Image zu sichern. Die SPD verfolgte beispielsweise im Bundestagswahlkampf 1998 die Strategie, *soziale Gerechtigkeit* neben *Innovation* und *Arbeit* zu ihrem, wie es der SPD-Politiker Thierse nennt, „Markenzeichen" zu machen. Mit *sozialer Gerechtigkeit* zielte die SPD auf ihre eigenen Stammwähler, das katholische Sozialmilieu im Westen und von der CDU enttäuschte Wähler im Osten. Von der SPD beauftragte Markt- und Meinungsforscher hatten im Vorfeld der Bundestagswahlen die positive Wahrnehmung dieser Symbolwörter ermittelt (vgl. von Webel 1999). Die Aufgabe der SPD bestand nun darin, sowohl die semantische Bedeutungshoheit als auch die pragmatische Verwendungshoheit über *soziale Gerechtigkeit* zu erlangen, um sich so gegenüber dem politischen Gegner einen Vorteil zu verschaffen.

Schon allein die *Nennung* des Symbolwortes und seine Zuweisung zu einem bestimmten außersprachlichen Gegenstand ist eine für politisches Sprachhandeln typische strategische Erscheinung. Indem sich eine Partei etwa auf den Grundwert der *Freiheit* beruft, bekundet sie ihr Eintreten für diesen Grundwert und wertet dadurch ihre Position auf. Aus diesem Grunde tauchen Symbolwörter bevorzugt in primär persuasiven Textsorten wie der politischen Rede oder dem Wahlslogan auf. Dass sie häufig in letzteren auftreten überrascht kaum, besitzen doch Wahlslogans genau diejenigen Eigenschaften, die auch Symbolwörter haben: Reduktion und Simplifizierung der komplexen Wirklichkeit. Um nicht den Eindruck zu erwecken, *soziale Gerechtigkeit* sei erst in jüngster Zeit zu einem Symbolwort aufgestiegen, seien einige ältere Wahlkampfslogans zitiert. So ist eine Geschichte der bundesrepublikanischen Wahlkampfslogans zugleich auch eine Geschichte des Symbolwortes *soziale Gerechtigkeit*.[18]

1949 „Sozialistischer Aufbau/durch Neubau/Praktische Demokratie/durch soziale Gerechtigkeit/Deutschlands Einheit/In Freiheit" (SPD)

1957 „Sicherheit/für alle durch friedliche Wiedervereinigung/durch soziale Gerechtigkeit/durch geistige Freiheit" (SPD)

1972 „Menschlichkeit/Gerechtigkeit/Frieden/Dafür kämpfen/wir weiter." (SPD)

1980 „Rainer Barzel: ‚Freiheit durch/soziale Gerechtigkeit./CDU/Sicher/Sozial/Und frei‘"

---

18 Eine umfangreiche Sammlung von bundesrepublikanischen Wahlkampfslogans findet sich im Anhang der Untersuchung von Toman-Banke (1996: ff.). Die Virgel bezeichnet einen Zeilenumbruch im Original.

1987 „SPD/Mehrheit/für/soziale Gerechtigkeit" (SPD)

1987 „Damit/Gerechtigkeit/regiert,/nicht soziale Kälte./SPD"

1990 „Mit Oskar Lafontaine für soziale Gerechtigkeit" (SPD)

2002 „Bundeskanzler Schröder: 'Deutschland modernisieren heißt für mich auch, die/soziale Gerechtigkeit zu erhalten und auszubauen'."

2005: „Wir stehen für/soziale/Gerechtigkeit./Aber wofür stehen/die anderen?" (SPD)

2013: „Gerechtigkeit statt/Umverteilung./Das/geht nur mit uns. (FDP)

Die Strategien des Kampfes um Wörter umfassen im Wesentlichen Techniken der Kontextualisierung und der Einbindung des Symbolwortes in bestimmte sprachliche Handlungstypen. In der Regel steht das Symbolwort nicht alleine, sondern erscheint in einem bestimmten Kontext, der seine aktuelle Bedeutung determiniert. Die Kontextualisierung eines Symbolwortes kann als strategisches Mittel dienen, um spezifische Gruppeninteressen durchzusetzen. Unter *Kontextualisierung* ist der Gebrauch des Symbolwortes in spezifischen Kontexten, die seine Bedeutung prägen sollen, zu verstehen (vgl. hierzu auch Liedtke 1989: 36). Entsprechend der triadischen Struktur der Bedeutung kann bei der Kontextualisierung zwischen einer *denotativen Kontextualisierung*, die dazu dient, relationale Bedeutungen aufzubauen, um eventuell ein neues, parteispezifisches denotatives Merkmal zu etablieren sowie einer *evaluativen* und einer *deontischen Kontextualisierung* unterschieden werden.

Die Strategie der Kontextualisierung zeigt sich eindrucksvoll am Beispiel der SPD im Bundestagswahlkampf 1998. Auf dem Parteitag im Dezember 1997 in Hannover wurde der programmatische Slogan *Innovation und Gerechtigkeit* ins Leben gerufen. Mit der Verbindung von *Gerechtigkeit* und dem ebenfalls positiv konnotierten Ausdruck *Innovation*, gelingt es der SPD, eine Versöhnung zwischen der traditionellen sozialen und der zukunftsorientierten ökonomischen Dimension der Politik zu behaupten. Relational ist die Bedeutung der beiden Ausdrücke insofern, als *Innovation* als Voraussetzung für *soziale Gerechtigkeit* angenommen wird. Alle drei Typen der Kontextualisierung von *soziale Gerechtigkeit* tauchen beispielsweise im so genannten *Schröder/Blair-Papier* auf, das im Juni 1999 der Öffentlichkeit vorgestellt wurde:

> Fairneß, soziale Gerechtigkeit, Freiheit und Chancengleichheit, Solidarität und Verantwortung für andere: diese Werte sind zeitlos. (Schröder/Blair-Papier 1999)

> Für unsere Gesellschaften besteht der Imperativ der sozialen Gerechtigkeit aus mehr als der Verteilung von Geld. (Schröder/Blair-Papier 1999)

> Sie [die Sozialdemokratie] hat neue Zustimmung auch gewonnen, weil sie nicht nur für soziale Gerechtigkeit, sondern auch für wirtschaftliche Dynamisierung und für die Freisetzung von Kreativität und Innovation steht. (Schröder/Blair-Papier 1999)

Die evaluative Kontextualisierung besteht darin, dass das Symbolwort *soziale Gerechtigkeit* in einen gemeinsamen Kontext mit anderen positiv konnotierten Ausdrücken gestellt wird. Die Ausdrücke verstärken sich gleichsam gegenseitig. Bei der deontischen Kontextualisierung wird die in der semantischen Merkmalsstruktur von *soziale Gerechtigkeit* bereits enthaltene Handlungsanweisung im Kontext explizit zum Ausdruck gebracht, in diesem Fall mit *Imperativ der sozialen Gerechtigkeit*. Zudem findet sich auch hier die bereits erwähnte denotative Kontextualisierung unter anderem durch die Verbindung mit dem ebenfalls positiv konnotierten *Innovation*. Weitere Beispiele für denotative, evaluative und deontische Kontextualisierung finden sich auch im Regierungsprogramm der SPD aus dem Jahre 2013:

> Wir wollen nachhaltigen Fortschritt, der wirtschaftliche Dynamik, soziale Gerechtigkeit und ökologische Verantwortung vereint. (SPD Regierungsprogramm 2013: 27)

> Es liegt an uns, der EU die Form zu geben, damit die Faszination der europäischen Idee wieder sichtbar wird: die Idee nämlich, nach kriegerischen Jahrhunderten mit Europa einen Ort zu schaffen, an dem Frieden und soziale Gerechtigkeit herrschen, der Stabilität in die Welt exportiert und der als transnationale Demokratie organisiert ist, bei der die regionale, nationale oder europäische Ebene jeweils das regelt, was sie am besten kann. (SPD Regierungsprogramm 2013: 103)

> Der Kampf um soziale Gerechtigkeit bleibt daher eine Daueraufgabe, (SPD Regierungsprogramm 2013: 4)

Neben der Kontextualisierung gibt es noch eine Reihe anderer strategischer Optionen, mit deren Hilfe die Bedeutungs- bzw. Verwendungshoheit über ein Symbolwort erlangt werden kann.

Eine weitere strategische Option besteht darin, in Form von so genannten *Exemplifizierungsakten* eine direkte Beziehung zwischen einem außersprachlichem Referenzobjekt und dem Symbolwort *soziale Gerechtigkeit* herzustellen:

> Wir haben dafür gesorgt, dass die Energieversorgungsunternehmen [...] 17 Milliarden DM abliefern müssen. Das ist praktizierte Gerechtigkeit, nicht das Gegenteil dessen. (Gerhard Schröder, SPD; Parteitagsrede vom 7.12.1999)

> Wir haben – das zur Frage der Gerechtigkeit – 35 Milliarden bewegt, weg von oben und hin zu den durchschnittlich Verdienenden [...] (Gerhard Schröder, SPD; Parteitagsrede vom 7.12.1999)

> An die Renten zu gehen ist nicht nur sozial ungerecht, nein, es ist auch unanständig. (Bernhard Vogel, CDU; Bundestagsrede vom 24.6.1999)

Exemplifizierungsakte haben meist die Form: *Das ist x*. Sie versuchen den Eindruck zu erwecken, dass das Symbolwort bzw. seine Negation den Sachverhalt objektiv widerspiegelt.

Definitionen als explizite Bedeutungsfixierungen tragen zu einer denotativen Aufladung bei, indem sie bereits konventionalisierte oder aber neue inhaltliche Merkmale explizit zuordnen.

> Sozial gerecht – das war und ist für uns eine Politik, die sich orientiert am Gedanken einer materiellen Sicherung. (Wolfgang Schäuble, CDU; Vortrag vom 16.3.1998 zur Verleihung des Heinrich-Braun-Preises)

> Wir wissen aber auch [...], dass wir ehrlich und offen darüber sprechen müssen, was soziale Gerechtigkeit ist. Soziale Gerechtigkeit ist die Frage der Verteilung; aber es ist auch die Frage der Arbeitsplätze. Arbeitsplätze zu sichern und Arbeitsplätze zu schaffen, das ist soziale Gerechtigkeit. (Franz Müntefering, SPD; Parteitagsrede vom 7.12.1999)

> Eine moderne Gesellschaft ist eine Gesellschaft, in der jede und jeder Einzelne Freiheit leben kann. Eine Gesellschaft, die allen die gleichen Chancen zur persönlichen Entfaltung und für ein selbstbestimmtes Leben bietet. (SPD Regierungsprogramm 2013: 8)

In *Definitionen* kann die Relativität der Standpunkte und damit ihre parteiliche Gebundenheit explizit zum Ausdruck gebracht werden (*für uns*).

Ein weiteres strategisches Mittel ist die *Eigengruppenreferenz*, mit deren Hilfe der eigenen politischen Partei die Verwendungshoheit über *soziale Gerechtigkeit* zugesprochen wird:

> Die SPD bleibt in ihrer Tradition. Sie ist die einzige Volkspartei, die Innovation und Modernisierung mit sozialer Gerechtigkeit verbindet. (Joachim Poß, SPD; Bundestagsrede vom 24.6.1999)

> Da gibt es eine große Partei, die wie keine andere für den Grundwert der sozialen Gerechtigkeit steht. (Oskar Lafontaine, SPD; Parteitagsrede vom 2.12.1997)

Ein in der politischen Sprachverwendung häufig angewandtes Mittel besteht in der *Metaphorisierung* des Gerechtigkeitsbegriffes (vgl. Liedtke 1994). Der Metapher kommt eine wichtige Funktion bei der sprachlichen Vermittlung von Konzepten zu, die mit Symbolwörtern verbunden sind. Eine verbreitete Metapher ist die FUNDAMENT-Metapher.

> Eine Gesellschaft wird ihr menschliches Gesicht behalten, wenn sie auf dem Fundament der Freiheit, der Gerechtigkeit und der Solidarität aufgebaut ist. (Zukunftsprogramm der CDU 1998)

> Was soziale Gerechtigkeit ist [...] hat die Christlichen Demokraten [...] immer bewegt. Der Gedanke des sozialen Ausgleichs ist ein tragender Pfeiler in unserem Ordnungsmodell [...] (Wolfgang Schäuble, CDU; Vortrag vom 16.3.1998 zur Verleihung des Heinrich-Braun-Preises)

Gerechtigkeit wird hier als Basis, als Grund konzeptualisiert, auf der eine Gesellschaft erst errichtet werden kann.

Statt der statischen FUNDAMENT-Metapher wird auch die dynamische ZIEL-Metapher benutzt.

> Neue Arbeitsplätze und mehr soziale Gerechtigkeit – diese beiden Ziele werden wir 1997 in den Mittelpunkt unserer Politik stellen. (Oskar Lafontaine, SPD; Parteitagsrede vom 2.12.1997)

> Wir begreifen Wirtschaftspolitik als Gestaltungsaufgabe, die Entwicklungsprozesse positiv aufgreift, und sie auf der Grundlage zukunftsträchtiger Ziele von [...] mehr sozialer Gerechtigkeit [...] gestaltet. (Parteitagsbeschluss der SPD 1999)

Die ZIEL-Metapher wird nochmals konkretisiert durch die WEG-Metapher:

> Der Weg zur sozialen Gerechtigkeit war mit immer höheren öffentlichen Ausgaben gepflastert [...] (Schröder/Blair-Papier 1999)

> Unser Weg ist der Weg von Innovation und Gerechtigkeit, von Freiheit und Solidarität. (Schröder/Blair-Papier 1999)

> Deshalb werden wir geradlinig unseren Weg gehen. Dieser Weg bedeutet, Demokratie, Solidarität und soziale Gerechtigkeit zu leben. (Hans Eichel, SPD; Bundestagsrede vom 24.6.1999)

> Das ist unser Weg um Deutschland zu erneuern. Wirtschaftlich stark, sozial gerecht und ökologisch verantwortlich. (SPD Regierungsprogramm 2013: 12)

Mit der denotativen Lesarten-Konkurrenz von *soziale Gerechtigkeit* liegt ein instruktives Beispiel für den Versuch von Politikerinnen und Politikern vor, Symbolwörter für die eigene Partei zu vereinnahmen. Die sprachliche Strategien bestehen im Wesentlichen in verschiedenen Kontextualisierungstypen sowie der Einbindung des in Rede stehenden Symbolwortes in die Sprachhandlungstypen *Exemplifizierungsakt, Definition als explizite Bedeutungsfixierung, Eigengruppenreferenz* und *Metaphorisierung.*

4.5 Literaturhinweise und Übungsaufgaben

Literaturhinweise

Die wichtigsten Vorschläge zur Gliederung des politischen Lexikons stammen von Dieckmann ([2]1975), Klein (1989c) und Strauß/Zifonun (1982/83). Fachsprachliche Phänomene in Politikertexten behandelt Simmler (1998). Zu zentralen Symbolwörtern bzw. Schlüsselbegriffen im öffentlich-politischen Sprachgebrauch der Bundesrepublik Deutschland sind Stötzel/Wengeler (1995) und Böke [u. a.] (1996c) zu empfehlen. Über Herkunft, Geschichte und Bedeutungswandel von Symbolwörtern erhält man Auskunft bei Brunner [u.a.] (1972–1992) und bei Strauß [u. a.] (1989). Zum Terminus *Schlagwort* vgl. Böke (1996a: 32ff), Klein (1989c:11ff.), Ickler (1990), Sittel (1990) und Strauß [u. a.] (1989: 32ff.). Empfehlenswerte neuere Publikationen sind insbesondere die Überblicksdarstellungen von Niehr (2007b) und Schröter (2011).

Zur Anwendung des Nominationskonzeptes vgl. insbesondere Girnth (1993a), Bellmann (1996), Herrgen (2000) und Spieß (2011a). Das Verhältnis von Motivation und Persuasion wird diskutiert bei Bellmann (1988), Käge (1980) und Herrgen (1996).

Als Grundlagenwerk zur (kognitiven) Metapherntheorie empfiehlt sich das Buch von Lakoff/Johnson (1981). Als Einführung in die Metapherntheorie eignet sich auch die Monographie von Kohl (2007); Sehr lesenswert ist das in Interview-Form publizierte Buch von Lakoff/Wehling (2009), das an zahlreichen Beispielen aus der amerikanischen Politik die „Macht" der Metapher veranschaulicht. Zahlreiche Belege für persuasiven Metapherngebrauch finden sich beispielsweise im sogenannten *Migrationsdiskurs*. Vgl. hierzu insbesondere Wengeler (1993) und Jung [u. a.] (1997). Wesel (1991) gibt einen systematischen Überblick über die „Dritte Welt" Metaphorik.

Grundsätzliches zum Themenkomplex „Kampf um Wörter" bzw. „Begriffe Besetzen" findet sich bei Klein (1989c) und Liedtke [u. a] (1991). Beinahe schon „Klassiker" der Thematik „Kampf um Wörter" sind der Aufsatz von Lübbe (1967 bzw. 1975) und die Dokumentation von Greiffenhagen (1980). Vgl. in diesem Zusammenhang auch Kopperschmidt (1995). Hervorzuheben ist auch der Sammelband von Diekmannshenke/Niehr (2013). Zum Kampf um Wörter aus der Perspektive von Politikern vgl. Eppler (1992: 115ff.) und den Aufsatz von Geißler (1985).

Zur *political correctness* als besonderer Ausprägung von Nominationskonkurrenz vgl. vor allem Lampert (1995), Frank (1996), Kapitzky (2000), Niehr (2003b) und Germann (2007).

Übungsaufgaben

1. Vergleichen Sie die in Kapitel 4.3 vorgeschlagene Gliederung der politischen Wirklichkeit in Nominationssektoren mit der Einteilung des politischen Wortschatzes nach Dieckmann (²1975) und Klein (1989c). Wo gibt es Entsprechungen, wo Abweichungen?

2. Informieren Sie sich bei Klein (2013a: 199-201) über den Terminus *lexikalisches Diffundieren bzw. diffundierende Bezeichnungskonkurrenz*, der eine in der Politolinguistik noch nicht beschriebene Form des „Kampfes um Wörter" bezeichnet. Zeigen Sie am Beispiel der Verwendung von *sozialer Gerechtigkeit* im CDU Wahlkampf 2013, inwiefern hier die Strategie des lexikalischen Diffundierens bzw. der diffundierenden Bezeichnungskonkurrenz angewendet wurde.

3. Diskutieren Sie, warum die Formulierung *Begriffe Besetzen* – trotz ihrer Prägnanz – zeichentheoretisch ungenau ist. Was bezeichnet *Begriff* in dieser Formulierung? Beziehen Sie in Ihre Argumentation das Modell des sprachlichen Zeichens ein.

4. In der Begründung der Jury für die Wahl von *Gotteskrieger* zum „Unwort des Jahres 2001" heißt es: „Dieses Wort ist weder als Selbstbezeichnung noch als Fremdbezeichnung durch deutsche Medien hinzunehmen; denn kein Glaube an Gott, gleich welcher Religion, kann einen Krieg oder gar Terroranschläge rechtfertigen" (Medienmitteilung vom 22.1.2002).

   Für die Wahl von *Kreuzzug*, das hinter *Gotteskrieger* auf den zweiten Platz kam, fällt die Begründung folgendermaßen aus: „*Kreuzzug* [...] enthält eine ähnliche pseudoreligiöse Verbrämung von kriegerischen Maßnahmen. Insbesondere weckt das Wort eine fatale Erinnerung an Kriegszüge im Namen des Kreuzes, die sich gegen den Islam richteten" (Medienmitteilung vom 22.1.2002).

   Vergleichen Sie die beiden Begründungen miteinander. Welche Aspekte des sprachlichen Zeichens (Ausdrucksseite, Inhaltsseite, Referenzobjekt) bzw. seiner Verwendung werden jeweils kritisch hervorgehoben?

5. Charakterisieren Sie die semantisch-pragmatische Beziehung, die zwischen folgenden Wörtern bzw. Wortgruppen besteht: *Aufrüstung*, *Wehrbeitrag*, *Beitrag zur Friedenssicherung*, *Remilitarisierung*, *Verteidigungsbeitrag* und *Vorbereitung zum Krieg*.

6. Informieren Sie sich über die Bedeutungsentwicklung von *political correctness*. Schauen Sie hierzu beispielsweise bei Germann (2007) nach. Inwiefern handelt es sich bei *political correctness* auch um ein Problem der Nominationskonkurrenz?

5 Texte und Diskurse in der politischen Kommunikation

Das lexikalische Sprachhandeln politischer Akteure ist in größere Handlungseinheiten eingebettet, von denen der Text die komplexeste ist. Einerseits konstituieren die Wörter den Text, andererseits konstituiert sich ihre spezifische Bedeutung erst im Textzusammenhang. Der Text ist die primäre sprachliche Handlungseinheit, in der sich Sprachverwendung in der Politik vollzieht. Die Frage lautet nun, ob im Bereich der öffentlich-politischen Kommunikation typische Texte zur Anwendung kommen, die sich wiederum als Repräsentanten bestimmter Textsorten klassifizieren lassen. In Kapitel 3.3 wurden bereits solche Textsorten im Bereich der Politik genannt, deren Gebrauch eng an das jeweilige Handlungsfeld geknüpft ist und die die jeweiligen politischen Sprachfunktionen prototypisch repräsentieren. Im Folgenden soll gezeigt werden, inwiefern sich politische Textsorten über die genannten Faktoren *Handlungsfeld* und *Sprachfunktion* noch genauer klassifizieren lassen und welche Textsorten es im Kommunikationsbereich Politik überhaupt gibt. Die systematische Beschreibung des den politischen Akteuren zur Verfügung stehenden Textrepertoires wird anschließend durch die Betrachtung von Texten in ihren funktionalen Zusammenhängen ergänzt. Neben Kampagnen und Verfahren wird insbesondere die Diskursebene näher betrachtet, die in der Politolinguistik seit geraumer Zeit eine prominente Rolle spielt.

5.1 Die Klassifikation politischer Textsorten

Der Text als primäre sprachliche Handlungseinheit tritt immer als Repräsentant einer bestimmten Klasse von Texten, den so genannten *Textsorten*, auf. Unter *Textsorten* werden „konventionell geltende Muster für komplexe sprachliche Handlungen" (Brinker [4]1997: 124) verstanden. Sie sind Teil des Sprachwissens und die politischen Akteure treffen aus dem ihn zur Verfügung stehenden Repertoire an Textsorten eine situationsadäquate Wahl, um ihre Ziele zu erreichen.

Um Textsorten in der Politik zu charakterisieren, reicht die Bezugnahme auf die Ebene der Handlungsfelder oder der Sprachfunktionen allerdings nicht aus. Es müssen weitere Typologisierungsebenen herangezogen werden, die erst in ihrer Gesamtheit das Textmusterwissen einer Sprachgemeinschaft repräsentieren (vgl. hierzu auch Heinemann/Viehweger 1991: 145ff.). Erforderlich ist daher eine *Mehrebenenklassifikation*, die neben pragmatischen (situativ-funktionalen) auch semantische und grammatische Kriterien mit einbezieht. Ein solcher Klassifikationsvorschlag findet sich insbesondere in Klein (2000a). Klein teilt die politischen Textsorten nach den jeweiligen Emittenten bzw. den jeweiligen Emittentengruppen und ihrer Funktion im politischen System ein. Der Ausdruck *Emittent* ist nach Klein für eine Klassifikation von Texten geeigneter als *Sprecher* oder *Autor*, da er sich sowohl auf schriftliche als auch auf mündliche Texte bezieht. Zudem ist er umfassender, da Texte nicht nur Produkte einzelner Politikerinnen und Politiker sind, sondern oftmals als Kollektivprodukte erscheinen. Eine produzentenseitige Klassifikation der klassischen politischen Textsorten erscheint auch deshalb sinnvoll, weil sie zugleich auch die „Verfügungsgewalt" über Textsorten zum Ausdruck bringt. Wer welche Textsorten verwenden kann und darf ist in vielerlei Hinsicht geregelt und institutionalisiert. Als Emittenten politischer Textsorten kommen in Frage:

- Parlamente und parlamentähnliche Versammlungen (zum Beispiel Verfassungsversammlung)
- Regierungen
- Parteien
- Politikerinnen und Politiker
- externe Emittenten politisch relevanter Textsorten (zum Beispiel Verbände, Bürger, Presse)

Die von Klein vorgenommene kategoriale Unterscheidung zwischen Institutionen als Emittenten einerseits und Politikerinnen und Politikern als Emittenten andererseits kann damit begründet werden, dass letztere sich zwar als Repräsentanten ihrer Institutionen äußern, für ihre Äußerungen aber politisch und sogar straf- und zivilrechtlich verantwortlich gemacht werden können. Zudem deckt sich diese Unterscheidung weitgehend mit der Zuordnung schriftlicher und mündlicher Textsorten. Das situative Emittentenkriterium liefert insgesamt fünf Textsortenklassen, die wiederum durch weitere situativ-funktionale Kriterien wie etwa die Adressatengerichtetheit und die textuelle Grundfunktion grob ausdifferenziert werden können. Für eine detailliertere Beschreibung der einzelnen Textsorten müssen noch weitere Kriterien semantischer, lexikalischer und grammatischer Art hinzukommen. Dies kann am Beispiel der Textsorte *Regierungserklärung* (TS 54, siehe unten) verdeutlicht werden (vgl. zu den folgenden Ausführungen Klein 2000a: 750): Bei der Regierungserklärung handelt es sich um einen mündlich vorgetragenen Schrifttext von mittlerem bis großem Umfang. Emittent ist der Regierungschef oder ein Minister, Adressaten das Parlament und die Öffentlichkeit. Das Thema der Regierungserklärung ist das Spektrum der Vorhaben der Regierung in der begonnenen oder laufenden Legislaturperiode oder ein von der Regierung für besonders wichtig erachteter politischer Gegenstand. Die Grundfunktionen sind informierend und zugleich werbend. Der Geltungsmodus der Regierungserklärung besteht emittentenseitig in einem hohen Maß an Selbstbindung, adressatenseitig in der politischen Verpflichtung zur politischen Reaktion. Bei den spezifischen sprachlichen Merkmalen der Regierungserklärung handelt es sich um gehobenen standardsprachlichen Stil in Wortwahl und Umgang mit thematisierten Staaten, Gruppen und Personen. Themenspezifisch ist mit einer hohen Frequenz ressortsprachlicher Lexik zu rechnen.

Im Folgenden werden die einzelnen Textsortenklassen (*TSK*) und die ihnen zukommenden politischen Textsorten (*TS*) aufgelistet (Übersicht nach Klein 2000a):

–   TSK 1 (Emittent: Parlament)

TSK 1.1 primär außenadressiert:

   Verfassung (TS 1), *Gesetz* (TS 2), *Entschließung* (TS 3)

TSK 1.2 binnenadressiert:

   Geschäftsordnung (TS 4), *Ausschussbericht* (TS 5)

–   TSK 2 (Emittent: Parlament)

TSK 2.1 außenpolitisch:

   Enquête (TS 6), *Staatsvertrag/internationaler Vertrag* (TS 7), *Note* (TS 8), *Kriegserklärung* (TS 9)

TSK 2.2 parlamentadressiert:

   Gesetzentwurf (TS 10), *Regierungsbericht* (TS 11), *Antwort auf parlamentarische Anfrage* (TS 12)

TSK 2.3 verwaltungsadressiert:

   Rechtsverordnung (TS 13), *Verwaltungsverordnung* (TS 14)

–   TSK 3 (Emittent: Parteien/Fraktionen)

TSK 3.1 außengerichtet

TSK 3.1.1 wählergerichtet:

   Wahlslogans (TS 15), *Wahlspot* (TS 16), *Wahlprogramm* (TS 17), *Wahlanzeige* (TS 18), *Wahlbroschüre* (TS 19), *Wahlplakat* (TS 20), *Aufschrift* (TS 21), *Leistungsbilanz* (TS 22), *Negativbilanz* (TS 23), *Pamphlet* (TS 24)

TSK 3.1.2 parteiengerichtet

   Koalitionsvertrag (TS 25), *Aufkündigungserklärung einer Koalition* (TS 26)

TSK 3.2 parteiintern gerichtet

   Parteiprogramm (Grundsatzprogramm) (TS 27), *Rechenschaftsbericht* (TS 28), *Antrag an den Parteitag* (TS 29), *Parteitagsbeschluss* (TS 30), *Parteisatzung/ Parteistatut* (TS 31)

TSK 3.3 fraktionsemittierte Texte

   Große Anfrage (TS 32), *Kleine Anfrage* (TS 33)

–   TSK 4 (Emittent: Politikerinnen und Politiker)

TSK 4.1 schriftlich

   Mandatsannahmeerklärung (TS 34), *Rücktrittserklärung* (TS 35), *Abgeordnetenfrage* (TS 36), *Ministerbefehl* (TS 37), *Ernennung* (TS 38), *Entlassung* (TS 39), *Ordensverleihung* (TS 40), *Begnadigung* (TS 41)

TSK 4.2 mündlich/mündlich vorgetragen

TSK 4.2.1 formelle Sprechakte

   Sitzungseröffnung (TS 42), *Sitzungsunterbrechung* (TS 43), *Sitzungsbeendigung* (TS 44), *Redneraufruf* (45), *Entzug des Rederechts* (TS 46), *Ordnungsaufruf* (TS 47), *Sachruf* (TS 48), *Abgeordnetenfrage* (TS 49), *Zwischenfrage* (TS 50), *Zwischenruf* (TS 51), *Amtseid* (TS 52)

TSK 4.2.2 politische Reden

TSK 4.2.2.1 dissensorientiert

Partei-/Fraktionsdebattenrede (TS 53a), *Parlamentarische Debattenrede* (TS 53b), *Regierungserklärung* (TS 54), *Parteitagsrede* (TS 55), *Antragsbegründung* (TS 56), *Diskussionsbeitrag* (TS 57), *Wahlrede* (TS 58)

TSK 4.2.2.2 konsensorientiert

Gedenkrede (TS 59), *Fernsehansprache* (TS 60)

TSK 4.2.2.3 dissens-/konsensorientiert

Eröffnungsrede (TS 61), *Bundespräsidentenrede* (TS 62)

- TSK 5 (Emittent: Bürgerinnen und Bürger, Presse, Verbände)

  Protestresolution (TS 63), *Protestparole* (TS 64), *Memorandum* (TS 65), *Stellungnahmen von Interessengruppen* (TS 66), *Volksbegehren* (TS 67), *Volksantrag* (TS 68), *Volksinitiative* (TS 70), *Pressekommentar* (TS 72), *Verfassungsgerichtsurteil* (TS 72), *Expertengutachten* (TS 73)

Neben *Textsorten* kommen in Kommunikationsbereich Politik auch gesprächsorientierte Formate zur Geltung, die alle Formen mündlicher Interaktion umfassen. Gesprächsformate lassen sich im Wesentlichen in drei größere Sprechhandlungsmuster einteilen (vgl. hierzu Klein 2001):

- Diskussion- und Debattenformate (z. B. *Plenardebatte, politische Talkshow*)
- Verhandlungsformate (z. B. *Konferenz, Koalitionsverhandlung*)
- Frage-Antwort-Formate (*Parlamentarische Befragung, Anhörung*)

Auch Gesprächsformate können natürlich im Einzelnen näher charakterisiert werden. So ist beispielsweise die *Polit-Talkshow* als mündlicher Interaktionstyp dem Diskussions- bzw. Debattenformat zuzuordnen. Das grundsätzliche Format von Polit-Talkshow gestaltet sich ähnlich (vgl. Girnth/Michel 2015b): Eine Moderatorin bzw. ein Moderator diskutiert mit Politikerinnen und Politikern sämtlicher Parteien über aktuelle und brisante Themen. Darüber hinaus werden externe Experten wie z. B. Politologen, Personen des öffentlich-kulturellen Lebens und – durch Chats, Telefonanrufe live ins Studio sowie Live-Interviews – Zuschauerinnen und Zuschauer bzw. Studiogäste in die Diskussion mit einbezogen. Typische Sprechhandlungen der beteiligten Akteure sind ARGUMENTIEREN, LEGITIMIEREN, VORWERFEN, BESCHULDIGEN, SICH ENTRÜSTEN, SICH ALS GLAUBWÜRDIG PRÄSENTIEREN. Häufig gebrauchte sprachliche Mittel sind das Ideologie- und allgemeine Interaktionsvokabular. Polit-Talkshows leben von der Inszenierung der Protagonisten und der Ausbeutung der medialen Übertragungsmöglichkeiten. Durch die Kombination von gesprochener Sprache und Bild ergeben sich ganz spezifische Anforderungen an die Beteiligten. Sie werden nicht nur an ihren sprachlichen Äußerungen und damit an ihren Argumenten und ihrer Diskussionsbereitschaft bzw. -kompetenz gemessen, auch die optische Präsentation der eigenen Person, die nonverbale Kommunikation, spielt eine wichtige Rolle (vgl. Kapitel 5.4).

Neben den klassischen Textsorten der öffentlich-politischen Kommunikation gewinnt zunehmend das Internet als Medium politischen Sprachhandelns an Bedeutung. Neue Kommunikationsformen und -plattformen wie beispielsweise *Twitter*, *Weblog* oder *Podcast* eröffnen den politischen Akteuren zahlreiche neue Möglichkeiten sich medial zu inszenieren, sich zu profilieren und ihre Botschaften zu verbreiten (vgl. auch Girnth 2013b). Zudem bieten das Internet bzw. die Sozialen Medien ein großes Potenzial für neue Formen politischen Sprachhandelns, da hier ein Maximum an politischer Information bereit steht und ein großer Nutzerkreis an aktuellen politischen Diskussionen mitwirken kann. Die Sozialen Medien ermöglichen einerseits den politischen Akteuren die „Dokumentation des eigenen täglichen politischen Handelns in ‚Echtzeit'" (Klemm/Michel 2013: 114) und den „ungefilterten Kontakt mit den Bürgern" (Klemm/Michel 2013: 114). Andererseits eröffnen sie den Bürgerinnen und Bürgern neue und vielfältige Möglichkeiten der politischen Partizipation.

5.2 Texte im funktionalen Zusammenspiel: Kampagnen, Verfahren, Diskurse

Zur Sprachhandlungskompetenz politischer Akteure gehört nicht nur das Wissen um die charakteristischen Eigenschaften von Textsorten, sondern auch das Wissen um ihre situationsangemessene Verwendung. Der Prozess der öffentlich-politischen Willensbildung ist durch ein komplexes Zusammenspiel verschiedener Texte gekennzeichnet, in denen sich die unterschiedlichen Interessen der beteiligten Akteure widerspiegeln. Ein Text ist in der Regel keine isolierte Größe, sondern verhält sich dialogisch zu anderen Texten. Er weist zurück auf vorhergehende Texte und schafft die Voraussetzungen für weitere, ihm folgende Texte.

Für die Politolinguistik stellt sich nun die Aufgabe, dieses funktionale Zusammenspiel von Texten zu untersuchen. Grundlegend ist die Idee, dass der kommunikative Wert von Texten erst in funktionalen Zusammenhängen sichtbar wird. Dieser methodische Zugang ähnele, so Klein (1991b: 247), „dem Wechsel in der Biologie vom Interesse an der vergleichenden Artenlehre zum Interesse am funktionalen Zusammenspiel von Arten im Rahmen von Biotopen". Im Rahmen solcher Text-Text-Beziehungen entstehen Textnetze oder -cluster, für die es im Bereich der politischen Kommunikation drei Haupttypen gibt. *Diskurse*, *Kampagnen* und *Verfahren*. Klein (2011c: 289) spricht in diesem Zusammenhang von „transtextuellen Einheiten politischer Kommunikation" und bemerkt zu Recht, dass im Gegensatz zum Diskurs die transtextuellen Einheiten Kampagne und Verfahren linguistisch vernachlässigt worden seien (vgl. Klein 2011c: 289, Fußnote 1). Kennzeichnend für Texte eines Diskurses ist, dass sie durch einen gemeinsamen thematischen Rahmen zusammengehalten werden, während Texte einer Kampagne durch ein gemeinsames strategisches Ziel verknüpft sind. Der wichtigste Kampagnentyp ist die Wahlkampfkampagne. Im Unterschied zu Diskurs und Kampagne sind Texte eines Verfahrens durch ihre institutionelle Einbindung charakterisiert. Ein wichtiges Verfahren stellt das Gesetzgebungsverfahren dar. Für viele Textsorten gilt, dass sie typisch für eine der drei Haupttypen sind, allerdings ist insbesondere bei Diskurs und (Wahl)Kampagne mit Überschneidungen zu rechnen, wie etwa im Falle der *Wahlrede* oder des *Wahlplakats*. Es gibt aber auch Textsorten wie etwa die parlamentarische Debattenrede, die allen drei transtextuellen Einheiten zugeordnet werden können (vgl. Klein 2011c: 290).

Texte bzw. Textsorten in Verfahren, Kampagnen und Diskursen lassen sich nach bestimmten Kriterien charakterisieren, um so ihre Stellung bzw. Rolle innerhalb des funktionalen Gesamtgefüges zu ermitteln. Innerhalb eines Verfahrens wie dem Gesetzgebungsverfahren, lassen sich Texte nach ihrer Beziehung zum Gesetzestext charakterisieren. So ist beispielsweise bei der Konstituentenbeziehung der Text möglicher oder tatsächlicher Bestandteil des Gesetzestextes wie beim *Gesetzentwurf*, *Änderungsantrag* oder *Alternativvorschlag*. Eine andere intertextuelle Relation zwischen Gesetzestext und den darauf bezogenen Texten ist beispielsweise die Stellung beziehende Relation. So wird in *Debattenreden*, *Stellungnahmen* und *Gutachten* mit Pro- und/oder Contra-Argumenten zum Gesetzestext Stellung genommen (vgl. Klein 2011: 297f.).

Texte in Kampagnen lassen sich nach dem Gesichtspunkt ihrer Steuerungsmöglichkeit unterscheiden (vgl. Klein 2011c: 294):

- Textsorten in der alleinigen Verantwortung der Wahlkampfakteure: *Wahlprogramm*, *Wahlrede*, *Canvassing* (= Ansprechen von Wählerinnen und Wählern auf der Straße), *Themen-* und *Kandidatenprospekt* bzw. *-flyer*, *Presseerklärung*, *Zeitungsannonce*, *Plakat*, *TV-* und *Hörfunkspot*, *Website*, *Clip* in Videoportalen, *Profil* in Sozialen Netzwerken, *Telefonanruf*, *E-Mail*
- Textsorten in gemischter Verantwortung mit Beteiligung von Wahlkampfakteuren: *Podiumsdiskussion*, *Betriebsbesuch*, *Interview*, *Polit-Talkshow*, *Blog* und *Chat*
- Textsorten in alleiniger Verantwortung der Medien, aber von großer Bedeutung für die Verbreitung der Wahlbotschaften: *Nachricht*, *Kommentar*, *Reportage*, *Feature*, *Magazin*, *Blog*, *Karikatur*

Dass Parteien für ihre Kampagnen einen immensen Aufwand betreiben, lässt sich beispielsweise an den Zahlen der SPD-Kampagne für den Bundestagswahlkampf 2013 ablesen. Die SPD investierte insgesamt 26 Millionen Euro in ihre Kampagne (vgl. Doemens 2013). Im „Tür-zu-Tür-Wahlkampf" wurden ca. 5 Millionen Bürgerinnen und Bürger persönlich angesprochen, 800000 Plakate wurden geklebt, am 6.8.2013 waren bereits 1,36 Millionen Themenflyer verteilt, die 2. Auflage der Wahlkampfzeitung hatte 1,5 Millionen Exemplare. Hinzu kommen zahlreiche Wahlkampfveranstaltungen wie die „Klartext Open-Air-Tour" und die Peer Steinbrück Wahlkampftour „Mehr P.S.! Bewegung statt Stillstand!", Interviews und Auftritte in

Polit-Talkshows. Ein wichtiger Baustein der Kampagne war zudem der Online-Wahlkampf. Eine zunehmende Bedeutung erlangen hier die Sozialen Medien wie etwa Twitter, wo der Kanzlerkandidat Steinbrück knapp eine Woche vor dem Wahlkampf 54283 Follower hatte (Stand 16.9.2013), und Facebook mit 51739 Likes (Stand 16.9.2013).

Texte innerhalb eines Diskurses können über ihre spezifische Rollen erfasst werden, die sich als Merkmale diskursiver Funktionen beschreiben lassen. Mit Hilfe dieser Rollen kann das makrodiskursive Gefüge von Diskursen aufgedeckt werden. Folgende Rollen können unterschieden werden (vgl. Girnth 1993: 71ff.; Klein 2011c: 290f.):

- Position im Diskurs: *initial, prozessual, terminal* und *variabel*. Es handelt sich um Texte, die den Diskurs eröffnen, seinen Verlauf bestimmen bzw. ihn beenden. Das Merkmal *variabel* verweist darauf, ob ein Text an jeder beliebigen Position im Diskurs oder nur an genau einer bestimmten Position vorkommen kann. Beispiele für Texte mit minimaler Variabilität sind beispielsweise Texte im Handlungsfeld „Gesetzgebungsverfahren".
- Teilnahmestatus: *Primärtext, Sekundärtext (= Metatext)*. Primärtexte wirken unmittelbar auf den Diskurs (z. B. *Wahlprogramm, Bundestagsrede*), Sekundärtexte (z. B. *Pressebericht, Nachricht*) thematisieren Primärtexte. Texte, in denen der Diskurs selbst thematisiert wird, heißen *metadiskursiv*.
- Relevanz im Diskurs: *diskursdominierend* sind Texte, die den Diskursverlauf entscheidend beeinflussen.
- Bezug zu anderen Diskursen: *diskursimmanent* (Texte mit Bezug auf genau einen Diskurs), *diskurstranszendent* (Texte mit Bezug auf mindestens zwei Diskurse), *diskursperipher* (Texte, die diskurstranszendent sind, aber primär für einen anderen Diskurs produziert sind).

Welche Diskursrolle einem Text zukommt, lässt sich nur im Zusammenhang mit dem jeweiligen Diskurs entscheiden. Letztlich kann ein Text jede Diskursrolle einnehmen, wobei lediglich die Merkmale *Primärtext* und *Sekundärtext*, die auf den Teilnahmestatus verweisen, eine Ausnahme bilden. Medien wie Presse, Rundfunk, Fernsehen und Internet transponieren Primärtexte wie *Wahlprogramme, Regierungserklärungen* oder Parteiprogramme in Sekundärtexte wie *Nachrichten, Leitartikel* oder *Kommentare*. Der Teilnahmestatus ist somit diskursübergreifend. Dennoch lässt sich bei bestimmten Textsorten durchaus eine Affinität zu einer der genannten Rollen erkennen, etwa bei der *Rücktrittserklärung*, die in der Regel die terminale Position im Diskurs einnimmt.

5.3 Diskurse in der öffentlich-politischen Kommunikation

Diskurse sind komplexe Formen sprachlichen Handelns, die aus einer Menge von vernetzten Texten bzw. Aussagen bestehen, die ein gemeinsames Thema haben. In Diskursen werden gesellschaftlich relevante Themen, die strittig sind, kommunikativ verhandelt. Es geht für die Diskursbeteiligten darum, bestimmte Sachverhalte POSITIV oder NEGATIV ZU BEWERTEN, die eigene Position ARGUMENTATIV ZU STÜTZEN, SICH GLAUBWÜRDIG DARZUSTELLEN und die gegnerische Position ARGUMENTATIV ANZU-GREIFEN (vgl. auch Klein 2001: 1592). Über den Weg der kommunikativen Verständi-gung wird ein KONSENS HERGESTELLT, der im Idealfall am Ende eines Diskurses steht. Als ein bekanntes Beispiel sei der so genannte *Historikerstreit* angeführt, wo alle Text bzw. Aussagen, die hierzu einen Beitrag leisten und untereinander in einem Zusammenhang stehen, den Diskurs konstituieren. Diskurse verweisen zumeist auch auf andere Diskurse, seien es vergangene oder zeitlich parallel verlaufende Diskurse. So steht der Diskurs um den Einsatz der Bundeswehr in Afghanistan in Zusammenhang mit Diskursen um die außenpolitische Rolle Deutschlands nach dem Zweiten Weltkrieg.

Innerhalb der Politolinguistik hat sich ein Diskursbegriff etabliert, der auf Fou-cault zurückgeht und der für die speziellen Anforderungen einer linguistischen Diskursanalyse modifiziert worden ist. Dabei dominiert die Auffassung, Diskurse als heterogene, vielschichtige Phänomene bzw. Wissensformationen zu betrachten. Diskurse können als Bündel von Merkmalen aufgefasst werden, die nicht alle zu-gleich vorhanden sein müssen, um von einem Diskurs sprechen zu können. Spieß (2011a: 110-135) geht von folgenden Merkmalen aus:

- *Textverband/Aussagenverband*: Diskurse konstituieren sich durch ein gemein-sames Thema und die diskursive Vernetzung ihrer Texte bzw. Aussagen.
- *Serialität* und *Ereignishaftigkeit*: Texte sind keine singulären Phänomene, son-dern reproduzieren bestimmte Muster, da sie immer auch Repräsentanten von Textsorten sind. Sie erscheinen seriell als Ereignisse.
- *Prozessualität* und *Sukzessivität*: Die als Ereignis aufgefassten Texte erscheinen in einem dynamischen Prozess sowohl Nacheinander als auch Nebeneinander.
- *Dialogizität* und *Intertextualität*: Texte sind auf andere Texte ausgerichtet (Dia-logizität) und beziehen sich wechselseitig aufeinander (Intertextualität).
- *Gesellschaftlichkeit* und *soziale Praxis*: Texte sind vom jeweiligen gesellschaftli-chen und kulturellen Horizont bestimmt und in soziale, außersprachliche Prak-tiken eingebettet.
- *Öffentlichkeit* und *Massenmedialität*: Öffentlichkeit als Kommunikationsraum und Massenmedialität als Kommunikationskanal stellen die Grundlage und die Bedingung für das Entstehen von Diskursen dar.

Nicht nur die oben genannten Merkmale zeigen, dass Diskurse und öffentlich-politische Kommunikation untrennbar miteinander verknüpft sind. Einerseits ist öffentlich-politische Kommunikation immer in übergreifende diskursive Zusammenhänge eingebettet, andererseits sind Form und Verlauf öffentlicher Diskurse durch spezifische kommunikative Ausprägungen und institutionelle Rahmenbedingungen des Kommunikationsbereichs Politik geprägt (vgl. hierzu auch Kapitel 3). Die Erkenntnis, dass politische Kommunikation durch Diskursivität geprägt ist, hat dazu geführt, dass sich in der Politolinguistik die Analyse konkreter Diskurse als bevorzugter Untersuchungsgegenstand etabliert hat. Umgekehrt bedeutet dies aber auch, dass die linguistische Diskursanalyse auf die in der Politolinguistik bereitgestellten Methoden und Analyseinstrumentarien nutzbringend zurückgreifen kann. Zur Analyse von Diskursen ist es daher hilfreich, die zwischen Politolinguistik und linguistischer Diskursanalyse bestehenden Schnittstellen aufzudecken und diese systematisch im Sinne eines Mehrebenmodells der linguistischen Diskursanalyse (vgl. hierzu Spieß 2008b, 2011a und Warnke/Spitzmüller 2008) zu erfassen. Demnach lassen sich folgende Schnittstellen ausmachen:

–   eine *situative Schnittstelle*, die sich aus den Rahmenbedingungen und spezifischen Merkmalen des Kommunikationsbereiches Politik und der dort stattfinden Diskurse ergibt. Als zentrale Bedingungen sind hier Öffentlichkeit und Massenmedialität zu nennen.
–   eine funktionale Schnittstelle, die sich aus den gemeinsamen Zielsetzungen und Funktionen diskursiver Praktiken und politischer Kommunikation ergibt, nämlich argumentative Verständigung und Persuasion.
–   eine thematische Schnittstelle, die sich aus der gesellschaftlichen Relevanz der behandelten Themen im Kommunikationsbereich Politik und in Diskursen ergibt.
–   eine sprachlich-strukturelle Schnittstelle, die aus der funktionalen Schnittstelle resultiert und sich aus dem Gebrauch typischer sprachlicher Mittel, etwa Symbolwörtern oder Metaphern, ergibt.

Um eine Analyse politischer Diskurse praktikabel zu handhaben, hat sich innerhalb der Politolinguistik eine Beschränkung auf die Beschreibungsebenen Lexik, Metaphorik und Argumentation etabliert, die hinsichtlich der genannten Schnittstellen untersucht werden (vgl. Böke/Jung/Niehr/Wengeler (2005) [2000] und Spieß 2011a). Unumstritten sind der heuristische Wert und die Praxisrelevanz einer solchen Vorgehensweise, die sich vielfach bewährt hat, so etwa im Schulunterricht (vgl. hierzu Wengeler 2003c). Für Diskursanalysen im Unterricht sind zudem Diskurse besonders geeignet, die zeitlich überschaubar sind und für die bereits Materialsammlungen vorliegen. Beides trifft auf den unten analysierten Haacke-Diskurs zu, der in einer umfangreichen Textsammlung dokumentiert ist (vgl. Diers/König 2000). Betrachtet man Lexik und Metaphorik unter dem Aspekt der Nominationstheorie (vgl. Kapitel 4.3), dann ergibt sich für eine Diskursanalyse zunächst einmal die Aufgabe, diejenigen Nominationsausdrücke herauszufiltern, mit deren Hilfe die Akteure die für den Diskurs zentralen Wirklichkeitsausschnitte nominieren. Daran schließt sich eine Argumentationsanalyse an, für die sich das Argumentationsmodell nach Grünert oder das Topos-Modell (vgl. Kapitel 2.3) besonders eignen.

Im Folgenden soll am Beispiel des sogenannten *Haacke-Diskurses*, der ein Kunstprojekt im Reichstag zum Gegenstand hat, eine Diskursanalyse skizziert werden (vgl. hierzu auch Girnth 2005). Der Diskurs begann im Januar 2000 mit einer Pressemitteilung, in der der vom Ältestenrat des Bundestages eingesetzte Kunstbeirat seine Entscheidung für das Projekt des Künstlers Hans Haacke bekannt gab. Das im Rahmen des Kunst-am-Bau-Programms vorgestellte Projekt besteht aus einem im nördlichen Innenhof des Berliner Reichstagsgebäudes aufgestellten Holztrog, in den die Abgeordneten des Deutschen Bundestages Erde aus ihrem Wahlkreis ausstreuen können. Aus diesem Holztrog soll in Neonleuchtschrift die *Inschrift* „Der Bevölkerung" nach oben strahlen und von den oberen Geschossen des Reichstagsgebäudes aus lesbar sein. Die Entscheidung des Kunstbeirates löste eine heftige öffentliche Auseinandersetzung aus. In *Leitartikeln, Kommentaren, Interviews, Glossen* und *Leserbriefen* manifestierten sich die verschiedenen Argumentationsstränge, wobei vor allem die *Inschrift* „Der Bevölkerung" ein zentraler Streitpunkt war. Sie war von Haacke, wie er in seiner *Projektbeschreibung* ausführt, als Kontrast zu der Giebelinschrift „Dem deutschen Volke" am Reichstagsgebäude konzipiert worden und sollte den seiner Meinung nach ideologisch belasteten Begriff „Volk" durch einen der bundesrepublikanischen Wirklichkeit angemesseneren Begriff ersetzen. Immer wieder wurde in dem Diskurs auf das *Grundgesetz* verwiesen, das sowohl von Gegnern als auch Befürwortern des Projekts als Autorität herangezogen wurde. Ein weiterer Streitpunkt war die Rolle der Erdmetaphorik, die von den Gegnern des Projekts mit Hinweis auf den nationalsozialistischen Blut-und-Boden-Kult abgelehnt wurde. 150 Abgeordnete des Bundestages brachten schließlich einen *Gruppenantrag* ein, in dem sie gegen das Votum des Kunstbeirates für das Projekt Haackes protestierten und eine Einbeziehung des Parlamentes in die Entscheidung für die künstlerische Gestaltung des Reichstages forderten. Dieses fand sich dann am 5. April 2000 im Deutschen Bundestag zu einer *Aussprache* zusammen, in deren Verlauf zahlreiche Abgeordnete in *parlamentarischen Debattenreden* zu dem Projekt Stellung bezogen. Diese *Debatte* war der Höhepunkt und zugleich Abschluss des Diskurses. In einer Abstimmung entschied sich der Bundestag mit einer knappen Mehrheit für die Realisierung des Haacke-Projekts.

Aus Gründen der Praktikabilität empfiehlt es sich, nur diejenigen Texte detaillierter zu analysieren, denen eine diskursstrukturierende Funktion zukommt. Es handelt sich dabei um solche Texte, die den Diskurs maßgeblich beeinflussen, was zumeist daran abzulesen ist, dass auf Argumente, die in diesen Texten vorgebracht werden, im Verlauf des Diskurses häufig referiert wird. Hat man diese Texte zusammengestellt, kann deren Rolle im diskursiven Gefüge ermittelt werden. Hierzu eignet sich zunächst einmal eine Unterscheidung in *initial, prozessual* und *terminal*. Gefragt wird also danach, welche Texte einen Diskurs eröffnen, welche Texte seinen Verlauf bestimmen und welche Texte einen Diskurs beenden. Der initiale Text des

Haacke-Diskurses ist die *Pressemitteilung* (Text 1) des Kunstbeirates vom 25. Januar 2000, in der der Öffentlichkeit die Entscheidung des Kunstbeirates für das Projekt Haackes mitgeteilt wird. Zwar gingen diesem Text schon andere Texte voraus, doch erst die Pressemitteilung sorgt für eine deutliche Steigerung des Textaufkommens und damit für eine größere öffentliche Wahrnehmung des Diskurses. Von den Texten, die den Haacke-Diskurs entscheidend beeinflussen, ist insbesondere ein *Kommentar* von Karl Feldmeyer in der „Frankfurter Allgemeinen Zeitung" vom 12.2.2000 zu nennen, in dem er Hans Haacke vorwirft, dem deutschen Volk das Parlament wegzunehmen und es „Der Bevölkerung" zu geben. Die Begriffskonfrontation zwischen „Dem Deutschen Volk" und „Der Bevölkerung" thematisiert beispielsweise auch eine *Karikatur* in der „Rheinischen Post" vom 30.3.2000. Als terminale Texte des Haacke-Diskurses können die am 5.4.2000 gehaltenen *parlamentarischen Debattenreden* betrachtet werden. Mit der Abstimmung zugunsten des Haacke-Projekts ist der Diskurs im Wesentlichen abgeschlossen.

Die thematische Einheit des Diskurses wird durch zentrale Konzepte gewährleistet, die sich wie ein roter Faden durch den gesamten Diskursverlauf ziehen. Im Haacke-Diskurs sind es vor allem die konkurrierenden Nominationsausdrücke *Volk* und *Bevölkerung*, die eine zentrale Rolle spielen.[19] Bei einer Analyse dieser Konzepte muss neben ihrer Semantik auch ihre Textsortengebundenheit berücksichtigt werden. *Volk* und *Bevölkerung* sind innerhalb des Diskurses Bestandteile der Textsorte *Inschrift* bzw. *Widmung* und haben als solche eine bestimmte kommunikative Funktion. Sie haben eindeutig appellativen Charakter. Bemerkenswert ist nun, wie unterschiedlich die Diskursbeteiligten beispielsweise in der *Debatte* diesen appellativen Charakter der Inschrift „Der Bevölkerung" beurteilen. Hat die Inschrift die Funktion einer „Aufforderung", eines „Denkanstoßes" oder einer „Anstiftung zum Nachdenken"?

Betrachtet man die Semantik von *Volk* und *Bevölkerung* dann wird man zunächst einmal feststellen, dass neben Nominationskonkurrenz auch – im Falle von *Volk* – eine denotative und evaluative Lesarten-Konkurrenz zu beobachten ist. Die von Haacke und den Befürwortern seines Projekts verbundene Position fasst *Bevölkerung* als integrierenden Ausdruck auf, dessen denotative Bedeutung alle Bewohner eines bestimmten staatlichen Territoriums einschließt. *Volk* dagegen bezeichnet eine Gemeinschaft von Menschen, die aufgrund ihrer gleichen Abstammung auf einem bestimmten Territorium leben. Haacke selbst will den seiner Meinung nach negativ konnotierten und durch die Nationalsozialisten ideologisch belasteten Ausdruck *Volk* durch *Bevölkerung* ersetzen. Einige Kritiker Haackes verweisen dagegen auf die positive Konnotation des Ausdrucks *Volk* und seine demokratische Legitimation, die eine Ersetzung durch *Bevölkerung* überflüssig mache. Wie sich insbesonde-

---

19 Zur Begriffsgeschichte von *Volk* und der Semantik von *Volk* und *Bevölkerung* vgl. ausführlich Hermanns 2003, insbesondere S. 34f.

re dieser Konflikt um *Volk* und *Bevölkerung*, aber auch um die strittige Erdmetaphorik argumentativ entfaltet, zeigen die vier zentralen Argumentationstopoi des Haacke-Diskurses, nämlich *Gesetzestopos*, *Realitätstopos*, *Geschichtstopos* und *Autonomietopos*. Um die Verwendung dieser Topoi zu belegen, werden im Folgenden Beispiele aus der Bundestagsdebatte vom 5.4.2000 angeführt (vgl. Diers/König 2000: 179-197):

a) Der Gesetzestopos

Mit Hilfe des Gesetzestopos wird eine bestimmte Position durch Berufung auf ein Gesetz legitimiert. Der Gesetzestopos lässt sich folgendermaßen formulieren: Weil im Gesetz bereits eine bestimmte Handlung bzw. Norm vorgegeben ist, sind weitere regulative Akte nicht notwendig. Die Gegner des Haacke-Projekts berufen sich auf das Grundgesetz, in dem die Aufgaben des Parlamentes eindeutig festgelegt seien:

> Er [Hans Haacke] kommt zu einem unglaublichen Schluss, der schon vor dem Hintergrund unserer Verfassung unglaubwürdig klingt: Für ihre Entscheidungen sind die Bundestagsabgeordneten nicht gegenüber einem mythischen Volke, sondern gegenüber der Bevölkerung verantwortlich. Ein Blick ins Grundgesetz hätte ihm gezeigt, dass alle Gewalt „vom Volke" – vom deutschen Volke – ausgeht und die Abgeordneten in diesem Reichstag in erster Linie die Interessen des deutschen Volkes zu vertreten haben.
> (Volker Kauder, CDU/CSU)

> Bei meiner Arbeit als Bundestagsabgeordnete gilt für mich das Grundgesetz. In Art. 1 des Grundgesetzes heißt es: Die Würde des Menschen ist unantastbar. Sie zu achten und zu schützen ist Verpflichtung aller staatlichen Gewalt. In Art. 3 Satz 1 des Grundgesetzes steht: Alle Menschen sind vor dem Gesetz gleich. Hier wird ohne Einschränkung immer von den Menschen gesprochen, das heißt, von allen die in der Bundesrepublik Deutschland leben. Das Grundgesetz ist mir Auftrag genug. Einer weiteren Erinnerung bedarf es nicht.
> (Hanna Wolf, SPD)

b) Der Realitätstopos

Mit dem Realitätstopos werden bestimmte Handlungen mit Verweis auf die bestehende Realität legitimiert. Der Realitätstopos kann folgendermaßen formuliert werden: Wenn die Wirklichkeit so ist wie sie ist, sollen bestimmte Handlungen sich nach den vorliegenden Gegebenheiten richten. Im Haacke-Diskurs dient der Hinweis auf die Bevölkerungsstruktur der Bundesrepublik Deutschland und den hohen Anteil an Mitbürgerinnen und Mitbürgern mit Migrationshintergrund als Realität, der sich das Parlament stellen muss, indem es sich für das Haacke-Kunstwerk mit seiner Inschrift „Der Bevölkerung" entscheidet.

> Es leben in Deutschland derzeit etwa 10 Prozent Ausländer und es werden in Zukunft noch mehr werden. Die Niederlassungsfreiheit in der EU und die geplante Osterweiterung werden diesen Trend fortsetzen, ob wir wollen oder nicht. Wir werden als Parlament in immer stärkerem Maße dieser Entwicklung Rechnung tragen.
> (Ulrich Heinrich, F.D.P.)

c) Der Geschichtstopos

Mit dem Geschichtstopos werden Positionen durch den Hinweis auf geschichtliche Tatsachen, Erfahrungen oder Motive gerechtfertigt. Der Geschichtstopos lässt sich folgendermaßen formulieren: Weil die Geschichte lehrt, dass bestimmte Handlungen bestimmte Folgen haben, sollten geplante Handlungen immer das geschichtliche Beispiel vor Augen haben. Im Haacke-Diskurs wird der Geschichtstopos sowohl von Befürwortern als auch von Gegnern des Projekts verwendet und ist quantitativ stark vertreten. So wird von den Befürwortern des Projekts auf den nationalsozialistischen Missbrauch des Volksbegriffes und seine ideologische Belastung verwiesen, die eine Neubesinnung erforderlich mache:

Die Inschrift ‚Dem Deutschen Volke' im Westgiebel des Reichstags gab den Anstoß für Haackes Anliegen, in einem Kunstwerk aufzuzeigen, wie stark der Begriff ‚deutsches Volk' missbraucht wurde, ganz im Gegenteil zum damaligen demokratischen Verständnis und somit zur positiven Botschaft, wie sie ursprünglich gedacht war. (...) Wenn der Vergleich zu Frankreich und Großbritannien kommt, (...) dann darf ich doch darauf hinweisen, dass es in der deutschen Geschichte einen massiven Missbrauch des Wortes Volk gab und dass genau dieser Missbrauch des Wortes Volk den Künstler veranlasst hat, hier einen Bogen zu spannen zu einer ‚Bevölkerung'.
(Ulrich Heinrich, F.D.P.)

Den Vorwurf des ideologischen Missbrauchs nehmen umgekehrt die Gegner des Projekts auf und wenden ihn auf den Ausdruck *Erde* an, der ebenfalls nationalsozialistisch vorbelastet sei:

Mein schwerster Vorwurf: Haackes Projekt leidet unter einer höchst widersprüchlichen Symbolik. Wenn er den Volksbegriff durch Hitler als dauerhaft besudelt ansieht, dann gilt dies mindestens in gleichem Maße für das von ihm beabsichtigte Ritual der Erdbeschaffung.
(Hans-Joachim Otto, F.D.P.)

Hans Haacke (...) hat sich immer wieder mit der Nazidiktatur auseinandergesetzt. Umso irritierter bin ich, dass er eine durch die Nazis besetzte Erdkultsymbolik seiner Installation zugrunde legt.
(Hanna Wolf, SPD)

Häufig werden insbesondere von Gegnern des Projekts Beispiele aus der Geschichte herangezogen, die die positive Konnotation des Ausdrucks *Volk* und damit seine demokratische Legitimation belegen sollen.

In den Erläuterungen zu seinem Projekt bezeichnet Hans Haacke die Giebelaufschrift ‚Dem Deutschen Volke' als eine nationalistische, exklusive Parole. Das ist nichts weniger als eine Geschichtsklitterung. (...) Meine Damen und Herren, wenn Hans Haacke den Begriff des deutschen Volkes noch immer für durch die Propaganda sowohl der NSDAP als auch der SED belastet hält, so übersieht er, dass zumindest die mutigen DDR-Bürger 1989 mit ihrem Freiheitsruf

„Wir sind ein Volk" – ein deutsches Volk – diesen Begriff rehabilitiert und ihm seinen demokratischen Klang zurückerobert haben.
(Hans-Joachim Otto, F.D.P.)

Besser wäre eine unvoreingenommene Auseinandersetzung mit der Geschichte; neben Schuld
und Versagen sollten auch Verdienst und Leistung des deutschen Volkes in die Betrachtung
einbezogen werden. Wer ihm die Selbstachtung und das Recht auf nationale Identität verwei-
gert, verliert auf Dauer die demokratische Legitimation.
(Karl Feldmeyer, Frankfurter Allgemeine Zeitung vom 12.2.2000)

d) Der Autonomietopos
Das hier als *Autonomietopos* bezeichnete Argumentationsmuster kann aufgrund
seiner Komplexität nur annähernd beschrieben werden. Hierbei geht es zum einen um die Freiheit der Kunst und zum anderen um die Freiheit des einzelnen
Individuums, seine Entscheidungen unabhängig treffen zu können. Insofern
ließe sich der Autonomietopos in folgende zwei Sätze formulieren: Wenn Kunst
frei ist, dann kann über Kunst nicht durch Mehrheitsentscheidungen abge-
stimmt werden. Wenn der Mensch über seine Handlungen autonom entscheiden kann, dann darf er nicht zu Handlungen gezwungen werden, die nicht seinem Willen entsprechen. Im Haacke-Diskurs wird die Freiheit der Kunst als
Argument seitens der Befürworter des Projekts herangezogen, die Autonomie
des Individuums als Argument seitens der Gegner des Projekts. Problematisiert
wird die von Haacke geplante Mitwirkung aller Abgeordneten bei der Erd-
befüllung des Holztrogs, da dies nur ein Akt der Freiwilligkeit sein könne.

Der Streit über Ästhetik – das kann doch gar nicht anders sein – wird immer offen bleiben. Politisch aber dürfen wir diesen Streit um die Freiheit der Kunst nicht verlieren. Wir dürfen nicht
unsere Liberalität verlieren.
(Gert Weisskirchen, SPD)

Man wird sagen, es gehe um die Freiheit der Kunst. Richtig, sage ich, aber es geht auch um die
Freiheit von Abgeordneten und darum, wofür sie sich selbst entscheiden, wenn sie denn Teil
dieses Kunstwerks sein sollen.
(Antje Vollmer, Bündnis 90/Die Grünen)

5.4 Texte und Diskurse in multimodaler Perspektive

Wenn bislang auch immer wieder betont wurde, dass politisches Handeln vor allem
sprachliches Handeln sei, so muss doch konstatiert werden, dass dem Bild und dem
Zusammenspiel von Sprache und Bild eine wichtige Funktion in der öffentlich-
politischen Kommunikation zukommt. Diekmannshenke (2011: 161) verweist zu
Recht darauf, dass eine Vernachlässigung der Bildkommunikation seitens der
Politolinguistik insbesondere in Zeiten der medialen Vermittlung und Aneignung
von Politik überraschend sei. So sollte bei einer Analyse vor allem von medial ver-

mittelten, audiovisuellen Texten bzw. Diskursen immer auch gefragt werden, welche Effekte durch das Zusammenwirken unterschiedlicher Modalitäten wie Sprache und Bild entstehen. Den theoretisch-methodischen Hintergrund für die integrative Analyse verschiedener Zeichensysteme liefert die Theorie der *Multimodalität*, die davon ausgeht, dass „Kommunikation nie in nur einem Zeichensystem verläuft" (Klemm/Stöckl 2011: 10), sondern eine enge Verknüpfung von Codes – als materieller Grundlage auf Produkt- und Produktionsseite – und Modes – als Wahrnehmungsprozess auf Rezeptionsseite – impliziert. Die zentralen Codes sind „Sprache, Bild und Ton, die in je spezifischer Korrelation als auditive, visuelle oder audiovisuelle Wahrnehmungskategorien (Modes) in Erscheinung treten" (Michel 2015: 290). Multimodale Zugänge zu öffentlich-politischer Kommunikation, die das Primat der Sprache für die Kommunikation überwinden, werden zwar neuerdings verstärkt angewandt, doch ist es nicht so, dass das Potenzial nonverbaler Aspekte nicht auch schon in früheren Arbeiten aufgegriffen worden wäre. Holly/Kühn/Püschel (1986) zeigen, dass in Fernsehdiskussionen Visuelles wie räumliches Arrangement, Einstellungen, visuelle Inszenierungen und Körpersprache durchaus bewusst im Sinne einer allgemeinen Dramaturgie und Inszenierung eingesetzt wird:

> Beherrschung, Kontrolle, gezielte Mimik, Gestik und Körperhaltung sind dabei wichtige Mittel, Diskussionsrahmen zu fingieren. Zusammen mit dem räumlichen Arrangement werden sie durch die Kameraselektion und -gestaltung zu wirksamen, unmittelbar anschaulichen Inszenierungstricks, durch die eine ideologisch hochwertige Textsorte zu Legitimations- und Werbungszwecken mediengerecht umgemünzt wird. (Holly/Kühn/Püschel 1986: 263)

Die gegenwärtige dynamische und komplexe Entwicklung politischer Diskussionssendungen wie etwa der Polit-Talkshow lässt sich heute kaum mehr durch die Analyse des rein verbalen Kommunikats erfassen (vgl. zum Folgenden auch Girnth/Michel 2015b). Zur medialen Inszenierung von politischer Kommunikation gehören ebenso Bilder, Töne oder weitere semiotische Ressourcen wie Farben sowie Studioarrangements, die erst im Zusammenspiel aus dem Produkt ein semiotisch und symbolisch vielschichtiges multimodales Kommunikat machen. Durch die selektive Integration unterschiedlicher Kommunikationsformen wie z. B. Einspieler, soziale Netzwerke wie Facebook, YouTube und Twitter, Chats und Zuschauermails, ergibt sich ein Mix an unterschiedlichen, strukturell wie inhaltlich wie argumentativ verdichteten „Komprimaten" (vgl. Klemm/Michel 2013a), was ebenso zu einer verstärkten Dynamisierung solcher Sendungen beiträgt wie die Veränderung von statischen in dynamische Visualisierungseffekte. Bestand die Hintergrunddekoration bzw. -kulisse z. B. bei *hartaberfair* oder *Maybrit Illner* zunächst aus statischen Motiven, so befinden sich dort nun Wände mit Bildern, die je nach thematischem Fokus und entsprechender Schlagwortnennung seitens der Gäste alternieren.

    Zur Beschreibung und Analyse dieser intra- und intercodaler Verkettungen und Wechselwirkungen hat sich mit dem Konzept der ‚Transkriptivität' ein fruchtbarer theoretisch-methodischer Ansatz herausgebildet. Dieser geht davon aus, dass sich verschiedene Codes durch unterschiedliche Arten der Über-, Um- und Fortschreibung entweder lesbar machen, also sich gegenseitig explizieren, oder anders lesbar machen und somit abweichende bzw. neue Bedeutungen und Lesarten eröffnen (vgl. Holly/Jäger 2011).

Gliedert man Polit-Talkshows mit Löffler (1989) in drei Ebenen – Mikro-, Meso- und Makroebene –, so fällt auf, dass transkriptive Prozesse auf allen Ebenen stattfinden (vgl. Holly 2010). Insofern soll anders als bei Löffler (1989: 110) die „mediale Ebene", also Kamera-Einstellung und Bildregie, nicht separat als Element der Mesoebene, sondern als zentrale bildbezogene Subcodes im Zusammenspiel mit den Zeichensystemen Sprache und Ton betrachtet werden:

- Mikroebene: Sie bezieht sich auf das Zusammenspiel einzelner Sprechakte mit Bildern und Tönen.
- Mesoebene: Die Mesoebene umfasst Interaktionen zwischen den Protagonisten bzw. die strukturelle Frage, wie sich deren Inszenierungen durch transkriptive Prozesse auf sprachlicher (z. B. Gesprächsschritte (Turns), Sprecherwechsel, Themenentfaltung, Rollenkonstitution und -verhalten), bildlicher und tonaler Ebene nach Sendungskonzept geplant vollziehen.
- Makroebene: Die jeweiligen Sendungen sind in ein fortlaufendes Programm eingebunden. Hierzu gehören Überleitungen, Ankündigungen, aber auch Eröffnungs- und Beendigungsphasen, die oft aus komplexen sprachlichen, bildlichen und vor allem tonalen Verflechtungen bestehen.

Für die Analyse von Polit-Talkshows ergeben sich daraus z. B. folgende Forschungsfragen:
- Welche Wechselwirkungen zwischen einzelnen Sprechakten (für die gesprochene Sprache spielen neben Themen, Sprachhandlung und grammatischen Eigenschaften von Sprechakten etwa die Submodalitäten Lautstärke, Intonation, Stimmqualität etc. eine Rolle) mit Bildschnitten, -größen, Kameraschwenks, -einstellungen, Farbeffekten, Lichtqualität sowie Musik und Publikumsapplaus lassen sich erkennen?
- Wie werden sprachliche Interaktionen und Rollenidentitäten bzw. -hierarchien durch Bilder und Töne transkribiert? Dominieren dabei konvergierende Prozesse des „lesbar Machens" oder divergierende Prozesse des „anders lesbar Machen"?
- Wie werden die einzelnen Sendungen multimodal gerahmt, d. h. durch das Zusammenspiel von Sprache, Bild und Ton eröffnet und beendet?
- Aus quantitativer Sicht: Was tragen Häufigkeitswerte bestimmter Variablen auf allen drei Zeichenebenen zur Gewichtung und Hierarchisierung der Modalitäten bei? Welche(Sub-)Modalitäten dominieren bei der Sinnkonstitution und somit bei der audiovisuellen Inszenierung politischer Diskussionen?

5.5 Literaturhinweise und Übungsaufgaben

Literaturhinweise

Exemplarisch für die Klassifikation von politischen Textsorten können hier die Untersuchungen von Grünert (1984), Strauß (1985) und Tillmann (1989) genannt werden, in denen die pragmatische Ebene als Klassifikationskriterium dominiert. Die umfassendste Klassifizierung politischer Texte bzw. Gespräche stammt von Klein (2000a und 2001).

Aus der Fülle an Untersuchungen zu einzelnen Textsorten seien die folgenden herausgehoben (die in eckige Klammern gesetzte Nummer der jeweiligen Textsortenklasse bezieht sich auf die Abbildung 22): *Fernsehansprache* [TS 60]: Holly (1996); *Fraktionsdebattenrede* [TS 53a]: Klein/Steyer (2000); *Gedenkrede* [TS 59]: Felder (2000); Girnth (1993a; 2014)), Kopperschmidt (1989); *Gesetzentwurf* [TS 10]: Klein (1991a); *Parlamentarische Debattenrede* [TS 53b]: Burkhardt (2003a; 2005; 2009); Burkhardt/Pape (2000), Dieckmann (1984), Kalivoda (1986), Klein (2003b); Simmler (1978), Volmert (1989), Zimmermann (1969); *Parteiprogramm* (*Grundsatzprogramm*) [TS 27]: Ballnuß (1996), Dörner (1995), Hermanns (1989 u. 1991); *Wahlrede* [TS 58]: Volmert (1989); *Wahlslogan* [TS 15]: Toman-Banke (1996); *Wahlspot* [TS 16]: Wachtel (1988); *Wahlplakat* [TS 20]: Ebert (1998), Müller (1978); *Zwischenfrage* [TS 51] Burkhardt (1995).

Zum politischen *Fernsehinterview* vgl. Holly (1992), zur politischen *Fernsehdiskussion* vgl. Holly [u. a.] (1986), Petter-Zimmer (1990) und Sucharowski (1985). Zur *Polit-Talkshow* vgl. Girnth/Michel (2015a), zum *TV-Duell* Bucher (2007) und Maurer (2011; 2015). Zu *Politik-Chats* vgl. Diekmannshenke (2001a, 2004a, 2005a, 2005b), zu Twitter Elter (2013) und Girnth (2013b). Über politische Partizipation in Zeiten der Sozialen Medien vgl. Diekmannshenke (2007b, 2013a) und den Sammelband von Liedtke (2013).

Zur Wahlkampfkommunikation vgl. insbesondere Pappert (2011) und Platz (2013). Über die Geschichte des Wahlkampfs informiert Klein (2009e).

Eine umfassende Einführung in die Diskursanalyse legen Spitzmüller/Warnke (2011) vor. Als Einführung ist darüber hinaus auch Niehr (2014a) hervorzuheben. Einen hervorragenden Überblick über die Diskursanalyse auf den Ebenen Lexik, Metaphorik und Argumentation liefert Wengeler (2009). Zum Verhältnis von Diskursanalyse und Politolinguistik vgl. Niehr (2013b).

Ein ausführlich beschriebener Diskurs ist beispielsweise der so genannte *Migrationsdiskurs*. Informieren kann man sich bei Jung [u.a.] (1997), Niehr/Böke (2000) und Wengeler (2003d). Den *Rassismus*-Diskurs untersucht Jäger (1993b). Eine Sprachgeschichte der frühen bundesrepublikanischen Nachkriegszeit als Diskursgeschichte legen Böke [u. a.] (1996c) vor. Der *Grundrechte*-Diskurs ist Gegenstand der Monographie von Kilian (1997), der Bioethik-Diskurs wird von Spieß (2011a) untersucht. Eine Einführung in die kritische Diskursanalyse legt Jäger (2009) vor.

Umfassend über die Verknüpfung von Sprache und Bild in massenmedialen Texten informiert Stöckl (2004).

Übungsaufgaben

1. Welche textsortenspezifischen Merkmale weist der Online-Kommunikationstyp *Twitter* auf? Informieren Sie sich hierzu insbesondere bei Thimm/Einspänner/ Dang-Anh (2012) und Girnth (2013b).

2. Welche Möglichkeiten politischer Partizipation ergeben sich durch die Nutzung der Sozialen Medien im Internet? Diskutieren Sie hierzu die folgende These: „Wir sehen eine Zunahme politischer Kommunikation, aber eine Abnahme politischer Teilhabe." (Jaron Lanvier, Internet-Vordenker und Schriftsteller, FAZ vom 2.7.2015: 13)

3. Informieren Sie sich bei Warnke/Spitzmüller (2008) über das diskurslinguistische Maximalprogramm DIMEAN und diskutieren Sie, ob seine Umsetzung im Rahmen politolinguistischer Diskursanalysen realistisch ist.

4. Im Rahmen diskursanalytischer Untersuchungen wird oft zwischen der Analyse einer Makro- und einer Mikrostruktur des Diskurses unterschieden. Überprüfen Sie am Beispiel von Spieß (2011a), welche Merkmale beide Analyseebenen auszeichnen.

6 Exemplarische Einzelanalysen: politische Reden

Im folgenden Kapitel wird anhand exemplarischer Einzelanalysen politischer Rede das konkrete sprachliche Handeln von Spitzenpolitikerinnen und -politikern untersucht. Bei den Beispielanalysen handelt es sich um die Fernsehansprache des ehemaligen Bundeskanzlers Gerhard Schröder zum Kosovo-Konflikt (1999), die Parlamentsdebattenrede des ehemaligen Bundesinnenministers Wolfgang Schäuble in der Hauptstadt-Debatte (1991) sowie die Gedenkreden des ehemaligen Bundestagspräsidenten Philipp Jenninger (1988) und der Bundeskanzlerin Angela Merkel (2008) zur Pogromnacht vom 9. November 1938. Mit der Fernsehansprache, der parlamentarischen Debattenrede und der Gedenkrede werden drei spezifische Ausprägungen der politischen Rede untersucht, die aber alle typische Merkmale öffentlichen Redehandelns teilen (vgl. Volmert 1989: 28ff.): Sie sind an eine Großgruppe adressiert, monologisch konstituiert und auf eine bestimmte Weise inszeniert. Vom Redner, der in der Regel prominenten Status besitzt, wird erwartet, dass er eine institutionelle bzw. organisatorische Einbindung aufweist und dass er in einem informativ-persuasiven Funktionszusammenhang auftritt. Letzteres gilt aber nicht für die Gedenkrede, die primär integrative Funktion besitzt. Die Unterscheidung von öffentlichen Reden mit informativ-persuasiver und integrativer Funktion entspricht der aus der klassischen Rhetorik bekannten Unterscheidung der Redegattungen in *genus deliberativum* (politische Rede) und *genus demonstrativum* (Lobrede).

Jede Redeanalyse wird durch eine Skizze der jeweiligen politischen Situation bzw. des Redeanlasses sowie eine Charakterisierung der von den politischen Akteuren gewählten Textsorte eingeleitet. Die Einzelanalysen orientieren sich an den in den vorausgegangenen Kapiteln vorgestellten Fragestellungen und Methoden. Im Vordergrund steht die Analyse der komplexen Sprecherhandlungen (kommunikativen Verfahren) sowie der lexikalischen Teilhandlungen, der Nominationsakte.

6.1 Beispielanalyse I: Gerhard Schröders Fernsehansprache zum Kosovo-Konflikt (1999)

Gegenstand der folgenden Beispielanalyse ist eine Fernsehansprache des Bundeskanzlers Gerhard Schröder, die am Abend des 24. März 1999 im Deutschen Fernsehen ausgestrahlt wurde, also kurz nachdem die NATO ihre Militärschläge gegen Jugoslawien begonnen hatte. Ein Jahr zuvor war in der serbischen Provinz Kosovo ein Guerillakrieg zwischen albanischen Unabhängigkeitskämpfern und jugoslawischen Sicherheitskräften entbrannt, der rasch eskalierte und in so genannte ethnische Säuberungen mündete. Nach vergeblichen diplomatischen Bemühungen um eine Lösung begann die NATO ein Jahr später mit den Bombardierungen Belgrads. In seiner Fernsehansprache informiert der Bundeskanzler die Öffentlichkeit über den NATO-Einsatz gegen Jugoslawien und versucht gleichzeitig, das Vorgehen des Bündnisses zu rechtfertigen. Die Intention Schröders besteht also darin, Zustimmungsbereitschaft auf Seiten der Öffentlichkeit zu erzeugen. Im Folgenden wird zunächst der Wortlaut der Fernsehansprache von Bundeskanzler Gerhard Schröder zur Lage im Kosovo[20] wiedergegeben:

1. Liebe Mitbürgerinnen und Mitbürger,
2. heute abend hat die NATO mit Luftschlägen gegen militärische Ziele in Jugoslawien begonnen. 3. Damit will das Bündnis weitere schwere und systematische Verletzungen der Menschenrechte unterbinden und eine humanitäre Katastrophe im Kosovo verhindern.
4. Der jugoslawische Präsident Milošević führt dort einen erbarmungslosen Krieg.
5. Die jugoslawischen Sicherheitskräfte haben ihren Terror gegen die albanische Bevölkerungsmehrheit im Kosovo allen Warnungen zum Trotz verschärft. 6. Die internationale Staatengemeinschaft kann der dadurch verursachten menschlichen Tragödie in diesem Teil Europas nicht tatenlos zusehen. 7. Wir führen keinen Krieg, aber wir sind aufgerufen, eine friedliche Lösung im Kosovo auch mit militärischen Mitteln durchzusetzen.
8. Die Militäraktion richtet sich nicht gegen das serbische Volk. 9. Dies möchte ich gerade auch unseren jugoslawischen Mitbürgern sagen. 10. Wir werden alles tun, um Verluste unter der Zivilbevölkerung zu vermeiden.
11. Noch Ende letzter Woche hat die jugoslawische Delegation auf der Pariser Konferenz selbst minimale Zugeständnisse abgelehnt. 12. Dies ist um so weniger verständlich, als das ausgehandelte Friedensabkommen den Bestand Jugoslawiens nicht infrage stellt. 13. Vielmehr hat die Europäische Union Belgrad eine Rückkehr in die internationalen Organisationen und eine schrittweise Aufhebung der Sanktionen für den Fall einer Friedenslösung in Aussicht gestellt.
14. Die Antwort Belgrads war der Bruch von Verträgen und die Entsendung weiterer Truppen in den Kosovo. 15. Deshalb blieb als letztes Mittel nur die Anwendung von Gewalt.
16. Dagegen haben die Vertreter der albanischen Bevölkerungsmehrheit das Pariser Friedensabkommen unterzeichnet und damit ihre Bereitschaft zu einer friedlichen Lösung vor aller Welt dokumentiert.
17. Mit der gemeinsam von allen Bündnispartnern getragenen Aktion verteidigen wir auch unsere gemeinsamen grundlegenden Werte von Freiheit, Demokratie und Menschenrechten. 18. Wir dürfen nicht zulassen, daß diese Werte, nur eine Flugstunde von uns entfernt, mit Füßen getreten werden.

---

20 Um die anschließende Analyse besser nachvollziehen zu können, sind die einzelnen Sätze bzw. Sinnabschnitte durchnummeriert.

19. An dem Einsatz der NATO sind auch Soldaten der Bundeswehr beteiligt. 20. So haben es Bundesregierung und der Deutsche Bundestag beschlossen – in Übereinstimmung mit dem Willen der großen Mehrheit des Deutschen Volkes.

21. Die Bundesregierung hat sich ihre Entscheidung nicht leicht gemacht, schließlich stehen zum erstenmal nach Ende des Zweiten Weltkrieges deutsche Soldaten im Kampfeinsatz.

22. Ich rufe von dieser Stelle aus alle Mitbürgerinnen und Mitbürger auf, in dieser Stunde zu unseren Soldaten zu stehen. 23. Sie und ihre Familien sollen wissen, daß wir das Menschenmögliche tun für den Schutz unserer Soldaten bei diesem schwierigen und gefahrvollen Einsatz. 24. Gleichwohl können wir Gefahren für Leib und Leben unserer Soldaten nicht ausschließen.

25. Ich fordere von dieser Stelle aus Präsident Milošević auf, die Kämpfe im Kosovo sofort zu beenden. 26. Die NATO und die internationale Gemeinschaft insgesamt sind unverändert bereit, mit Zustimmung der Streitparteien mitzuhelfen, das Friedensabkommen umzusetzen. 27. Für eine militärische Absicherung eines notwendigen Waffenstillstands stehen erste NATO-Einheiten, darunter 3000 deutsche Soldaten, bereit. 28. Auf dem Gipfel in Berlin hat Europa seine Verantwortung für eine friedliche Entwicklung auf dem Kontinent bekräftigt. 29. Auch mit Blick auf die schwierige Mission im Kosovo spricht Europa mit einer Stimme.

30. An unserer Entschlossenheit, das Morden im Kosovo zu beenden, besteht kein Zweifel. 31. Die Belgrader Führung hat es allein in der Hand, den NATO-Einsatz zu beenden, indem sie sich für den Frieden entscheidet.
(Pressemitteilung des Presse- und Informationsamts der Bundesregierung, Nr. 111/99 vom 24. März 1999)

Die Textsorte Fernsehansprache gehört zur übergeordneten Textsortenklasse der politischen Rede und stellt somit eine besondere Ausprägung öffentlichen Redehandelns dar. Der Emittent muss ein politischer Akteur mit einem staatlichen Spitzenamt sein, in diesem Falle ist es der Bundeskanzler der Bundesrepublik Deutschland. Der Adressat der Fernsehansprache ist die Öffentlichkeit in Gestalt des Fernsehpublikums. Über die Textsorte Fernsehansprache wird eine große Zahl von Adressaten erreicht, wobei für die Rezeption vor allem der Umstand der geographischen und umgebungsbezogenen Unabhängigkeit wichtig ist. Der Redner kann den Adressaten an einem beliebigen Ort erreichen, der zumeist auch die vertraute Umgebung des Adressaten ist. Hinzu kommt die demographische Reichweite der Fernsehansprache, die alle Altersgruppen und Bevölkerungsschichten erreicht (vgl. Schulz 1997: 97). Die Fernsehansprache vermittelt ein hohes Maß an Authentizität, da der Redner dem Adressaten nicht nur optisch gegenwärtig, sondern darüber hinaus auch sehr nah zu sein scheint (vgl. Kepplinger 1998: 366). Im politischen System der Bundesrepublik ist die Textsorte Fernsehansprache zumeist an die Tradition des Feiertags geknüpft und thematisiert bestimmte mit diesem Tag assoziierte Einstellungen, wobei oft auch Bezug auf aktuelle politische Sachverhalte genommen wird (vgl. Holly 1996, Klein 2000a: 752). In dieser Verwendung kommt der Fernsehansprache vor allem integrative Funktion zu. Die Wahl der Textsorte Fernsehansprache durch den Bundeskanzler anlässlich des Beginns der NATO-Luftschläge gegen Jugoslawien stellt eine für das sprachliche Handeln in der Politik außergewöhnliche Maßnahme dar und hebt so die Bedeutung und Dringlichkeit des Gesagten hervor. Die Fernsehansprache besitzt im vorliegenden Falle vor allem eine informativ-persuasive Grundfunktion und wird im Handlungsfeld politische Werbung realisiert. Der Bundeskanzler will über einen bestimmten Sachverhalt INFORMIEREN und diesen zugleich BEWERTEN, er will eigene Handlungen LEGITIMIEREN und er will um ZUSTIMMUNG WERBEN. Zwar besitzt die Fernsehansprache Schröders auch Textpassagen mit integrativer Funktion, doch ist diese hier nicht dominant, wie etwa bei einer Fernsehansprache des Bundeskanzlers zum Jahreswechsel. Im Einzelnen realisiert Schröder in seiner Fernsehansprache folgende Sprechhandlungsmuster:

I.   ANREDEN, INFORMIEREN [Sätze 1–2]
II. LEGITIMIEREN durch ARGUMENTIEREN [Sätze 3–21]
III. AUFRUFEN [Sätze 22–24]
IV. VERHANDLUNGSBEREITSCHAFT SIGNALISIEREN [Sätze 25–30]
V.   APPELLIEREN [Satz 31]

Die primäre informativ-persuasive Funktion der Fernsehansprache realisiert sich vor allem durch das LEGITIMIEREN bereits vollzogener und zukünftiger Handlungen. Schröder LEGITIMIERT Handlungen, indem er ARGUMENTIERT. Neben der dominanten informativ-persuasiven Funktion findet sich im Text auch eine Passage mit primär integrativer Funktion. Im Folgenden werden die einzelnen Sprecherhandlungen Schröders, die der Durchsetzung der informativ-persuasiven Grundfunktionen dienen, näher beschrieben. Auf die Sprecherhandlung des BEWERTENS in Form von Nominationsakten wird in dieser Analyse nur insofern hingewiesen, als dass zentrale Nominationsausdrücke bereits in die Beschreibung der Sprecherhandlungen eingehen. Die Sprecherhandlung des ARGUMENTIERENS wird mit Hilfe des in Kapitel 2.3 erörterten lexikalisch-argumentativen Modells Grünerts analysiert. Zur Erinnerung sei hier noch einmal eine Kurzbeschreibung (vgl. hierzu auch Kalivoda 1986: 40) der Argumentationskategorien vorangestellt:

– *Destination*, also der thematisierte Gegenstand bzw. der Lösungsvorschlag.
– *Kausation*, also die kausale Herleitung historischer Fakten, Ereignisse und Handlungen (die bis in die Gegenwart reichen können).
– *Konsekution*, also die Darstellung möglicher Folgen von Ereignissen, Handlungen und Entscheidungen.
– *Fundation*, also die Präsentation parteilich-programmatischer Standpunkte und Prinzipien in Begründungszusammenhängen.

– *Motivation*, also die Generalisierung parteilicher Haltungen als allgemein erstrebenswerte und Berufung auf überparteiliche „Autoritäten", allgemein anerkannte Vorstellungen und gesamtgesellschaftlich akzeptierte Werte.

Mit der Sprecherhandlung INFORMIEREN [Satz 2] wird zugleich die Destination BENANNT: Die *NATO-Luftschläge* gegen Jugoslawien. Daran schließt sich direkt die (negative) Konsekution an [Satz 3], die darin besteht, *Verletzungen der Menschenrechte* und eine *humanitäre Katastrophe* zu verhindern. Der Kausation [Sätze 4, 5] dient das INFORMIEREN über den *erbarmungslosen Krieg* und den *Terror* der jugoslawischen Sicherheitskräfte. Die Argumentationskategorie der Motivation kommt in den Sätzen 6 und 7 zum Ausdruck. Als Legitimationsinstanz wird hier auf eine nicht näher benannte moralische Verpflichtung verwiesen, die eine *menschliche Tragödie* nicht zulassen kann. Einer SPEZIFIKATION der Destination [Satz 7], die zugleich als Motivation fungiert, ist der HINWEIS Schröders, dass die Eigengruppe *keinen Krieg* führe. Mit dem AUFRUF zu einer *friedlichen Lösung* wird eine Konsekution BENANNT [Satz 7]. Eine SPEZIFIKATION der Destination [Satz 8] ist die Feststellung Schröders, dass sich die *Militäraktion* nicht gegen das *serbische Volk* richte, was durch eine direkte ANREDE [Satz 9] an die *jugoslawischen Mitbürger* verstärkt wird. Eine Konsekution [Satz 10] stellt die BETEUERUNG dar, *Verluste unter der Zivilbevölkerung zu vermeiden*. Das INFORMIEREN über die Haltung der *jugoslawischen Delegation auf der Pariser Konferenz* dient der Kausation [Satz 11], das anschließende INFORMIEREN über das *ausgehandelte Friedensabkommen* und die mögliche *Aufhebung der Sanktionen* der Konsekution [Sätze 12,13]. Mit der INFORMATION über den *Bruch von Verträgen* und der *Entsendung von weiteren Truppen* durch *Belgrad* wird eine Kausation [14] benannt, wobei der Begründungszusammenhang zur Destination [Satz 15] *Anwendung von Gewalt* explizit durch die kausale Konjunktion *deshalb* ausgedrückt wird. Auch der HINWEIS auf die albanische Bevölkerungsmehrheit und ihre Bereitschaft zu einer friedlichen Lösung ist eine Kausation [Satz 16]. Mit dem BENENNEN allgemein anerkannter Werte wie *Freiheit, Demokratie und Menschenrechten* und der AUFFORDERUNG *diese Werte* zu verteidigen wird die Destination motiviert [Sätze 17, 18]. Die INFORMATION, dass am NATO-Einsatz auch *Soldaten der Bundeswehr* beteiligt sind, ist zugleich eine SPEZIFIKATION der Destination [19]. Der Motivation [Satz 20] dient die BEHAUPTUNG, dass die Beteiligung der Bundeswehr von *der großen Mehrheit des Deutschen Volkes* getragen werden. Mit der BERUFUNG auf die Autorität *Volk* bekommt die Destination ihre effektivste LEGITIMATION. Damit endet der zentrale Argumentationsteil der Fernsehansprache, der vor allem die Funktion der LEGITIMATION erfüllt. Es folgt eine kurze Redepassage mit primär integrativer Funktion [Sätze 21–24]. Hier RUFT er zur Solidarität mit den deutschen Soldaten AUF. Den Schlussteil der Fernsehansprache eröffnet Schröder mit einer AUFFORDERUNG [Satz 25] an Präsident Milošević, die Kämpfe im Kosovo zu beenden. Anschließend SIGNALISIERT er VERHANDLUNGSBEREITSCHAFT [Sätze 26–30], um anschließend noch einmal *Ent-*

schlossenheit zu BEKUNDEN. Die Fernsehansprache endet mit einem APPELL [31] an die Adresse der *Belgrader Führung*.

Die Analyse des lexikalischen Sprachhandelns beginnt mit einer Auflistung der Nominationssektoren und Nominationsparadigmen (vgl. hierzu Kapitel 4.3), die Aufschluss über die gruppenspezifischen Deutungen und Wertungen des Redners geben.[21] Die einzelnen Nominationssektoren werden in eigengruppenrelevante und fremdgruppenrelevante Nominationsausdrücke untergliedert. Damit wird dem für die politische Sprachverwendung charakteristischen Merkmal der Gruppenbezogenheit Rechnung getragen (vgl. Kapitel 3.2). Die eigengruppenrelevanten Nominationsausdrücke bestätigen die positiv bewerteten Einstellungsstrukturen der Eigengruppe, die negativ bewerteten fremdgruppenrelevanten Nominationsausdrücke weichen von den Einstellungsstrukturen der Fremdgruppe ab:

NOMINATIONSSEKTOR „Nominationen politischer Gruppen und Personen":
  a) Eigengruppe: *Bündnispartner* (1), *ich* (3), *Mehrheit* (1), *Mitbürger* (3), *Mitbürgerinnen* (2), *Soldaten* (6), *Volk* (1), *unser* (6), *wir* (7)
  b) Fremdgruppe: *Belgrad* (2), *Delegation* (1), *Führung* (1), *Jugoslawien* (4), *Präsident Milošević* (2), *Sicherheitskräfte* (1)

NOMINATIONSSEKTOR „Nominationen politisch relevanter Aktivitäten und Handlungszusammenhänge":
  a) Eigengruppe: *Absicherung* (1), *Aktion* (1), *Anwendung [von Gewalt]* (1), *Einsatz* (2), *Entscheidung* (1), *Entwicklung* (1), *Kampfeinsatz* (1), *[kein] Krieg* (1), *Friedenslösung* (1), *Lösungen* (1), *Luftschläge* (1), *Militäraktion* (1), *Mission* (1), *Mittel* (2), *NATO-Einsatz* (1), *Aufhebung [der Sanktionen]* (1), *Schutz* (1), *Waffenstillstand* (1), *Warnungen* (1)
  b) Fremdgruppe: *Bruch [von Verträgen]* (1), *Entsendung [von Truppen]* (1), *[humanitäre] Katastrophe* (1), *Krieg* (1), *Morden* (1), *Terror* (1), *Tragödie* (1), *Verletzungen [der Menschenrechte]* (1), *Zugeständnisse* (1)

NOMINATIONSSEKTOR „Nominationen politisch relevanter Intentionen und Interessen":
  a) Eigengruppe: *Demokratie* (1), *Entschlossenheit* (1), *Freiheit* (1), *Frieden* (1) *Menschenrechte* (2), *Verantwortung* (1), *Werte* (2), *Wille* (1)

NOMINATIONSSEKTOR „Nominationen politisch relevanter Systeme und Institutionen/Nominationen von Formen und Verfahrensweisen politischer Herrschaft":
  a) Eigengruppe: *Bundesregierung* (2), *Bundestag* (1), *Bundeswehr* (1), *Europa* (2), *Europäische Union* (1), *Friedensabkommen* (3), *Gemeinschaft* (1), *Gip-*

---

[21] Die in Klammern gesetzten Zahlen verweisen auf die Vorkommenshäufigkeit der Nominationsausdrücke.

fel (1), *NATO* (3), *NATO-Einheiten* (1), *Organisationen* (1), *Pariser Konferenz* (1), *Staatengemeinschaft* (1)

Die Nominationen der Eigengruppe sind in Schröders Fernsehansprache eng mit den Nominationen politisch relevanter Systeme und Institutionen/Nominationen von Formen und Verfahrensweisen politischer Herrschaft verknüpft. Nominationsausdrücke wie *Europa, Gemeinschaft, NATO, Organisationen* und *Staatengemeinschaft* nominieren die Eigengruppe in institutionalisierter Form. Die kleinere Eigengruppe Deutschland ist Mitglied der größeren Eigengruppe *Staatengemeinschaft* und in diese integriert. Verstärkt wird dieser erweiterte Referenzbereich der Eigengruppe durch die Attribuierung mit *international* [Sätze 6, 13, 26]. Die häufige Nomination der Eigengruppe mit solchen Ausdrücken dient der Argumentationskategorie der *Motivation*. Die überstaatlichen Institutionen fungieren gleichsam als übergeordnete „Autoritäten", auf die man sich berufen kann. Bemerkenswert ist die Tatsache, dass Aussagen über militärische Handlungen die Eigengruppe in institutionalisierter Form (*NATO*) als Agens haben [Satz 2] oder aber das Agens völlig aussparen [Satz 15]. Von *wir* spricht Schröder dagegen bevorzugt, wenn es um unbestritten positive Handlungen der Eigengruppe geht [Sätze 7, 10, 17]. Für das in der politischen Rede fast schon „ausgiebig bis verschwenderisch" (Volmert 1989: 255) gebrauchte pronominale *wir* finden sich in Schröders Fernsehansprache insgesamt 6 Belege. Attributiv gebrauchtes *unser* ist in 5 Fällen belegt. Den Nominationen der Eigengruppe mit *wir* kommt insbesondere auf der Beziehungsebene eine wichtige Funktion zu. Wenn der Redner das pronominale *wir* gebraucht, spricht er zwar einerseits von seiner eigenen Person, andererseits ist er aber zugleich bestrebt, „die Angesprochenen mit in seine Überlegungen einzubeziehen" (Zimmermann: ³1975: 122). Durch den Gebrauch von *wir* wird „der Anschein einer Gemeinsamkeit erweckt" (Zimmermann ³1975: 123):

> Wichtige Interessenskonflikte werden übergangen, Mächtige und Ohnmächtige als gleich hingestellt und Gegensätze eingeebnet. ‚Wir' kann so die irrationale Gemeinsamkeit stärken: Identifikation von Partei und Staat, von Regierung und Volk, von Programm und Wirklichkeit.

Der Redner kann mit *wir* „an Gruppen unterschiedlichster Größenordnung und Struktur appellieren" (Volmert 1989: 122), wobei er aber bewusst offen lassen kann, auf wen er im Einzelnen Bezug nimmt. Das Ziel des Redners besteht darin,

> die Einstellungsstrukturen der jeweils adressierten Wirgruppen – soweit es mit seinen Redezielen vereinbar ist – möglichst genau zu treffen und ihre Deutungsmuster zu bestätigen. (Volmert 1989: 122)

In seinem Agitationsmodell betont Klaus, dass die Verwendung des *wir* „ein erlaubtes stilistisches Hilfsmittel des Agitators" (Klaus 1971: 272) sei:

> Noch besser ist es, überall dort, wo es nicht als plumpe Vertraulichkeit erscheinen könnte, sich
> selbst mit in die Kette einzuschalten, also beispielsweise aus der Anrede des Agitators an die
> Angesprochenen ein gemeinsames Erleben von Agitator plus Angesprochenem zu machen.
> (Klaus 1971: 272)

Die identifikatorische und solidarisierende Funktion der Personalpronomina zeigt sich insbesondere auch in ihrer attributiven Verwendung. Im explizit integrativen Funktionsteil der Fernsehansprache [Sätze 22–24], in dem Schröder *alle Mitbürgerinnen und Mitbürger* zu Solidarität AUFRUFT, verwendet er gleich dreimal die Nominalphrase *unsere Soldaten*, nachdem er vorher, im Zusammenhang mit der Fundation, von *deutschen Soldaten* gesprochen hat [Satz 21]. Indem Schröder Teile der Eigengruppe HERVORHEBT, stärkt er noch einmal das Zusammengehörigkeitsgefühl.

Den Kontrast zu Eigengruppe bildet die Fremdgruppe, wobei die Wahl der entsprechenden Nominationsausdrücke eine Personalisierungsstrategie verfolgt. *Präsident Milošević* [Sätze 4, 25] ist der zentrale Nominationsausdruck für die Fremdgruppe. Durch die Personalisierung der Fremdgruppe wird das Negative für den Adressaten greifbarer und damit auch die Konfliktsituation überschaubarer. Durch die Konzentration auf eine Person wird dem Adressaten die Beurteilung der Situation erleichtert.

In Vorgriff auf eine mögliche zu erwartende Nominationskonkurrenz, negiert Schröder explizit den negativ evaluierten Nominationsausdruck *Krieg*: „Wir führen keinen Krieg" [Satz 7]. Stattdessen verwendet er für die Handlungen der Eigengruppe generalisierende Nominationsausdrücke wie *Aktion*, *Einsatz* und *Mission* oder Komposita wie *Kampfeinsatz*, *Militäraktion*, *NATO-Einsatz*. Die Wahl dieser Ausdrücke muss im Zusammenhang mit der moralisierenden Motivation der Destination gesehen werden. Die Entscheidung, ob es sich bei solchen generalisierenden Ausdrücken um Euphemismen handelt, führt zwangsläufig zu einer Bewertung der Sache und überschreitet die Grenzen einer zunächst einmal rein beschreibenden Analyse des Wortgebrauchs. Den positiv bewerteten Handlungen der Eigengruppe stehen negativ bewertete Handlungen der Fremdgruppe wie *Krieg* und *Morden* gegenüber. Eine wichtige Funktion übernehmen die positiv evaluierten Nomination von Intentionen und Interessen der Eigengruppe ein. Es handelt sich dabei um Miranda wie *Demokratie*, *Freiheit*, *Frieden* und *Menschenrechte*, die die Loyalität gegenüber der Eigengruppe stabilisieren und das Zusammengehörigkeitsgefühl stärken.

Dem oben beschriebenen Nominationshandeln kommt nicht nur auf der Bewertungs- und Beziehungsebene eine fundamentale Bedeutung zu. Es ist zugleich auch unabdingbare Voraussetzung für effektives ARGUMENTIEREN. Erst durch die Selektion adäquater Nominationsausdrücke gelingt es dem Redner, die Argumentationskategorien nicht nur lexikalisch zu füllen, sondern ihnen auch die beabsichtigte persuasive Funktion zu verleihen. Die folgende Übersicht soll den Zusammenhang zwischen Nominationshandeln und Argumentationskategorien noch einmal verdeutlichen:

Destination:

Luftschläge, militärische Mittel, Militäraktion, Anwendung von Gewalt, Aktion, Einsatz, Mission, NATO-Einsatz

Kausation:

Krieg, menschliche Tragödie, Zugeständnisse, Bruch von Verträgen, Entsendung weiterer Truppen, Kämpfe, Morden

Konsekution:

Verletzungen der Menschenrechte, humanitäre Katastrophe, friedliche Lösung, Friedensabkommen, Waffenstillstand, friedliche Entwicklung

Motivation:

internationale Staatengemeinschaft, Europa, Europäische Union, NATO, Gemeinschaft, Staatengemeinschaft, Mehrheit des Deutschen Volkes, Werte, Freiheit, Demokratie, Menschenrechte, Verantwortung

6.2 Beispielanalyse II: Wolfgang Schäubles Rede in der Hauptstadt-Debatte (1991)

Gegenstand der folgenden Analyse ist die Rede Wolfgang Schäubles in der Parlamentsdebatte vom 20. Juni 1991 im Bonner Bundestag, in der über die künftige Hauptstadt Deutschlands entschieden werden sollte. Diese so genannte *Hauptstadt-Debatte* endete mit 338 Stimmen für Berlin und 320 Stimmen für Bonn. Zum Lager der Berlin-Befürworter zählten unter anderem der damalige Bundeskanzler Kohl, Berlins ehemaliger Regierender Bürgermeister und Alt-Bundeskanzler Brandt sowie der damalige Bundesinnenminister Schäuble. Zum Lager der Bonn-Befürworter zählten unter anderem der damalige nordrhein-westfälische Ministerpräsident Rau, der damalige Bundesarbeitsminister Blüm, der damalige Bundesfinanzminister Waigel sowie der ehemalige Bundesinnenminister Baum. Daneben gab es noch eine Gruppe von Abgeordneten um Geißler, die für einen „Konsens-Antrag Bonn-Berlin" warben. Dieser Antrag, der eine Teilung von Parlaments- und Regierungssitz vorsah, fand jedoch keine Mehrheit. Das galt auch für einen Berlin-Antrag der PDS-Gruppe im Bundestag, die eine sofortige Verlegung des Parlaments- und Regierungssitzes nach Berlin vorschlug. Von den zahlreichen Debatten-Beiträgen soll im Folgenden die Rede des damaligen Bundesinnenministers Schäuble analysiert werden, da diese einen nachhaltigen Eindruck bei den Parlamentariern hinterließ und maßgeblich zu der Entscheidung für Berlin beitrug. Andere Debattenreden werden gegebenenfalls in Ausschnitten berücksichtigt. Im Folgenden wird zunächst der Wortlaut der Rede Schäubles wiedergegeben:

1. Frau Präsidentin! Meine sehr geehrten Damen und Herren!

2. Wir sind von manchem in den letzten Monaten überrascht worden. 3. Daß wir im vergangenen Jahr die Einheit Deutschlands in Frieden und Freiheit erreichen würden, hat uns jedenfalls in der zeitlichen Abfolge gewiß überrascht. 4. Daß wir danach so sehr über den Sitz von Parlament und Regierung würden miteinander ringen, hat mich jedenfalls auch überrascht.

5. Ich glaube, in den 40 Jahren, in denen wir geteilt waren, hätten die allermeisten von uns auf die Frage, wo denn Parlament und Regierung sitzen werden, wenn wir die Wiedervereinigung haben, die Frage nicht verstanden und gesagt: Selbstverständlich in Berlin. (Beifall bei Abgeordneten der CDU/CSU, der FDP, der SPD und des Bündnisses 90/GRÜNE)

6. Die Debatte, die wir geführt haben und noch führen, hat natürlich auch dazu beigetragen, daß jeder die Argumente und die Betroffenheit der anderen besser verstanden hat. 7. Auch ich bekenne mich dazu, daß ich die Argumente und die Betroffenheit derer, die für Bonn sind, heute besser verstehe als vor einigen Monaten. 8. Ich will das ausdrücklich sagen und auch meinen Respekt dafür bekunden.

9. Ich glaube auch, daß es deshalb verdienstvoll war, wenn sich viele – ich auch – bemüht haben, als Grundlage einen Konsens zu finden,

(Beifall bei der CDU/CSU und der FDP sowie bei Abgeordneten der SPD)

um vielleicht zu vermeiden, was bei der einen oder anderen Entscheidung damit notwendigerweise an Folgen verbunden ist. 10. Wir haben den Konsens nicht gefunden. 11. Und auf der anderen Seite ist es vielleicht nun auch gut, daß wir heute entscheiden müssen.

12. Für mich ist es – bei allem Respekt – nicht ein Wettkampf zwischen zwei Städten, zwischen Bonn und Berlin.

(Zuruf von der FDP: Richtig!)

13. Es geht auch nicht um Arbeitsplätze, Umzugs- oder Reisekosten, um Regionalpolitik oder Strukturpolitik. 14. Das alles ist zwar wichtig, (Otto Schily [SPD]: Sehr wahr!) aber in Wahrheit geht es um die Zukunft Deutschlands. 15. Das ist die entscheidende Frage. (Beifall bei der CDU/CSU, der FDP, der SPD und dem Bündnis 90/GRÜNE)

16. Mit allem Respekt darf ich einmal sagen: Jeder von uns – ich wohne ja weder in Bonn noch in Berlin; ich wohne auch nicht in Brandenburg oder in Nordrhein-Westfalen, sondern ich wohne ganz im Südwesten an der Grenze zu Frankreich – ist nicht nur Abgeordneter seines Wahlkreises und seines Landes, sondern wir sind Abgeordnete für das gesamte deutsche Volk. (Anhaltender Beifall bei der CDU/CSU, der FDP, der SPD und dem Bündnis 90/GRÜNE)

17. Jeder von uns muß sich dieser Verantwortung bewußt sein, wenn er heute entscheidet.

18. Wir haben die Einheit unseres Volkes im vergangenen Jahr wiedergefunden. 19. Das hat viel Mühe gekostet. Nun müssen wir sie erst noch vollenden. Auch das kostet noch viel Mühe.

20. Viele haben oft davon gesprochen, daß wir, um die Teilung zu überwinden, zu teilen bereit sein müssen. 21. Das ist wahr. Aber wer glaubt, das sei nur mit Steuern und Abgaben oder Tarifverhandlungen und Eingruppierungen zu erledigen, der täuscht sich. 22. Teilen heißt, daß wir gemeinsam bereit sein müssen, die Veränderungen miteinander zu tragen, die sich durch die deutsche Einheit ergeben. (Anhaltender Beifall bei der CDU/CSU, der FDP, der SPD und dem Bündnis 90/GRÜNE)

23. Deswegen kann auch in den sogenannten elf alten Bundesländern – so alt ist Baden-Württemberg übrigens im Vergleich zu Sachsen nicht – nicht alles so bleiben, wie es war, auch nicht in Bonn und nicht im Rheinland. (Beifall bei Abgeordneten der CDU/CSU, der FDP, der SPD und des Bündnisses 90/GRÜNE)

24. Wenn wir die Teilung überwinden wollen, wenn wir die Einheit wirklich finden wollen, brauchen wir Vertrauen und müssen wir uns gegenseitig aufeinander verlassen können. 25. Deshalb gewinnt in dieser Entscheidung für mich die Tatsache Bedeutung, daß in 40 Jahren niemand Zweifel hatte, daß Parlament und Regierung nach der Herstellung der Einheit Deutschlands ihren Sitz wieder in Berlin haben werden. (Beifall bei Abgeordneten der CDU/CSU, der FDP, der SPD und des Bündnisses 90/GRÜNE)

26. In diesen 40 Jahren – auch das ist wahr – stand das Grundgesetz, stand die alte Bundesrepublik Deutschland mit ihrer provisorischen Hauptstadt Bonn für Freiheit, Demokratie und Rechtsstaat. 27. Aber sie stand damit immer für das ganze Deutschland. 28. Und das Symbol für Einheit und Freiheit, für Demokratie und Rechtsstaatlichkeit für das ganze Deutschland war wie keine andere Stadt immer Berlin: (Beifall bei der CDU/CSU, der FDP, der SPD und dem Bündnis 90/GRÜNE) von der Luftbrücke über den 17. Juni 1953, den Mauerbau im August 1961 bis zum 9. November 1989 und bis zum 3. Oktober im vergangenen Jahr.

29. Die Einbindung in die Einigung Europas und in das Bündnis des freien Westens hat uns Frieden und Freiheit bewahrt und die Einheit ermöglicht. 30. Aber auch diese Solidarität der freien Welt mit der Einheit und Freiheit der Deutschen hat sich doch nirgends stärker als in Berlin ausgedrückt. 31. Ob wir wirklich ohne Berlin heute wiedervereinigt wären? 32. Ich glaube es nicht. (Beifall bei Abgeordneten der CDU/CSU, der FDP, der SPD und des Bündnisses 90/GRÜNE)

33. Deutsche Einheit und europäische Einheit bedingen sich gegenseitig. 34. Das haben wir immer gesagt, und das hat sich bewahrheitet. 35. Meine Heimat, ich sagte es, liegt in der Nachbarschaft von Straßburg. 36. Aber Europa ist mehr als Westeuropa. (Beifall bei Abgeordneten der CDU/CSU, der FDP, der SPD und des Bündnisses 90/GRÜNE)

37. Deutschland, die Deutschen, wir haben unsere Einheit gewonnen, weil Europa seine Teilung überwinden wollte.

38. Deshalb ist die Entscheidung für Berlin auch eine Entscheidung für die Überwindung der Teilung Europas. (Beifall bei Abgeordneten der CDU/CSU, der FDP, der SPD und des Bündnisses 90/GRÜNE)

39. Ich sage noch einmal, liebe Kolleginnen und Kollegen: Es geht heute nicht um Bonn oder Berlin, sondern es geht um unser aller Zukunft, um unsere Zukunft in unserem vereinten Deutschland, das seine innere Einheit erst noch finden muß, und um unsere Zukunft in einem Europa, das seine Einheit verwirklichen muß, wenn es seiner Verantwortung für Frieden, Freiheit und soziale Gerechtigkeit gerecht werden will.

40. Deswegen bitte ich Sie herzlich: Stimmen Sie mit mir für Berlin. (Langanhaltender Beifall bei Abgeordneten der CDU/CSU, der FDP, der SPD und des Bündnisses 90/GRÜNE – Abgeordnete der CDU/CSU und der SPD erheben sich – Abg. Willy Brandt [SPD] gratuliert Abg. Dr. Wolfgang Schäuble [CDU/CSU])
(Protokoll der Bundestagsdebatte vom 20.6.1991)

Die Rede Schäubles zählt zur Textsorte parlamentarische Debattenrede. Die parlamentarische Debattenrede erfüllt Funktionen in drei Handlungsfeldern (vgl. Klein 1991b: 268f.). Im Handlungsfeld Gesetzgebungsverfahren ist die parlamentarische Aussprache ein wichtiger Verfahrensschritt, im Handlungsfeld politische Werbung dient sie der positiven Darstellung der eigenen und der kritisch-abwertenden Darstellung gegnerischer Positionen und im Handlungsfeld der innerparteilichen Willensbildung hat sie die Funktion der innerparteilichen Profilierung. Klein (2000a: 749) unterscheidet zwischen Partei-/Fraktionsdebattenreden und parlamentarischen Debattenreden. Während erstere vor allem Entscheidungsdebatten seien, bei denen es tatsächlich darum gehe, das Abstimmungsverhalten zu beeinflussen, seien letztere lediglich Legitimationsdebatten:

> Parlamentsredner [...] interessiert das Plenum nicht als beeinflußbarer Abstimmungskörper – was es ja nicht ist – sondern als Resonanzboden für ein rhetorisches Gemeinschaftserlebnis mit der eigenen Fraktion und als Schauplatz verbaler Gefechtsübungen im Umgang mit dem politischen Gegner – damit auch als Profilierungsforum für das eigene politische Fortkommen. (Klein 2000a: 749)

Die Beobachtung, dass Parlamentsdebatten inszeniert seien und die Abgeordneten dort lediglich „zum Fenster hinaus" reden würden, ist in der Sprache-und-Politik-Forschung häufig artikuliert worden (vgl. auch Kapitel 3.2). Burkhardt (1995) spricht in diesem Zusammenhang von „Schaufensterparlamentarismus", der durch die zunehmende Präsenz der Medien natürlich noch verstärkt wird. Dennoch bleibt festzuhalten, dass das Parlament trotz dieses Funktionswandels eine „nach wie vor besonders herausgehobene Arena politischer Kommunikation ist" (Sarcinelli 2000: 162). Auf die hier untersuchte Hauptstadt-Debatte treffen die oben gemachten Funktionsbestimmungen parlamentarischer Debattenrede allerdings nur sehr bedingt zu. In dieser Debatte geht es nämlich darum, auf Grund der angeführten Argumente tatsächlich Entscheidungen zu fällen und nicht – wie sonst üblich – bereits gefällte Entscheidungen nachträglich zu bestätigen. Hinweise auf das Nicht-Alltägliche dieser Debatte liefern die vom Ältestenrat im Vorfeld beschlossenen Regeln für den

Ablauf der Debatte, die von der damaligen Bundestagspräsidentin Süssmuth vor Beginn der Debatte verlesen wurden:

> Wir haben im Ältestenrat über folgende Punkte Einvernehmen erzielt: Für die heutige Ausspra-che wird keine Zeitbegrenzung vorgeschlagen. Zunächst soll jeder der vorliegenden Anträge 15 Minuten lang begründet werden. Dann folgen zwei Stunden Debatte, die nach dem bekannten Schlüssel aufgeteilt werden. Anschließend, ab etwa 13.30 Uhr, wird die Aussprache mit Fünf-minutenbeiträgen fortgesetzt, in der Art der Aktuellen Stunde. Der Ältestenrat empfiehlt, dass die Parlamentarischen Geschäftsführer zusammen mit den Antragstellern dafür Sorge tragen, dass sich in Rede und Gegenrede die verschiedenen Richtungen abwechseln. Auf Kurzinterven-tionen soll heute angesichts der ohnehin kurzen Redezeit verzichtet werden, auch um die Ab-folge sicherzustellen.

Debatten wie die Hauptstadt-Debatte werden oft als *Sternstunden* des Parlaments bezeichnet und es stellt sich die Frage, welche charakteristischen Merkmale einer so genannten *Sternstunde* zukommen. Niehr (2000a: 258) nennt als formale Vorausset-zungen für eine Sternstunde die Aufhebung des Fraktionszwanges, die dazu führe, dass die Diskussion quer durch alle Fraktionen verlaufe. Dies sei an drei äußeren Anzeichen festzumachen: Der Applaus und Zwischenapplaus beschränken sich nicht auf Redner der eigenen Fraktion, Zwischenrufe bleiben aus oder erfolgen al-lenfalls nach Sachgesichtspunkten, die sprachliche Bezugnahme auf den politi-schen Gegner zeichne sich durch Sachlichkeit und Kooperation aus. Darüber hinaus lassen sich nach Niehr bestimmte sprachliche Verhaltensanforderungen formulie-ren, die zwar keine Sternstunde garantieren, aber zumindest ein argumentativ ge-führtes Streitgespräch ermöglichen. So müsse das sprachliche Verhalten der Parla-mentarier sachlich und problemorientiert sein, es dürfe nicht ausschließlich strate-gisch motiviert sein und es sollte rhetorisch ansprechend sein. Die Hauptstadt-Debatte verkörpert den Prototyp der Persuasiven Kommunikation im Sinne Kopper-schmidts (vgl. Kapitel 2.3). Sie erfüllt alle Glückensbedingungen für den Persuasi-ven Sprechakt. Ihr Ziel ist es, vermittels Argumentation eine Entscheidung über den zukünftigen Sitz von Parlament und Regierung zu erzielen.

Die zentralen Argumente der Bonn- bzw. Berlin-Befürworter sind bereits in dem Titel ihrer Anträge formuliert. Die Befürworter des Berlin-Antrages sehen darin vor allem einen Beitrag zur „Vollendung der Einheit Deutschlands" (Deutscher Bundes-tag, Drucksache 12/815, 19.6.1991). Es müssten die Beschlüsse eingelöst werden, „in denen der Deutsche Bundestag seinen politischen Willen vielfach bekundet hat, dass nach der Herstellung der Deutschen Einheit Parlament und Regierung wieder in der deutschen Hauptstadt Berlin sein sollen" (Deutscher Bundestag, Drucksache 12/815, 19.6.1991). Im Bonn-Antrag dagegen wird eine „Bundesstaatslösung für eine Aufgabenteilung zwischen der Hauptstadt Berlin, dem Parlaments- und Regie-rungssitz Bonn und den neuen Bundesländern" (Deutscher Bundestag, Drucksache 12/814, 19.6.1991) gefordert. Die Destination, dass Bonn bzw. Berlin Hauptstadt wer-den müsse, wird von den Berlin-Befürwortern also mit der Konsekution gestützt,

dass die Einheit Deutschlands erst mit einer Hauptstadt Berlin vollendet sei. Der Hinweis auf die Einlösung von Beschlüssen, die der Bundestag „vielfach bekundet" habe, dient zum einen der Kausation, gleichzeitig aber auch der Motivation. Hier wird mit der impliziten Frage nach der politischen Glaubwürdigkeit ein entscheidendes Argument genannt. Die Bonn-Befürworter begründen ihr Ziel zunächst einmal mit einer Fundation, nämlich dem Struktur- und Ordnungsprinzip des Föderalismus. Diese Fundation führt dann schließlich zur Konsekution, dass mit einer Metropole wie Berlin zentralistische Entwicklungen nicht mehr aufzuhalten seien. Die eben genannten zentralen Argumentationsmuster dieser Debatte tauchen in den Beiträgen der verschiedenen Redner immer wieder auf. Hierzu einige Beispiele:
Konsekution:

> Nein, es geht heute nicht um den Wettstreit zwischen zwei Städten. Es geht vielmehr um die zukünftige gesellschaftliche und politische Entwicklung, nämlich um einen entscheidenden Schritt bei der Vollendung der Einheit Deutschlands. (Wolfgang Thierse)

Motivation:

> Ich glaube, das ist ein Akt der Glaubwürdigkeit, ein Signal für die neuen Bundesländer, ein Bekenntnis, Probleme wirklich anzugehen und auch Unbequemlichkeiten dafür in Kauf zu nehmen, und die Bereitschaft, deutsche Geschichte in ihrer Gesamtheit und nicht nur in einzelnen Zügen anzunehmen. Sie würden damit bestätigen, was gerade in diesem Haus 40 Jahre lang gesagt worden ist, und es nicht plötzlich ad absurdum führen. (Gregor Gysi)

> Unsere Aufgabe ist es erstens, mit dafür zu sorgen, daß Teilung durch Worthalten überwunden wird, zweitens so nahe wie möglich an dem zu bleiben, was der Bundestag seit 1949 – ich war schon dabei – beschlossen und versprochen hat, drittens so zu entscheiden, dass wir die neue Lage Deutschlands ebenso im Auge behalten, wie die veränderte europäische Realität. (Willy Brandt)

Fundation:

> Es kann doch nicht darum gehen, etwas wiederherzustellen, was in dieser Form nicht wiederherstellbar ist. Das heißt, die Rückkehr zum Hauptstadtgedanken des 19. Jahrhunderts passt nicht mehr in die Gegenwart eines Europas und eines föderalistischen Deutschlands. (Gerhard Baum)

Fundation/Konsekution:

> Berlin ist schon jetzt eine wunderbare Stadt. Wenn auch noch die Entscheidungen und das Zeremoniell der Demokratie von Berlin ausgehen, dann wird die Bedeutung der Landeshauptstädte heruntergedrückt. Das darf kein Föderalist riskieren; das darf kein Föderalist wollen. (Peter Glotz)

Wie bereits hervorgehoben wurde, besitzt die Hauptstadt-Debatte alle Merkmale Persuasiver Kommunikation, das heißt als grundlegendes Sprachhandlungsmuster in den Debattenbeiträgen kann das ARGUMENTIEREN angesetzt werden. Ziel ist es, die Abgeordneten durch Argumente zu überzeugen und das Abstimmungsverhalten in der gewünschten Richtung zu beeinflussen. Dies gilt auch für die Schäuble-Rede, die nun genauer analysiert werden soll. Dazu sollen zunächst die zentralen Sprechhandlungen Schäubles und die Argumentationskategorien beschrieben werden:

Nach der ANREDE an das Parlament [Satz 1] INFORMIERT Schäuble zunächst über die Einstellungen der Eigengruppe zu den historischen Ereignissen [Sätze 2, 3], um dann die Debatte um die Hauptstadt INFRAGEZUSTELLEN [Satz 4]. Er äußerst nämlich die VERMUTUNG [Satz 5], dass es in den 40 Jahren der Teilung selbstverständlich gewesen sei, dass im Falle der Wiedervereinigung Berlin Sitz von Regierung und Parlament werden würde. Hier formuliert er implizit eine zentrale Motivation seiner Rede, nämlich die Glaubwürdigkeit deutscher Politiker. Diese Motivation wird er in Redeabschnitt [24–25] wieder aufnehmen. Es folgt eine KOMMENTIERUNG und BEWERTUNG des bisherigen Debattenverlaufs [Sätze 6–11], die er mit einem GEGNERLOB verknüpft. Die ERWÄHNUNG der gegnerischen Argumente [Sätze 12–13] dient der negativen Konsekution. Mit der FESTSTELLUNG, dass es *in Wahrheit* um die *Zukunft Deutschlands* gehe, schließt sich direkt die eigene positive Konsekution an [Sätze 14, 15]. Der nun folgende längere Redeabschnitt [Sätze 16–39] enthält die zentralen Argumentationskategorien der Motivation, Konsekution und Kausation. Der Argumentationskategorie der Motivation dienen die Redepassagen [16–17], [18–22] und [24–25]. Der Motivation dient die INFORMATION [Satz 16], dass die Abgeordneten *das gesamte deutsche Volk* und nicht nur einen einzelnen Wahlkreis vertreten. Das Volk ist somit die Autorität, auf die sich der Abgeordnete in seinen Entscheidungen berufen muss, und es ist letztlich die *Verantwortung* für das Volk, die sein Handeln leitet. In dem darauf folgenden Redeabschnitt [Sätze 18–22] wird die geforderte Entscheidung für Berlin durch den HINWEIS auf die zu ertragende Mühe und die AUFFORDERUNG, *Veränderungen miteinander zu tragen* motiviert. Die „Autorität", auf die sich Schäuble hier BERUFT, ist eine wie auch immer geartete moralische Verpflichtung, individuelle Opfer im Interesse der Gemeinschaft zu erbringen. Die stärkste Motivation formuliert Schäuble in dem Redeabschnitt [24–25]. Zwar spricht er nicht explizit von *Glaubwürdigkeit*, doch die FORDERUNG nach *Vertrauen* und dem nochmaligen HINWEIS auf die in den 40 Jahren der Teilung nie zweifelhafte Entscheidung für Berlin, drückt den Anspruch auf Wahrhaftigkeit aus. Schon zu Beginn seiner Rede [Satz 5] verwendet er dieses Argumentationsmuster. Bemerkenswert ist die unterschiedliche sprachliche Realisierung. Während er zu Beginn seiner Rede [Satz 5] noch das Verb *glauben* verwendet und im Nebensatz den Konjunktiv verwendet, wird die Motivation jetzt zur *Tatsache*, die als unumstößliche Wahrheit auch indikativisch formuliert wird.

Der Argumentationskategorie der Konsekution dient die Redepassage [38–39]. Berlin müsse deshalb Hauptstadt werden, weil dies zugleich eine Entscheidung für die *Zukunft* Deutschlands und Europas sei. Mit der Entscheidung für Berlin werde auch die *innere Einheit* Deutschlands und die *Einheit* Europas vorangetrieben.

Im Begründungszusammenhang der Kausation steht die Redepassage [26–32]. Indem Schäuble von der *provisorischen Hauptstadt Bonn* spricht, ERINNERT er daran, dass nach der Wiedervereinigung Bonn durch Berlin als Hauptstadt abgelöst werden sollte [Satz 26]. Schäuble ERWÄHNT anschließend einschneidende historische Ereignisse wie die Luftbrücke über Berlin, den Mauerbau oder die friedliche Revolution und den Fall der Mauer, bei denen sich die *Solidarität der freien Welt mit der Einheit und Freiheit der Deutschen* insbesondere in Berlin gezeigt habe.

Nach der Analyse der Sprecherhandlungen Schäubles soll nun sein Nominationshandeln untersucht werden. Bis auf zwei Ausdrücke, die mit einem eingeklammerten Minuszeichen gekennzeichnet, handelt es sich ausschließlich um Nominationen der Eigengruppe bzw. eigengruppenrelevante Nominationen. Zunächst einmal die einzelnen Nominationssektoren und die ihnen zugeordneten Nominationsausdrücke im Überblick: [22]

NOMINATIONSSEKTOR „Nominationen politischer Gruppen und Personen“:
> *Abgeordnete(r)* (2), *Deutsche* (2), *ich* (14), *mich* (4), *uns* (6), *unsere* (6), *viele* (2), *Volk* (2), *wir* (20)

NOMINATIONSSEKTOR „Nominationen politisch relevanter Aktivitäten und Handlungszusammenhänge“:
> *Argumente* (2), *Debatte* (1), *Entscheidung* (4), *Konsens* (2), *[–]Wettkampf* (1)

NOMINATIONSSEKTOR „Nominationen politisch relevanter Einstellungen“:
> *Betroffenheit* (2), *Respekt* (3), *Solidarität* (1), *Tatsache* (1), *Vertrauen* (1), *Wahrheit* (1)

NOMINATIONSSEKTOR „Nominationen politisch relevanter Intentionen und Interessen“:
> *Einheit* (13), *[–]Teilung* (4), *Freiheit* (6), *Frieden* (3), *Demokratie* (2), *Rechtsstaat* (1), *Grundgesetz* (1), *Rechtstaatlichkeit* (1), *Verantwortung* (2), *Wiedervereinigung* (1), *Zukunft* (4)

NOMINATIONSSEKTOR „Nominationen politisch relevanter Systeme und Institutionen/Nominationen von Formen und Verfahrensweisen politischer Herrschaft“:
> *Bonn* (6), *Berlin* (10), *Bundesländer* (1), *Bundesrepublik Deutschland* (1), *Deutschland* (7), *Europa* (5), *Hauptstadt* (1), *Parlament* (3), *Regierung* (3), *Sitz* (2), *Wahlkreis* (1), *Westeuropa* (1)

Für die Nominationen der Eigengruppe dominieren in Schäubles-Rede die pronominalen Ausdrücke *wir* (20 Belege) und *ich* (14 Belege). Die relativ hohe Vorkommenshäufigkeit von *ich* ist ein für die Hauptstadt-Debatte typisches Phänomen, das zugleich auch ein Indiz für das Nicht-Alltägliche dieser Debatte ist. Der einzelne Abgeordnete ist nicht dem Fraktionszwang unterworfen, sondern vertritt zunächst

---

[22] Die in Klammern gesetzten Zahlen verweisen auf die Vorkommenshäufigkeit der Nominationsausdrücke.

einmal sich selber bzw. einen fraktionsübergreifenden Antrag. Betrachtet man die kontextuelle Einbettung des *ich* in der Schäuble-Rede, dann fällt seine Verwendung in expliziten Sprecherhandlungen bzw. Einstellungsbekundungen auf: *Ich glaube* [Sätze 5, 9, 32], *ich bekenne mich dazu* [Satz 7], *ich will das ausdrücklich sagen* [Satz 8], *darf ich einmal sagen* [Satz 16], *ich sage noch einmal* Satz 39]. Schäuble stellt hier seine persönliche Einstellung in den Vordergrund, die zunächst einmal nicht die aller Abgeordneten ist. Identifikatorische und solidarisierende Funktion übernimmt das attributiv gebrauchte *unser* (6 Belege), das den Eigengruppencharakter der positiv konnotierten Ausdrücke *Deutschland* [Satz 39], *Einheit* [Satz 37], *Volk* [Satz 18] und *Zukunft* [Satz 39] hervorhebt bzw. verstärkt.

Die Nominationen politischer Aktivitäten und Handlungszusammenhänge haben in der Schäuble-Rede vor allem metadiskursive Funktion. Mit den Nominationsausdrücken *Argumente*, *Debatte* und *Entscheidung* stellt er noch einmal die nicht-alltägliche Funktion parlamentarischen Redehandelns in der Hauptstadt-Debatte heraus, das vor allem durch das Sprachhandlungsmuster ARGUMENTIEREN geprägt ist.

Die Nominationen politisch relevanter Einstellungen haben in Schäubles Rede eine zweifache Funktion. Mit *Betroffenheit* [Sätze 6, 7] und *Respekt* [Sätze 8, 12, 16] bringt er seine affektive Einstellung gegenüber den Gefühlen und Handlungen der Abgeordneten zum Ausdruck. Neben diesen emotional stabilisierenden, die Beziehungsebene repräsentierenden Nominationsausdrücken, haben *Tatsache* [Satz 25] und *Wahrheit* [Satz 14] die Funktion, die Konsekution, dass es um die *Zukunft* Deutschlands gehe und das zentrale Argumentationsmuster der Glaubwürdigkeit als unumstrittene Tatbestände darzustellen. Mit *Vertrauen* [Satz 24] nominiert er einen wichtigen Aspekt von Glaubwürdigkeit.

Der zentrale und auch am häufigsten gebrauchte Nominationsausdruck für politisch relevante Intentionen und Interessen der Eigengruppe ist das positiv evaluierte *Einheit* (13 Belege), dem das negativ evaluierte *Teilung* (4 Belege) gegenübergestellt wird. Das Mirandum *Einheit* ist zusammen mit dem Hochwertwort *Zukunft* (4 Belege) der für die Argumentationskategorie der Konsekution zentrale Nominationsausdruck. Darüber hinaus gebraucht Schäuble noch zahlreiche Miranda wie *Demokratie* (2 Belege), *Freiheit* (6 Belege) und *Frieden* (3 Belege), die vor allem im Begründungszusammenhang der Kausation auftauchen.

Schäuble vermeidet es in Bezug auf Berlin von *Hauptstadt* zu sprechen. Er spricht von der *provisorischen Hauptstadt Bonn* [Satz 26] und impliziert damit, dass Berlin nach der Wiedervereinigung die Hauptstadt Deutschlands sein müsse. Statt *Hauptstadt* gebraucht Schäuble die Wortgruppe *Sitz von Parlament und Regierung* [Sätze 4, 25]. Damit vermeidet er das bei den Bonn-Befürwortern im Kontext von Berlin negativ evaluierte *Hauptstadt* (Berlin als zentralistische *Mega-Metropole*).

6.3 Beispielanalysen III und IV: Gedenkreden zur Pogromnacht 1938 von Philipp Jenninger (1988) und Angela Merkel (2008)

Die beiden folgenden Beispielanalysen haben die Gedenkreden des ehemaligen Bundestagspräsidenten Philipp Jenninger (1988) und der Bundeskanzlerin Angela Merkel (2008) zur Pogromnacht vom 9. November 1938 zum Gegenstand. Bei Gedenkreden handelt es sich um mündlich vorgetragene Texte mittleren bis größeren Umfangs, die meist auf der Grundlage eines sorgfältig ausgearbeiteten Manuskripts vorgetragen werden. Emittenten sind Politikerinnen und Politiker in Spitzenfunktionen, Adressaten sind das Publikum der jeweiligen Gedenkveranstaltung bzw. die Öffentlichkeit. Gedenkreden werden zumeist an Orten wie dem Bundestag, Kirchen und Synagogen in einem feierlichen Rahmen gehalten. Die Funktion von Gedenkreden besteht darin, gemeinsam geteilte Werthaltungen zum Ausdruck zu bringen, sich kollektiver Einstellungen zu vergewissern und kommunikativ Beziehungen zu gestalten. Im Gegensatz zu den beiden oben behandelten Reden Schröders und Schäubles dominiert in der Gedenkrede nicht die informativ-persuasive Funktion, sondern die integrative Funktion. In der Gedenkrede fungiert der Redner gleichsam als „Sprachrohr des versammelten Publikums" (Kopperschmidt 1989b: 222), dessen Einstellungen er öffentlich bekundet. Die mit der Bekundung kollektiver Einstellungen verbundene Dominanz der integrativen Funktion ermöglicht erst die epideiktische Erfahrung gemeinsamer Überzeugungen und Werthaltungen. Typische (expressive und kommissive) Sprecherhandlungen in Gedenkreden sind ERINNERN, GEDENKEN, ENTSCHULDIGEN, TRAUERN, MAHNEN und SICH VERPFLICHTEN, die sehr oft performativ realisiert werden (*wir gedenken, wir verpflichten uns*). Thematisiert werden zumeist „mit festen Daten verknüpfte politisch und ethisch relevante Geschehnisse in der Vergangenheit, in Deutschland vor allem im Zusammenhang mit NS-Verbrechen und Zweitem Weltkrieg" (Klein 2000a: 751). Den in Gedenkreden behandelten Themen kommt aber letztlich nur eine untergeordnete Funktion zu, da sie nur als notwendiges Vehikel dienen, um sich kollektiver Einstellungen zu vergewissern. Dabei lässt sich in Gedenkreden durchaus eine argumentative Themenentfaltung beobachten. Transformiert man die für eine argumentative Themenentfaltung notwendigen Argumentationstopoi in Handlungskategorien (vgl. hierzu Klein 2003c und 2005a), dann lässt sich für Gedenkrede Folgendes festhalten: Der Redner bekundet die kollektiven Einstellungen zu einem bestimmtem Gegenstand (z. B. die Pogromnacht vom 9. November 1938), indem er auf Situationsdaten (Datentopos) verweist, Situationsbewertungen (Motivationstopos) vornimmt, leitende Prinzipien oder Werte anführt (Prinzipientopos) und Ziele (Finaltopos) benennt. Eine zentrale Rolle spielt dabei auch der Geschichtstopos („Lehren aus der Geschichte ziehen").

Typisch für Gedenkreden ist die Wahl stilistisch-gehobener sprachlicher Mittel und die Vermeidung von Umgangssprache (vgl. Elspaß 2001: 30), die hohe Frequenz von positiv konnotierten Symbolwörtern (z. B. *Gerechtigkeit, Humanität, Frieden, Widerstand*), aber auch negativ konnotierter Symbolwörter (*Diktatur, Nazis, Terror, Vernichtung*). Ein in Gedenkreden häufig gebrauchter Ausdruck ist das Personalpronomen *wir*, da der Redner als Repräsentant der Eigengruppe auftritt und sich als solcher legitimieren muss. Er repräsentiert die Eigengruppe nach außen und bekundet deren Einstellungen. Auch auf der Beziehungsebene kommt der Verwendung von *wir* eine wichtige Rolle zu.

Wie Kopperschmidt (1989b) hervorhebt, sind es vor allem Gedenkreden, die in der öffentlich-politischen Kommunikation Aufmerksamkeit auf sich ziehen. Spätestens seit der Rede Richard von Weizsäckers zum „40. Jahrestag der Beendigung des Zweiten Weltkriegs" vom 9. Mai 1985 und der dort formulierten Deutung des Kriegsendes als „Tag der Befreiung" zeigt sich, dass Gedenkreden den öffentlich-politischen Diskurs maßgeblich beeinflussen und Kontroversen auslösen können. Die Wirkung von Gedenkreden ist nach Kopperschmidt zunächst einmal erstaunlich, da es in Deutschland eine „Mangelerfahrung politisch relevanter öffentlicher Rede" (Kopperschmidt 1989b: 218) gebe. Diese lasse sich zum einen „aus den nationalen Bedingungen einer fehlenden rhetorische Tradition" (Kopperschmidt 1989b: 218) erklären, zum anderen aber aus der Vorstellung, das einzelne Individuum könne „durch das kritische Räsonnement öffentlicher Rede" (Kopperschmidt 1989b: 221) keinen wirksamen Einfluss mehr auf die Gesellschaft ausüben. Der Gedenkrede komme nun aber kompensatorische Funktion zu, da es mit ihrer Hilfe gelinge,

> die Fiktion eines allgemein gesellschaftlichen Konsenses aufrechtzuerhalten wie als Fiktion unkenntlich zu machen durch die kompensatorische Scheinbefriedigung einer nicht ausrottbaren Sehnsucht nach kommunikativ erfahrbarer und sicherbarer Identität. (Kopperschmidt 1989b: 224)

Die Gedenkrede leistet somit Sinnstiftung, die in dieser Interpretation Ersatz für unmöglich gewordenes politisches Handeln ist. Interessant ist in diesem Zusammenhang die Tatsache, dass es die relative politische Machtlosigkeit von Bundespräsident oder Bundestagspräsident ist, die sie für öffentliche Reden epideiktischen Stils geradezu prädestiniert (vgl. hierzu Kopperschmidt 1989b: 224).

Gilt die Weizsäcker-Rede vom 9. Mai 1985 als herausragendes Beispiel für die Textsorte Gedenkrede, so ist die Rede Philipp Jenningers vom 10. November 1988 anlässlich der Pogromnacht ein Beispiel für ihr grandioses Scheitern. Diese Rede ist ein ausgezeichnetes Beispiel dafür, dass lexikalisches Sprachhandeln in der Politik bestimmten Erwartungsnormen genügen muss und dass der Verstoß gegen solche Erwartungen von der Öffentlichkeit sanktioniert wird.

Auf Grund der Länge der Rede[23] werden im Folgenden nur einige Passagen wiedergegeben, die aber so ausgewählt sind, dass sie einen möglichst repräsentativen Eindruck vom Gesamtcharakter der Rede zulassen.

1. Meine Damen und Herren! 2. Die Juden in Deutschland und in aller Welt gedenken heute der Ereignisse vor 50 Jahren. 3. Auch wir Deutschen erinnern uns an das, was sich vor einem halben Jahrhundert in unserem Land zutrug, und es ist gut, daß wir dies in beiden Staaten auf deutschem Boden tun; 4. denn unsere Geschichte läßt sich nicht aufspalten in Gutes und Böses, und die Verantwortung für das Vergangene kann nicht verteilt werden nach den geographischen Willkürlichkeiten der Nachkriegsordnung. [...]
5. Viele von uns haben gestern auf Einladung des Zentralrates der Juden in Deutschland an der Gedenkveranstaltung in der Synagoge in Frankfurt am Main teilgenommen. 6. Heute nun haben wir uns im Deutschen Bundestag zusammengefunden, um hier im Parlament der Pogrome vom 9. und 10. November 1938 zu gedenken, weil nicht die Opfer, sondern wir, in deren Mitte die Verbrechen geschahen, erinnern und Rechenschaft ablegen müssen, weil wir Deutsche uns klarwerden wollen über das Verständnis unserer Geschichte und über Lehren für die politische Gestaltung unserer Gegenwart und Zukunft. [...]
7. Was sich heute vor 50 Jahren mitten in Deutschland abspielte, das hatte es seit dem Mittelalter in keinem zivilisierten Land mehr gegeben. 8. Und, schlimmer noch: Bei den Ausschreitungen handelte es sich nicht etwa um die Äußerungen eines wie immer motivierten spontanen Volkszorns, sondern um eine von der damaligen Staatsführung erdachte, angestiftete und geförderte Aktion. [...]
9. Im Rückblick wird deutlich, meine Damen und Herren, daß zwischen 1933 und 1938 tatsächlich eine Revolution in Deutschland stattfand – eine Revolution, in der sich der Rechtsstaat in einen Unrechts- und Verbrechensstaat verwandelte, in ein Instrument zur Zerstörung genau der rechtlichen und ethischen Normen und Fundamente, um deren Erhaltung und Verteidigung es dem Staat – seinem Begriffe nach – eigentlich gehen sollte. [...]
10. Für das Schicksal der deutschen und europäischen Juden noch verhängnisvoller als die Untaten und Verbrechen Hitlers waren vielleicht seine Erfolge. 11. Die Jahre von 1933 bis 1938 sind selbst aus der distanzierten Rückschau und in Kenntnis des Folgenden noch heute ein Faszinosum insofern, als es in der Geschichte kaum eine Parallele zu dem politischen Triumphzug Hitlers während jener ersten Jahre gibt. [...]
12. Sicher, meine Damen und Herren, in freien Wahlen hatte Hitler niemals eine Mehrheit der Deutschen hinter sich gebracht. 13. Aber wer wollte bezweifeln, daß 1938 eine große Mehrheit der Deutschen hinter ihm stand, sich mit ihm und seiner

---

23 Die tatsächliche Redezeit Jenningers beträgt ca. 45 Minuten.

Politik identifizierte? 14. Gewiß, einige „querulantische Nörgler" wollten keine Ruhe geben und wurde von Sicherheitsdienst und Gestapo verfolgt, aber die meisten Deutschen – und zwar aus allen Schichten: aus dem Bürgertum wie aus der Arbeiterschaft – dürften 1938 überzeugt gewesen sein, in Hitler den größten Staatsmann unserer Geschichte erblicken zu sollen. [...]

15. Das heißt, Hitlers Erfolge diskreditierten nachträglich vor allem das parlamentarisch verfaßte, freiheitliche System, die Demokratie von Weimar selbst. 16. Da stellte sich für sehr viele Deutsche nicht einmal mehr die Frage, welches System vorzuziehen sei. 17. Man genoß vielleicht in einzelnen Lebensbereichen weniger individuelle Freiheiten; aber es ging einem persönlich doch besser als zuvor, und das Reich war doch unbezweifelbar wieder groß, ja, größer und mächtiger als je zuvor. – 18. Hatten nicht eben erst die Führer Großbritanniens, Frankreichs und Italiens Hitler in München ihre Aufwartung gemacht und ihm zu einem weiteren dieser nicht für möglich gehaltenen Erfolge verholfen?

19. Und was die Juden anging: Hatten sie sich nicht in der Vergangenheit doch eine Rolle angemaßt – so hieß es damals –, die ihnen nicht zukam? 20. Mußten sie nicht endlich einmal Einschränkungen in Kauf nehmen? Hatten sie es nicht vielleicht sogar verdient, in ihre Schranken gewiesen zu werden? 21. Und vor allem: Entsprach die Propaganda – abgesehen von wilden, nicht ernstzunehmenden Übertreibungen – nicht doch in wesentlichen Punkten eigenen Mutmaßungen und Überzeugungen? [...]

22. Als besonders verhängnisvoll erwies sich die Instrumentalisierung der Darwinschen Lehre durch die Propagandisten des Antisemitismus. 23. Hier war endlich das Rüstzeug, um dem Geraune von der jüdischen Welt-Verschwörung und dem ewigen Kampf der Rassen ein wissenschaftliches Mäntelchen umzuhängen; hier das Gesunde, Starke, Nützliche, dort das Krankhafte, Minderwertige, Schädliche, die jüdische „Verwesung", das „Ungeziefer", von dem es sich durch „Ausmerzung" und „Vernichtung" zu befreien galt. [...]

24. Waren die Juden in früheren Zeiten für Seuchen und Katastrophen, später für wirtschaftliche Not und „undeutsche" Umtriebe verantwortlich gemacht worden, so sah Hitler in ihnen die Schuldigen für schlechthin alle Übel: 25. sie standen hinter den „Novemberverbrechern" des Jahres 1918, den „Blutsaugern" und „Kapitalisten", den „Bolschewisten" und „Freimaurern", den „Liberalen" und „Demokraten", den „Kulturschändern" und „Sittenverderbern", kurz sie waren die eigentlichen Drahtzieher und Verursacher allen militärischen, politischen, wirtschaftlichen und sozialen Unglücks, das Deutschland heimgesucht hatte.

26. Die Geschichte reduzierte sich auf einen Kampf der Rassen; zwischen Ariern und Juden, zwischen „germanischen Kulturspendern" und „jüdischen Untermenschen". 27. Die Rettung für das deutsche Volk und die endgültige Niederwerfung des Menschheitsverderbers konnten nur in der Erlösung der Welt vom jüdischen Blut als dem bösen Prinzip der Geschichte liegen. [...]

28. Das Kriegsende 1945 bedeutete für die Deutschen in mehrfacher Hinsicht einen tiefen Schock. 29. Die Niederlage war total, die Kapitulation bedingungslos. 30. Alle Anstrengungen und Opfer waren sinnlos gewesen. 31. Zu der entsetzlichen Wahrheit des Holocaust trat die vielleicht bis heute nicht völlig verinnerlichte Erkenntnis, daß die Planung des Krieges im Osten und die Vernichtung der Juden unlösbar miteinander verbunden gewesen waren, daß das eine ohne das andere nicht möglich gewesen wäre. [...]

32. Auf den Fundamenten unseres Staates und unserer Geschichte gilt es eine neue moralische Tradition zu begründen, die sich in der humanen und moralischen Sensibilität unserer Gesellschaft beweisen muß. [...]

33. Dies ist das Wichtigste: Lassen wir niemals wieder zu, daß unserem Nächsten die Qualität als Mensch abgesprochen wird. 34. Er verdient Achtung, denn er trägt wie wir ein menschliches Antlitz.

(Deutscher Bundestag, Stenographischer Bericht, 10. November 1988)

Der damalige Bundestagspräsident Philipp Jenninger hielt seine Rede im Plenarsaal des Deutschen Bundestages im Rahmen einer „Gedenkveranstaltung aus Anlaß der Pogrome des nationalsozialistischen Regimes gegen die jüdische Bevölkerung vor 50 Jahren". Schon während der Rede verließen etwa 50 Abgeordnete den Saal. Am nächsten Tag trat Jenninger aufgrund massiver öffentlicher Kritik von seinem Amt als Bundestagspräsident zurück. In seiner Rücktrittserklärung heißt es (Plenarprotokoll vom 11.11.1988, S. 7398):

> Meine Rede ist von vielen Zuhörern nicht so verstanden worden, wie ich sie gemeint hatte. Ich bedaure das zutiefst, und es tut mir sehr leid, wenn ich andere in ihren Gefühlen verletzt habe.

Jenninger wurde von der öffentlichen Kritik unter anderem vorgeworfen, er habe ohne emotionale Anteilnahme gesprochen und nicht genügend Betroffenheit gegenüber den Ereignissen der Vergangenheit geäußert, er habe die Verbrechen der Nationalsozialisten (unbeabsichtigt) gerechtfertigt und sich distanzlos ihrer Sprache bedient. Seine Rede sei ein rhetorischer Missgriff gewesen und habe die Erwartungen an eine Gedenkrede nicht erfüllt (vgl. hierzu auch Girnth 1993a: 6ff.). Die Jenninger-Rede ist ein ausgezeichnetes Beispiel dafür, dass Einstellungsbekundungen in Form lexikalischen Sprachhandelns bestimmten Erwartungsnormen genügen müssen und dass der Verstoß gegen solche Erwartungen von der Öffentlichkeit sanktioniert wird. In Girnth (1993a) wird nachgewiesen, dass Jenninger eine textsortenspezifische Häufigkeitsnorm für das Nominieren bestimmter Nominationssektoren verletzt. Die Postulierung einer Häufigkeitsnorm ist das Ergebnis einer vergleichenden Analyse von themenverwandten Reden dreier Spitzenpolitiker: einer Rede Helmut Kohls anlässlich der Pogromnacht, gehalten am 9. November 1988 in der Westend-Synagoge in Frankfurt am Main, einer Rede Helmut Schmidts anlässlich der Pogromnacht, gehalten am 9. November 1978 in der Großen Synagoge Köln sowie einer Rede Richard von Weizsäckers anlässlich des 40. Jahrestages der Beendigung des Krieges, gehalten am 8. Mai 1985 im Deutschen Bundestag. Über diese Häufigkeitsnorm hinaus lässt sich nachweisen, dass Nominationsakte in einer Gedenkrede von den Zuhörern dann als inadäquat bewertet werden, wenn sie nicht der Einstellungsbekundung, sondern der Einstellungswiedergabe dienen.

Zum Zwecke der Redeanalyse werden im Folgenden nur die „Nominationen politischer Gruppen und Personen" und „Nominationen politisch relevanter Einstellungen" näher betrachtet. Dem Nominieren der Eigengruppe kommt in der Gedenkrede eine zentrale Funktion zu, da der Redner die Eigengruppe nach außen repräsentiert und mit ihr verschmilzt. Neben dem pronominalen *wir* sind die in Gedenkreden am häufigsten gebrauchten Nominationsausdrücke für die Eigengruppe *Mensch(en)* und *Deutsche*. Mit dem Gebrauch von *Menschen* steht nicht die Abgrenzung von anderen und die Zugehörigkeit zu einer bestimmten Gruppe im Vordergrund, sondern die Betonung der Zugehörigkeit zur menschlichen Gemeinschaft. Beinahe schon obligatorisch ist der Gebrauch des typisierenden Singulars *Mensch*: „Lassen wir niemals wieder zu, daß unserem Nächsten die Qualität als Mensch abgesprochen wird" [Satz 33]. Im Gegensatz zu *Mensch* kann mit *Deutsche* ausschließlich die Eigengruppe nominiert werden, da der zugrunde gelegte Bewertungsaspekt, die Zugehörigkeit zu einer Nation, die Möglichkeiten der referentiellen Bezugnahme einschränkt: „Auch wir Deutschen erinnern uns an das, was sich [...] in unserem Land zutrug" [Satz 3]. Zwar nominiert Jenninger, wie die Beispiele zeigen, die Eigengruppe, doch zeigt sich bei einem quantitativen Vergleich der vier Reden, dass die Nominationsausdrücke für die Eigengruppe in der Jenninger-Rede deutlich unterrepräsentiert sind. Einer Vorkommenshäufigkeit von 1,3% in der Jenninger-Rede stehen 2,6% in der Kohl-Rede, 2,5% in der Schmidt-Rede und 2,6% in der Weizsäcker-Rede gegenüber. Die annähernd identischen Werte der drei Vergleichsreden sind nicht zuletzt auch deshalb bemerkenswert, weil sich die Reden in ihrer Länge deutlich unterscheiden. So ist etwa die Weizsäcker doppelt so lang wie die Kohl-Rede. In diesem quantitativen Vergleich ist noch nicht das pronominale *wir* (sowie *uns* und das attributive *unser*) enthalten. Hier zeigen die Werte aber eine ähnliche Relation. Einer Vorkommenshäufigkeit von 0,8% in der Jenninger-Rede stehen 2,8% in der Kohl-Rede, 2,8% in der Schmidt-Rede und 2,7% in der Weizsäcker-Rede gegenüber. Da Jenninger es versäumt, die Eigengruppe ausreichend zu nominieren, können die Zuhörer sich nicht in dem erwarteten Maße als Mitglieder einer Wertegemeinschaft erfahren.

Die Nominationen der Fremdgruppe in der Jenninger-Rede sind dagegen im Vergleich zu den anderen Gedenkreden deutlich überrepräsentiert. Einer Vorkommenshäufigkeit von 1,1% in der Jenninger-Rede stehen 0,1% in der Kohl-Rede, 0,2% in der Schmidt-Rede und 0,2% in der Weizsäcker-Rede gegenüber. Auffällig ist in der Jenninger-Rede der häufige Gebrauch von *Hitler*, wodurch der Redner die massenpsychologische Wirkung des Mannes hervorzuheben versucht, dem die Deutschen in ihrer Mehrzahl folgten: „Für das Schicksal der deutschen und europäischen Juden noch verhängnisvoller als die Untaten und Verbrechen Hitlers waren vielleicht seine Erfolge" [Satz 10]. Daneben verwendet Jenninger auch negativ evaluierte Ausdrücke wie *Brandstifter, Mob, Mörder, NS-Herrscher* oder *Täter*, mit denen er seine Einstellung gegenüber der Fremdgruppe eindeutig zum Ausdruck bringt. Ein häufiges Nominieren der Fremdgruppe scheint von den Zuhörern aber gerade nicht erwartet zu werden, wie ein Vergleich mit den anderen Reden zeigt. Kohl, Schmidt und Weizsäcker nominieren nur vereinzelt die Fremdgruppe mit negativ evaluierten Ausdrücken, weil sie ihre Einstellungen auf andere Weise ausreichend bekunden. Das Nominieren der Eigengruppe bzw. eigengruppenrelevanter Nominationssektoren mit Hilfe positiv evaluierter Ausdrücke dominiert in der Textsorte Gedenkrede eindeutig gegenüber dem Nominieren der Fremdgruppe mit Hilfe negativ evaluierter Ausdrücke.

Die Nominationen für die jüdische Bevölkerung sind im Vergleich zu den anderen Reden ebenfalls überrepräsentiert. Allerdings machen die positiv evaluierten Nominationsausdrücke wie *Mitbürger, Mitmensch* und *Opfer* nur einen verschwindend geringen Anteil aus. Am häufigsten gebraucht Jenninger *Juden*: „Die Juden in Deutschland und in aller Welt gedenken heute der Ereignisse vor 50 Jahren" [Satz 2]. Als äußerst problematisch erweist sich allerdings das von den Zuhörern nicht akzeptierte Nominieren Jenningers in der Funktion der Einstellungswiedergabe. Mit diesem metasprachlichen Nominieren gibt Jenninger die Einstellungen der Fremdgruppe wieder. Hierfür finden sich in der Jenninger-Rede zahlreiche negativ evaluierte Nominationsausdrücke wie *jüdisches Blut, Krankhafte, Menschenverderber, Minderwertige, Rasse, Schädliche, Untermenschen, Verwesung* und *Ungeziefer*. Es handelt sich hierbei um NS-spezifische Ausdrücke, die Jenninger verwendet, ohne sich in ausreichendem Maße davon zu distanzieren.

Eine wichtige Rolle spielen diejenigen Nominationsausdrücke, mit denen der Redner seine Einstellungen gegenüber den Opfern des Nazi-Regimes, insbesondere gegenüber den Juden, nominiert. Jenninger thematisiert die Einstellungen der Fremdgruppe (*Aggressivität, Hass, Judenhass, Ressentiment*) häufiger als die Einstellungen der Eigengruppe. Typisch für Gedenkreden sind Nominationsausdrücke wie *Scham, Schmerz* und *Trauer*, die bei Jenninger aber nicht vorkommen. Direkte Einstellungsbekundungen, bei denen der Redner seine Einstellungen und die der Eigengruppe nominiert, lassen sich in der Jenninger-Rede kaum nachweisen. Einer Vorkommenshäufigkeit von 0,1% in der Jenninger-Rede stehen 0,5% in der Kohl-Rede, 0,5% in der Schmidt-Rede und 0,6% in der Weizsäcker-Rede gegenüber.

Man kann also zusammenfassend feststellen, dass Jenninger in seiner Rede die von den Zuhörern erwarteten Einstellungsbekundungen nicht oder nicht in ausreichendem Maße realisiert. Hierzu gehört vor allem das Nominieren der Eigengruppe bzw. eigengruppenrelevanter Handlungen, Einstellungen und Intentionen. Dass es offenbar bestimmte Häufigkeitsnormen für eigengruppenrelevante Nominationsakte gibt, zeigt ein Vergleich der Jenninger-Rede mit themenverwandten Gedenkreden anderer Spitzenpolitiker. Hinzu kommt, dass Jenninger über weite Strecken seiner

Rede fast ausschließlich Einstellungen wiedergibt. Nicht die von den Zuhörern erwarteten Einstellungsbekundungen, sondern die negativ evaluierten Nominationsausdrücke in der Funktion der Einstellungswiedergabe dominieren. Jenninger sichert diese nur unzureichend durch die Verwendung positiv evaluierter sprachlicher Ausdrücke ab, mit denen sich die Eigengruppe hätte identifizieren und sich ihrer Einstellungen hätte vergewissern können. Erschwerend kommt hinzu, dass Jenninger Hochwertwörter wie *Erfolge* [Satz 18] in den Kontext der Fremdgruppe stellt.

Genau 20 Jahre nach der Jenninger-Rede hielt die deutsche Bundeskanzlerin Angela Merkel in der Synagoge Rykestraße in Berlin eine Rede zum 70. Jahrestag der Pogromnacht. Auch hier sollen zunächst einige entscheidende Redepassagen wiedergegeben werden:

[...] 1. meine sehr geehrten Damen und Herren, heute, am 70. Jahrestag, gedenken wir der Pogromnacht von 1938. 2. Wir gedenken einer dunklen Nacht, die stellvertretend für das dunkelste Kapitel der deutschen Geschichte steht: Die Shoa. 3. Wir gedenken in dieser Nacht vom 9. auf den 10. November eines beispiellosen, sich systematisch steigernden Ausgrenzungs- und Entrechtungsprozesses. 4. Am Anfang, am 10. Mai 1933, brannten Bücher. 5. Am 9. November 1938 brannten Synagogen – 1.400 in ganz Deutschland in wenigen Stunden. 6. Und bald danach brannte ganz Europa. 7. Wir gedenken – wie der Historiker Dan Diner es formulierte – der „Katastrophe vor der Katastrophe". 8. Die Pogromnacht war nicht das erste Verbrechen an der jüdischen Gemeinschaft. 9. Und sie war nicht das letzte. 10. Sie war eine weitere Eskalationsstufe auf dem Weg zur organisierten Ermordung von sechs Millionen Juden. [...] 11. Wir können das geschehene Unrecht der Shoa nicht ungeschehen machen, so sehr wir uns das auch wünschen. 12. Aber wir können etwas anderes: Wir können Verantwortung übernehmen. 13. Wir können Verantwortung übernehmen, indem wir zeigen, dass es uns alle trifft, wenn manche von uns gedemütigt und ausgegrenzt werden. 14. Wir können zeigen, dass Freiheit und Menschenwürde von uns allen in Gefahr sind, wenn die Freiheit und die Menschenwürde einiger von uns der Gefahr ausgesetzt werden. 15. Freiheit und Menschenwürde schützen – das heißt, Fremdenfeindlichkeit, Rassismus und Antisemitismus dürfen in Deutschland und Europa nie wieder eine Chance haben. 16. Zu den Zeiten, als die Völker Europas dies nicht erkannt haben, war Europa oft genug Schauplatz fürchterlicher Gewalt und Kriege – bis hin zum Zivilisationsbruch der Shoa. 17. Erst seitdem wir das erkennen, sind wir Europäer in Frieden, Freiheit und Menschenwürde zu unserem Glück vereint. 18. Fremdenfeindlichkeit, Rassismus und Antisemitismus dürfen in Europa, aber auch über die Grenzen Europas hinaus keine Chance haben – im arabischen Raum ebenso wenig wie in anderen Teilen der Welt. 19. Also fassen wir die Lehre unserer Geschichte in einem Satz zusammen: Wir dürfen nicht schweigen. 20. Es darf uns nicht gleichgültig sein, was passiert. Wir dürfen nicht schweigen, wenn Rabbiner auf offener Straße beleidigt werden. 21. Wir dürfen nicht schweigen, wenn jüdische Friedhöfe geschändet werden. 22. Wir dürfen nicht schweigen, wenn antisemitische Straftaten begangen werden. 23. Allein in den ersten neun Monaten dieses Jahres waren es bundesweit 800. 24. Wir dürfen nicht schweigen, wenn antisemitische Vorurteile auftauchen – ob klar erkennbar oder immer häufiger auch verdeckt, so wenn zum Beispiel Israels Vorgehen gegen Terroristen im Gazastreifen mit dem Wort „Vernichtungskrieg" belegt wird. 25. Bei all dem dürfen wir nicht schweigen, denn Antisemitismus und Rassismus bedrohen unsere grundlegenden Werte: Die Werte der Demokratie, der Vielfalt und der Achtung der Menschenrechte. [...] 26. Die Grenze wird dort überschritten, wo Hass gepredigt wird, Vorurteile geschürt werden oder Gewalt und Terrorismus als Mittel akzeptiert werden. 27. Ganz konkret: Wenn zum Beispiel durch Hamas, Hisbollah und den Iran die Sicherheit des Staates Israel bedroht wird, dann kann und darf es keine Toleranz geben. 28. Die Sicherheit Israels zu schützen, ist Teil der Staatsräson Deutschlands. 29. Dies erwächst aus unserer immerwährenden Verantwortung vor der Geschichte und für die Gestaltung der Zukunft. 30. Es erwächst in der Gegenwart aus dem gemeinsamen Bewusstsein, auf der Grundlage gemeinsamer Werte Partner in der globalisierten Welt des 21. Jahrhunderts zu sein. [...] 31. Die systematische Ausgrenzung, Entrechtung und Entfernung der Juden, die in der Nacht vom 9. auf den 10. November 1938 für jeden sichtbar wurden, der hören und sehen wollte, und die schließlich in den Zivilisationsbruch durch die Shoa mündeten, gibt uns Deutschen eine immerwährende Verantwortung auf, für ein Land einzutreten, das den einzelnen Menschen und seine Würde in den Mittelpunkt stellt, das Vielfalt will und unterstützt, das Zivilcourage und solidarisches Engagement stärkt, das sich der Bedeutung des Schatzes von Demokratie und Rechtsstaatlichkeit immer wieder aufs Neue bewusst wird und Angriffe darauf niemals schweigend und gleich gültig zur Kenntnis nimmt und das in der immerwährenden Erinnerung an die Shoa eine Voraussetzung dafür erkennt, die Zukunft unseres Landes gestalten zu können. 32. Das ist unsere Verantwortung heute, es ist unsere Verpflichtung, 70 Jahre nach dem 9. November 1938.

Im Vergleich zur Jenninger-Rede nimmt die Schilderung der Ereignisse der Pogromnacht in der Merkel-Rede einen weitaus geringeren Umfang ein (vgl. hierzu auch Girnth 2014). Lediglich ein Drittel der Rede verwendet Merkel auf die Darstellung und Bewertung der historischen Ereignisse. Einen großen Raum nehmen dagegen die Hinweise auf die Verpflichtung Deutschlands ein, überall auf der Welt gegen Antisemitismus einzutreten (*Fremdenfeindlichkeit, Rassismus und Antisemitismus dürfen in Europa, aber auch über die Grenzen Europas hinaus keine Chance haben – im arabischen Raum ebenso wenig wie in anderen Teilen der Welt* [Satz 18]), die Verteidigung und Durchsetzung der grundlegenden Werte der Eigengruppe (*Bei all dem dürfen wir nicht schweigen, denn Antisemitismus und Rassismus bedrohen unsere grundlegenden Werte: Die Werte der Demokratie, der Vielfalt und der Achtung der Menschenrechte* [Satz 25] und die Verantwortung Deutschlands gegenüber Israel

(*Die Sicherheit Israels zu schützen, ist Teil der Staatsräson Deutschlands* [Satz 28])
ein. Insgesamt zeigen sich also deutlich thematische Verschiebungen bzw. Gewichtungen von Einstellungsobjekten. Diese haben eine hohe Frequenz von Nominationen des Sektors „Intentionen und Interessen der Eigengruppe", insbesondere des
Sektors „Intentionen und Interessen der Eigengruppe in konkreter Form" zur Folge:
Hier finden sich vor allem Symbolwörter wie *Freiheit, Menschenwürde, Frieden,*
Demokratie, Menschenrechte, Zivilisation, Rechtsstaatlichkeit, Würde, Recht und
Ordnung, Bildung und Erziehung, Integration, Toleranz, Vielfalt, Zivilcourage, offene
und freiheitliche Gesellschaft und *freiheitliche Grundordnung*. Am häufigsten verwendet Merkel *Freiheit* (7), *Demokratie* (6) und *Toleranz* (6). Insgesamt beträgt der
Anteil dieser Nominationsausdrücke 2,3% und ist damit deutlich höher als in den
oben bereits erwähnten Reden des Zeitraums 1978-1988, wo sich Werte von 1,4%
(Kohl-Rede), 1,5% (Schmidt-Rede) und 0,7% (Weizsäcker-Rede) finden. Die entsprechenden „Intentionen und Interessen der Fremdgruppe in konkreter Form" werden
mit 0,6% ebenfalls häufiger nominiert als in den anderen Reden. Hier finden sich
die Ausdrücke *Fremdenfeindlichkeit* (2), *Rassismus* (4), *Antisemitismus* (4), *Extre-*
mismus (1), *Vorurteile* (1) und *Terrorismus* (1). Der Nominationssektor „Intentionen
und Interessen in abstrakter Form" ist mit einer Häufigkeit von 0,4% mit den anderen Reden vergleichbar, hier finden sich Nominationsausdrücke wie *Werte, Werte-*
fundament, Fundament und *Interessen*, wobei sich *Werte* (5) am häufigsten vor-
kommt. Dies gilt auch für den Nominationssektor „Intentionen und Interessen in
scheinbar subjektiver Form", der sich mit einer Häufigkeit von 0,5% auf einem ähn-
lichen Niveau wie die anderen Reden bewegt. *Verantwortung* (8) und *Verpflichtung*
(2) sind hier die von Merkel gewählten Nominationsausdrücke. Die thematische
Ausweitung zeigt sich zudem in der Verwendung des Ausdrucks *Shoa*, der in den
älteren Gedenkreden nicht zu finden ist.

Mit der Verschiebung der Themen und der Einstellungsobjekte geht zudem die
bemerkenswerte Auslassung des Nominationssektors „Nominationen von Einstellungen" einher. Einstellungen, insbesondere die für Gedenkreden älteren Datums
zentralen affektiven Einstellungen, werden von Merkel nicht nominiert. Ausdrücke
wie beispielsweise *Trauer, Scham* und *Schmerz*, die in den anderen untersuchten
Reden obligatorisch sind und sogar annähernd gleiche Häufigkeitswerte aufweisen,
kommen in der Merkel-Rede nicht vor.

Im quantitativen Vergleich konstant hingegen bleiben die Nominationen der Eigengruppe mit Hilfe des pronominalen *wir* (einschließlich *uns* und des attributiven
unser). Einer Vorkommenshäufigkeit von 2,9% in der Merkel-Rede stehen 2,8% in
der Kohl-Rede, 2,8% in der Schmidt-Rede und 2,7% in der Weizsäcker-Rede gegenüber. Damit ergibt sich für den Gebrauch des *wir* eine Häufigkeitsnorm, die unabhängig von der geschichtlichen Einbettung der Gedenkrede zu sein scheint.

Die Merkel-Rede aus dem Jahre 2008 zeigt somit gegenüber früheren Gedenkreden eine thematische Verlagerung und Verschiebung der Einstellungsobjekte, die
sich in den Häufigkeiten bestimmter Nominationsausdrücke widerspiegelt. Kon-

stant bleiben die hohe Zahl an Einstellungsbekundungen insgesamt sowie die Häufigkeitsnorm für das Nominieren der Eigengruppe mit Hilfe des pronominalen *wir*.

6.4 Literaturhinweise und Übungsaufgaben

Literaturhinweise

Einen lesenswerten Überblick über die Geschichte der politischen Rede und ihre durchgängigen Charakteristika in Form von Erfolgsorientiertheit und komplexer handlungsbezogener Topos-Konstellation liefert Klein (2003c). Empfehlenswert ist die Monographie von Volmert (1989), der insbesondere das Benennungshandeln in politischen Reden untersucht; zur politischen Rede im Deutschunterricht vgl. insbesondere Bachem [8]2003; Schröter (2006a) nimmt die Adressatenorientiertheit politischer Rede in den Fokus ihrer Analysen.

Zur Fernsehansprache ist neben Holly (1996) vor allem Sauer (2007) zu nennen, der Weihnachtsansprachen im europäischen Kontext in multimodaler Perspektive analysiert. Einen interkulturellen Ansatz verfolgt auch Klump (2011), der französische und deutsche Neujahrsansprachen vergleicht.

Um sich über historische und gegenwärtige Formen parlamentarischer Kommunikation zu informieren seien hier insbesondere der Sammelband von Burkhardt/Pape (2000) und die umfangreiche Studie von Burkhardt (2003a) empfohlen. Über die Geschichte der Parlamentsrede kann man sich einen Überblick bei Klein (2003b) verschaffen. Perspektiven der Parlamentssprachforschung werden in Kilian (2010) thematisiert. Zum Einfluss der Medien auf das parlamentarische Sprechen informiert Burkhardt (1993). Über die Funktion der Parlamentsdebatte erhält man vor allem Auskunft bei Dieckmann (1984). Einige Bemerkungen zur Hauptstadt-Debatte finden sich bei Niehr (2000a: 257ff.).

Über die Gedenkrede kann man sich insbesondere bei Kopperschmidt (1989b), Girnth (1993a und 2014), Felder (2000) und Elspaß (2001) informieren. Die öffentlichen Reaktionen auf die Jenninger Rede sind umfangreich dokumentiert bei Laschet/Malangré (1989) und Girnth (1993a: 4ff.). Zur Rede selbst vgl. Eigenwald (1999), Girnth (1993a), Hoffmann/Schwitalla (1989), Kopperschmidt (1989b), Krebs (1993), Linn (1991) und von Polenz (1989).

Übungsaufgaben

1. Analysieren Sie die oben vorgestellte Rede des ehemaligen Bundeskanzlers Gerhard Schröder zum Kosovo-Konflikt, indem Sie das Topos-Modell (vgl. Kapi-

tel 2.3) anwenden. Inwiefern gibt es Übereinstimmungen mit der Analyse nach dem Argumentationsmodell von Grünert?

2. Arbeiten Sie am Beispiel der Gedenkrede Merkels (2008) zur Pogromnacht 1938 die für Gedenkreden charakteristischen expressiven und kommissiven Sprechhandlungen heraus. Überlegen Sie, welche Argumentationstopoi bzw. Argumentationskategorien nach Grünert mit Hilfe der kommissiven Sprechhandlungen realisiert werden.

3. Informieren Sie sich in Klein (2003c) über die Geschichte der politischen Rede. Inwiefern steht die politische Rede „im 20. Jahrhundert unter gänzlich anderen Vorzeichen als in früheren Epochen" (Klein 2003c: 1498)?

Literaturverzeichnis

Alexander, Richard J. (2009): Framing Discourse on the Environment. A Critical Discourse Approach. New York/London. (Routledge Critical Studies in Discourse).

Arduç, Maria (2003): „Und deshalb vertreten wir (Freiheitlichen) die Interessen der Österreicher". Rechtskonservatismus und Populismus im Spiegel der Sprachkritik. In: Der Deutschunterricht 2. Themenheft: Sprache und Politik, S. 64–75.

Bachem, Rolf (1979): Einführung in die Analyse politischer Texte. München. (Analysen zur deutschen Sprache und Literatur).

Bachem, Rolf (⁸2003): Politische Rede im Deutschunterricht. In: Lange, Günter/Neumann, Karl/Ziesenis, Werner (Hgg.): Taschenbuch des Deutschunterrichts. Grundfragen und Praxis der Sprach- und Literaturdidaktik. Baltmannsweiler, S. 865-881.

Ballnuß, Petra (1996): Leitbegriffe und Strategien der Begriffsbesetzung in den Grundsatzprogrammen von CDU und SPD. In: Diekmannshenke, Hajo/Klein, Josef (Hgg.): Wörter in der Politik. Analysen zur Lexemverwendung in der politischen Kommunikation. Opladen, S. 29–75.

Bandhauer, Wolfgang (1989): Diskurs und Metadiskurs. Studien zur Rezeption von französischer und deutscher Sprache der Politik und der Werbung. Tübingen. (Tübinger Beiträge zur Linguistik 315).

Beck, Hans-Rainer (2001): Politische Rede als Interaktionsgefüge: der Fall Hitler. Tübingen. (Linguistische Arbeiten 436).

Beckers, Katrin/Reissen-Kosch, Jana/Schilden, Frank (2013): Sprachstrategien der rechten Szene im Netz – Wörter, Werte und ihre semantischen Transformationen. In: Glottotheory. International Journal of Theoretical Linguistics 2, S. 87–114.

Bellmann, Günter (1988): Motivation und Kommunikation. In: Munske, Horst Haider [u.a.] (Hgg.): Deutscher Wortschatz. Lexikologische Studien. Ludwig Erich Schmitt zum 80. Geburtstag von seinen Marburger Schülern. Berlin/New York, S. 3–23.

Bellmann, Günter (1989): Zur Nomination und zur Nominationsforschung. In: Beiträge zur Erforschung der deutschen Sprache 9, S. 28–31.

Bellmann, Günter (1991): Wandlungen im Wortschatz der deutschen Gegenwartssprache: Der Wortschatz und die deutsche Einheit. In: Beiträge zur deutschen Linguistik, Methodik und Didaktik 5, S. 21–32.

Bellmann, Günter (1996): Der Beitritt als Wende. Referenz und Nomination. In: Hildebrandt, Reiner/Bremer, Klaus (Hgg.): Stand und Aufgaben der deutschen Dialektlexikographie. II. Brüder-Grimm-Symposion zur Historischen Wortforschung. Beiträge zu der Marburger Tagung vom Oktober 1992. Berlin/New York, S. 1–16. (Historische Wortforschung. Untersuchungen zur Sprach- und Kulturgeschichte des Deutschen in seinen europäischen Bezügen 4).

Bergsdorf, Wolfgang (Hg.) (1979): Wörter als Waffen. Sprache als Mittel der Politik. Mit Beiträgen von Karl-Dietrich Bracher, Hermann Lübbe, Hans Maier, Helmut Schelsky, Günter Schmölders, Kurt Sontheimer, George Orwell. Stuttgart. (Bonn Aktuell).

Bergsdorf, Wolfgang (1983): Herrschaft und Sprache. Studie zur politischen Terminologie der Bundesrepublik Deutschland. Pfullingen.

Bergsdorf, Wolfgang (1991): Zur Entwicklung der Sprache der amtlichen Politik in der Bundesrepublik Deutschland. In: Liedtke, Frank [u.a.] (Hgg.): Begriffe Besetzen. Strategien des Sprachgebrauchs in der Politik. Opladen, S. 19–33.

Berman, Paul (Hg.) (1992): Debating P. C.: The controversy over political correctness on college campuses. New York. (A Laurel trade paperback).

Berning, Cornelia (1961; 1962; 1963): Die Sprache des Nationalsozialismus. In: Zeitschrift für Deutsche Wortforschung 17–19.

Berning, Cornelia (1964): Vom „Abstammungsnachweis" zum „Zuchtwart". Vokabular des National-
    sozialismus. Berlin. (Die kleinen de Gruyter-Bände 6).
Bertling, Christoph/Nieland, Jörg-Uwe (2015): Die Sonntagsfrage – politische und sportliche Wett-
    kämpfe im TV-Talk. In: Girnth, Heiko/Michel, Sascha (Hgg.): Polit-Talkshow. Interdisziplinäre
    Perspektiven auf ein multimodales Format. Stuttgart, S. 25–47. (Perspektiven Germanistischer
    Linguistik 12).
Bettinghaus, Erwin P./Cody, Michael J. (⁴1987): Persuasive Communication. New York [u.a.].
Biedenkopf, Kurt (1973): Bericht des Generalsekretärs. In: CDU (Hg.): 22. Bundesparteitag der
    Christlich Demokratischen Union Deutschlands. Niederschrift. Hamburg 18.–20. November
    1973.
Bluhm, Claudia/Deissler, Dirk/Scharloth, Joachim/Stukenbrock, Anja (2000): Linguistische Dis-
    kursanalyse: Überblick, Probleme, Perspektiven. In: Zeitschrift für Sprache und Literatur in
    Wissenschaft und Unterricht 86, S. 3–19.
Bochmann, Klaus (Hg.) (1986): Eigenschaften und linguistische Analyse politischer Texte. Berlin.
    (Linguistische Studien A 152).
Bock, Bettina (2006): Die Ordnung des Diskurses und die Rolle des Schweigens in der DDR. In:
    Bock, Bettina/Dumont, Björn/Groß, Nicole (Hgg.): Sprachbiographien. Interviews und Analy-
    sen. Leipzig, S. 39–54.
Bock, Bettina (2010): Sprechen und Schweigen vor und nach der Wende. Analyse eines sprachbio-
    grafischen Interviews. In: Cahiers d'Études Germaniques 58, S. 159–174.
Bock, Bettina (2011): „Kommunikationsraum" MfS und die Texte der inoffiziellen Mitarbeiter. In:
    Bock, Bettina/Fix, Ulla/Pappert, Steffen (Hgg.): Politische Wechsel – sprachliche Umbrüche.
    Berlin, S. 195 –219. (Sprachwissenschaft 8).
Bock, Bettina (Hg.) (2013a): 'Blindes' Schreiben im Dienste der DDR-Staatssicherheit. Eine text- und
    diskurslinguistische Untersuchung von Texten inoffizieller Mitarbeiter. Bremen. (Sprache - Po-
    litik - Gesellschaft 9).
Bock, Bettina (2013b): (Echter) Lagerwahlkampf? Quantitative und qualitative Aspekte der Wahl-
    kampfsprache Der Linken. In: Aptum. Zeitschrift für Sprachkritik und Sprachkultur 3. Themen-
    heft: Wahlkampfsprache 2013, S. 219–233.
Bock, Bettina/Fix, Ulla/Pappert, Steffen (Hgg.) (2011a): Politische Wechsel – sprachliche Umbrüche.
    Berlin. (Sprachwissenschaft 8).
Bockrath, Franz (1999): Gerechtigkeit im Wettbewerb? Zur Sozialisation durch Werte unter Konkur-
    renzbedingungen. In: Mokrosch, Reinhold/Regenbogen, Arnim (Hgg.): Was heißt Gerechtig-
    keit? Ethische Perspektiven zu Erziehung, Politik und Religion. Donauwörth, S. 181–195.
Böke, Karin (1991): Vom „werdenden Leben" zum „ungeborenen Kind". Redestrategien in der Dis-
    kussion um die Reform des §218. In: Liedtke, Frank [u.a.] (Hgg.): Begriffe Besetzen. Strategien
    des Sprachgebrauchs in der Politik. Opladen, S. 205–218.
Böke, Karin (1995): Lebensrecht oder Selbstbestimmungsrecht? Die Debatte um den §218. In:
    Stötzel, Georg/Wengeler, Martin: Kontroverse Begriffe. Geschichte des öffentlichen Sprachge-
    brauchs in der Bundesrepublik Deutschland. Berlin/New York, S. 563–592. (Sprache - Politik -
    Öffentlichkeit 4).
Böke, Karin (1996a): Politische Leitvokabeln in der Adenauer-Ära. Zu Theorie und Methodik. In:
    Böke [u.a.] (Hgg.): Politische Leitvokabeln in der Adenauer-Ära. Mit einem Beitrag von Doro-
    thee Dengel. Berlin/New York, S. 19–50. (Sprache - Politik - Öffentlichkeit 8).
Böke, Karin [u.a.] (Hgg.) (1996b): Öffentlicher Sprachgebrauch. Praktische, theoretische und histo-
    rische Perspektiven. Georg Stötzel zum 60. Geburtstag gewidmet. Opladen.
Böke, Karin [u.a.] (Hgg.) (1996c): Politische Leitvokabeln in der Adenauer-Ära. Mit einem Beitrag von
    Dorothee Dengel. Berlin/New York. (Sprache - Politik - Öffentlichkeit 8).

Böke, Karin/Jung, Matthias/Niehr, Thomas/Wengeler, Martin (2005) [2000] : Vergleichende Dis-
  kurslinguistik. Überlegungen zur Analyse internationaler und intralingualer Textkorpora. In:
  Wengeler, Martin (Hg.): Sprachgeschichte als Zeitgeschichte. Hildesheim/Zürich/New York,
  S. 247–283. (Germanistische Linguistik 180-181).
Braun, Christian A. (2007): Nationalsozialistischer Sprachstil. Theoretischer Zugang und praktische
  Analysen auf der Grundlage einer pragmatisch-textlinguistisch orientierten Stilistik. Heidel-
  berg. (Sprache – Literatur und Geschichte 32).
Brinker, Klaus (⁴1997): Linguistische Textanalyse. Eine Einführung in Grundbegriffe und Methoden.
  Berlin. (Grundlagen der Germanistik 29).
Brodersen, Kai (Hg.) (2002): Große Reden. Von der Antike bis heute. Darmstadt.
Brunner, Otto [u.a.] (Hgg.) (1972-1992): Geschichtliche Grundbegriffe. Historisches Lexikon zur
  politisch-sozialen Sprache in Deutschland. Stuttgart.
Bubenhofer, Noah (2009): Sprachgebrauchsmuster. Korpuslinguistik als Methode der Diskurs- und
  Kulturanalyse. Berlin/New York. (Sprache und Wissen 4).
Bucher, Hans-Jürgen (1986): Pressekommunikation. Grundstrukturen einer öffentlichen Form der
  Kommunikation aus linguistischer Sicht. Tübingen. (Medien in Forschung und Unterricht Serie
  A 20).
Bucher, Hans-Jürgen (2004): Text und Bild in Printmedien oder: Warum Formulieren und Visualisie-
  ren zusammen gehören. In: Holly, Werner/Hoppe, Almut/Schmitz, Ulrich (Hgg.): Sprache und
  Bild I. Bielefeld, S. 24–38. (Mitteilungen des Deutschen Germanistenverbandes 51, 1).
Bucher, Hans-Jürgen (2007): Logik der Politik – Logik der Medien. Zur interaktionalen Rhetorik der
  politischen Kommunikation in den TV-Duellen der Bundestagswahlkämpfe 2002 und 2005. In:
  Habscheid, Stephan/Klemm, Michael (Hgg.): Sprachhandeln und Medienstrukturen in der poli-
  tischen Kommunikation. Tübingen, S. 13–43. (Reihe Germanistische Linguistik 279).
Bucher, Hans-Jürgen (2011): Multimodales Verstehen oder Rezeption als Interaktion. Theoretische
  und empirische Grundlagen einer systematischen Analyse der Multimodalität. In:
  Diekmannshenke, Hajo/Klemm, Michael/Stöckl, Hartmut (Hgg.): Bildlinguistik. Theorien - Me-
  thoden - Fallbeispiele. Berlin, S. 123–156. (Philologische Studien und Quellen 228).
Bührmann, Andrea/Schneider, Werner (2008): Vom Diskurs zum Dispositiv. Einführung in die Dis-
  positivanalyse. Bielefeld.
Bülow, Edeltraud (1984): Der Wortschatz des Ethischen und die Grundwerte-Diskussion. Tübingen.
  (Tübinger Beiträge zur Linguistik 231).
Burger, Harald (2005): Mediensprache . Eine Einführung in Sprache und Kommunikationsformen
  der Massenmedien. Mit einem Beitrag von Martin Luginbühl. 3., völlig neu bearbeitete Auflage.
  Berlin/New York.
Buri, Heinz (1992): Argument und Parlament. Versuch der Entwicklung einer Methodologie zur
  Analyse dialogischer Sequenzen am Beispiel der „Nachrüstungsdebatte". München. (Reihe
  Sprach- und Literaturwissenschaften 37).
Burkhardt, Armin (1988): Sprache in der Politik. Linguistische Begriffe und Methoden. In: Englisch
  Amerikanische Studien 10, S. 333–358.
Burkhardt, Armin (1993): Der Einfluß der Medien auf das parlamentarische Sprechen. In: Biere,
  Bernd Ulrich/Henne, Helmut (Hgg.): Sprache in den Medien nach 1945. Tübingen, S. 158–203.
  (Reihe Germanistische Linguistik 135).
Burkhardt, Armin (1995): Zwischen Diskussions- und Schaufensterparlamentarismus. Zur Diagnose
  und Kritik parlamentarischer Kommunikation – am Beispiel von Zwischenfragen und Kurzdia-
  logen. In: Dörner, Andreas/Vogts, Ludgera (Hgg.): Sprache des Parlaments und Semiotik der
  Demokratie. Studien zur politischen Kommunikation der Moderne. Berlin/New York, S. 73–
  106. (Sprache - Politik - Öffentlichkeit 6).

Burkhardt, Armin (1996): Politolinguistik. Versuch einer Ortsbestimmung. In: Klein, Josef/Diekmannshenke, Hajo (Hgg.): Sprachstrategien und Dialogblockaden. Linguistische und politikwissenschaftliche Studien zur politischen Kommunikation. Berlin/New York, S. 75–100. (Sprache - Politik - Öffentlichkeit 7).

Burkhardt, Armin (1998): Deutsche Sprachgeschichte und politische Geschichte. In: Besch, Werner [u.a.] (Hgg.): Sprachgeschichte. Ein Handbuch zur Geschichte der deutschen Sprache und ihrer Erforschung. 2., vollständig neu bearbeitete und erweiterte Auflage. 1. Halbband. Berlin/New York, S. 98–122. (Handbücher zur Sprach- und Kommunikationswissenschaft 2.1).

Burkhardt, Armin (2002a): 'Von Ihrem Platz aus haben Sie selbstverständlich die Möglichkeit, [...] Zwischenrufe einzubringen.' Der parlamentarische Zuruf im Deutschen Bundestag und in der DDR-Volkskammer im Vergleich. In: Luukkainen, Matti/Pyykkö, Riitta (Hgg.): Zur Rolle der Sprache im Wandel der Gesellschaft – The Role of Language in Changes of Society. Annales Academiae Scientiarum Fennicae. Humaniora 317. Helsinki, S. 42–58. (Suomalaisen Tiedeakatemian toimituksia, Humaniora 317).

Burkhardt, Armin (2002b): Politische Sprache. Ansätze und Methoden ihrer Analyse und Kritik. In: Spitzmüller, Jürgen/Roth, Kersten Sven/Leweling, Beate/Frohning, Dagmar (Hgg.): Streitfall Sprache. Sprachkritik als angewandte Linguistik? Mit einer Auswahlbibliographie zur Sprachkritik (1990 bis Frühjahr 2002). Bremen, S. 75–114. (Freiburger Beiträge zur Linguistik 3).

Burkhardt, Armin (2002c): Politische Sprache. Zu einigen Grundbegriffen ihrer lexikalisch-semantischen Analyse. In: Fremdsprachenlernen. Beiträge zum X. Internationalen Workshop des Sprachenzentrums am 20. und 21. November 2001. Otto-von-Guericke-Universität Magdeburg, S. 10–20.

Burkhardt, Armin (2003a): Das Parlament und seine Sprache. Studien zu Theorie und Geschichte parlamentarischer Kommunikation. Tübingen. (Reihe Germanistische Linguistik 241).

Burkhardt, Armin (2003b): Politik ist eine Wanderung, der Staat ein Schiff. Politiker sprechen eine besondere Sprache: Eine Analyse einer Regierungserklärung von Gerhard Schröder. In: Das Parlament (53) 4, S. 35–36.

Burkhardt, Armin (2003c): Ultra, Ultraismus, Ultrathum ... Zu einer Schlagwort-Sippe der 48er Revolution. In: Zeitschrift für Germanistische Linguistik 30, S. 402–414.

Burkhardt, Armin (2003d): Verunklärungsarbeit. Sprachliche Techniken der Schuldverschleierung im Rahmen des CDU-Parteispendenskandals. In: Burkhardt, Armin/Pape, Kornelia (Hgg.): Politik, Sprache und Glaubwürdigkeit. Linguistik des politischen Skandals. Wiesbaden, S. 104–119.

Burkhardt, Armin (2003e): Vom Schlagwort über die Tropen zum Sprechakt. Begriffe und Methoden der Analyse politischer Sprache. In: Der Deutschunterricht 2. Themenheft: Sprache und Politik, S. 10–23.

Burkhardt, Armin (2004a): 'Verehrte Abgeordnete! [...] Danke schön.' Zum Kommunikationsstil der Volkskammer in der Phase ihrer Selbstabwicklung. In: Reiher, Ruth/Baumann, Antje (Hgg.): Vorwärts und nichts vergessen. Sprache in der DDR – was war, was ist, was bleibt. Berlin, S. 74–88.

Burkhardt, Armin (2004b): Zwischen Monolog und Dialog. Zur Theorie, Typologie und Geschichte des Zwischenrufs im deutschen Parlamentarismus. Tübingen. (Reihe Germanistische Linguistik 250).

Burkhardt, Armin (2005): Deutsch im demokratischen Parlament. Formen und Funktionen der öffentlich-parlamentarischen Kommunikation. In: Kilian, Jörg (Hg.): Sprache und Politik. Deutsch im demokratischen Staat. Mannheim/Leipzig/Wien/Zürich, S. 85–98. (Duden. Thema Deutsch Band 6).

Burkhardt, Armin (2006): 'Vorfahrt für Arbeit'. Linguistische Beobachtungen zur Sprache der CDU im Wahlkampf 2006. In: Aptum. Zeitschrift für Sprachkritik und Sprachkultur 1, S. 10–24.

Burkhardt, Armin (2009): Zwischenruf. In: Ueding, Gerd (Hg.): Historisches Wörterbuch der Rhetorik. Bd. 9: St-Z. Tübingen, Sp. 1586–1594.

Burkhardt, Armin (2010): 'Deutschland braucht den Wechsel'. Linguistische Beobachtungen zur
Sprache der CDU und ihrer Chefin im Bundestagswahlkampf 2005. In: VESTNIK.
Nizhegorodskovo gosudarstvennovo linguisticheskovo universiteta im. N. A. Dobroljubova.
VESTNIK of Nizhny Novogrod Linguistics University 10. Linguistica i mezhkulturnaya
Kommunikaziya. Linguistics and Cross-Cultural Communication. Nizhny Novgorod, S. 11–33.

Burkhardt, Armin (2011): Linguistisch begründetes Missvergnügen. Über systembezogene und poli-
t(olinguist)ische Sprachkritik. In: Schiewe, Jürgen (Hg.): Sprachkritik und Sprachkultur. Konzepte und Impulse für Wissenschaft und Öffentlichkeit. Bremen, S. 97–123. (Greifswalder Beiträge zur Linguistik 6).

Burkhardt, Armin [u.a.] (Hgg.) (1989): Sprache zwischen Militär und Frieden. Aufrüstung der Begriffe? Tübingen. (Forum für Fachsprachen-Forschung 7).

Burkhardt, Armin/Fritzsche, K. Peter (Hgg.) (1992): Sprache im Umbruch. Politischer Sprachwandel
im Zeichen von "Wende" und "Vereinigung". Berlin/New York. (Sprache - Politik - Öffentlichkeit
1).

Burkhardt, Armin/Pape, Kornelia (Hgg.) (2000): Sprache des deutschen Parlamentarismus. Studien
zu 150 Jahren parlamentarischer Kommunikation. Wiesbaden.

Burkhardt, Armin/Pape, Kornelia (Hgg.) (2003): Politik, Sprache und Glaubwürdigkeit. Linguistik
des politischen Skandals. Wiesbaden.

Buschmann, Matthias (1995): Zur militärischen Onomastik und Terminologie. In: Muttersprache
105, S. 210–226.

Busse, Dietrich (1987): Historische Semantik. Analyse eines Programms. Stuttgart. (Sprache und
Geschichte 13).

Busse, Dietrich (1989): „Chaoten und Gewalttäter". Ein Beitrag zur Semantik des politischen
Sprachgebrauchs. In: Burkhardt, Armin [u.a.] (Hgg.): Sprache zwischen Militär und Frieden:
Aufrüstung der Begriffe? Tübingen, S. 93–121. (Forum für Fachsprachen-Forschung 7).

Busse, Dietrich (Hg.) (1991): Diachrone Semantik und Pragmatik. Untersuchungen zur Erklärung und
Beschreibung des Sprachwandels. Tübingen. (Reihe Germanistische Linguistik 113).

Busse, Dietrich (1992): Ist Diskurs ein sprachwissenschaftliches Objekt? Überlegungen zu einer
linguistischen Diskurssemantik. Manuskript eines Vortrages, gehalten am 2.7.1992 in Mainz
auf der Internationalen Arbeitstagung „Französisch-deutscher Kulturtransfer und historische
Semantik 1770-1815: Konzepte und Methoden der Forschung".

Busse, Dietrich (2002): Zur Semantik öffentlicher Kommunikation – Typologische Aspekte. In: Pohl,
Inge (Hg.): Semantische Aspekte öffentlicher Kommunikation. Frankfurt am Main [u.a.], S. 23–
42. (Sprache - System und Tätigkeit 44).

Busse, Dietrich (2005): Sprachwissenschaft als Sozialwissenschaft? In: Busse, Dietrich/Niehr,
Thomas/Wengeler, Martin (Hgg.): Brisante Semantik. Neuere Konzepte und Forschungsergeb-
nisse einer kulturwissenschaftlichen Linguistik. Tübingen, S. 21–43. (Reihe Germanistische
Linguistik 259).

Busse, Dietrich (2007): Linguistische Epistemologie in der Weltgesellschaft. Theoretische und
methodische Anmerkungen zur semantischen Analyse „globalisierter" Diskurse. In: Aptum.
Zeitschrift für Sprachkritik und Sprachkultur 3 (2). Themenheft: „Globalisierung" als diskurs-
semantische Grundfigur? Bedeutungsdimensionen – Argumentationsmuster – diskursive Strategien, S. 105–121.

Busse, Dietrich (2008): Diskurslinguistik als Epistemologie. Das verstehensrelevante Wissen als
Gegenstand linguistischer Forschung. In: Warnke, Ingo/Spitzmüller, Jürgen (Hgg.): Methoden
der Diskurslinguistik. Sprachwissenschaftliche Zugänge zur transtextuellen Ebene. Berlin, S.
57–88. (Linguistik - Impulse & Tendenzen 31).

Busse, Dietrich (2012): Frame-Semantik. Ein Kompendium. Berlin [u.a.].

Busse, Dietrich/Hermanns, Fritz/Teubert, Wolfgang (1994): Begriffsgeschichte und Diskursgeschichte. Methodenfragen und Forschungsergebnisse der historischen Semantik. Opladen.

Busse, Dietrich/Niehr, Thomas/Wengeler, Martin (Hgg.) (2005): Brisante Semantik. Neuere Konzepte und Forschungsergebnisse einer kulturwissenschaftlichen Linguistik. Tübingen. (Reihe
Germanistische Linguistik 259).

Busse, Dietrich/Teubert, Wolfgang (Hgg.) (2013): Linguistische Diskursanalyse – neue Perspektiven. Wiesbaden. (Interdisziplinäre Diskursforschung).

Chase, Stuart (1938): The Tyranny of Words. London.

Chilton, Paul (2003): Deixis and Distance: President Clinton's justification of intervention in Kosovo.
In: Dedaic, Mirjana/Nelson, Daniel (Hgg): At war with words. Berlin/New York, S. 95–126. (Language, power and social process 10).

Chilton, Paul (2004): Analyzing political discourse. London.

Chilton, Paul/Schäffner, Christina (Hgg.) (2002): Politics as Text and Talk. Analytic Approaches to
Political Discourse. Amsterdam/Philadelphia. (Discourse Approaches to Politics, Society and
Culture 4).

Chilton, Paul/Schäffner, Christina (2011): Discourse and Politics. In: Van Dijk, Teun A. (Hg.): Discourse Studies: A multidisciplinary introduction. London, S. 303–330.

Cody, Michael J./McLaughlin, Margaret L. (Hgg.) (1990): The Psychology of Tactical Communication.
Clevedon/Philadelphia. (Monographs in Social Psychology of Language 2).

Dabrowski, Martin/Spieß, Constanze (Hgg.) (2007): Zellhaufen oder menschliches Leben? Überzeugungsstrategien im Diskurs um embryonale Stammzellforschung aus sprachwissenschaftlicher Sicht. Münster, 15.-17. März 2006. Tagungsband der Akademie Franz Hitze Haus Münster.
Münster.

Demandt, Alexander (1978): Metaphern für Geschichte. Sprachbilder und Gleichnisse im historisch-
politischen Denken. München.

Diaz-Bone, Rainer (2002): Kulturwelt, Diskurs und Lebensstil. Eine diskurstheoretische Erweiterung
der bourdieuschen Disktinktionstheorie. Opladen. (Forschung Soziologie 164).

Dieckmann, Walther (1964): Information oder Überredung. Zum Wortgebrauch der politischen Werbung in Deutschland seit der Französischen Revolution. Marburg.

Dieckmann, Walther ([2]1975): Sprache in der Politik. Einführung in die Pragmatik und Semantik der
politischen Sprache. Heidelberg. (Sprachwissenschaftliche Studienbücher Abt. 2).

Dieckmann, Walther (1967): Kritische Bemerkungen zum sprachlichen Ost-West-Problem. In: Zeitschrift für deutsche Sprache 23, S. 136–165.

Dieckmann, Walther ([2]1980): Sprachlenkung/Sprachkritik. In: Althaus, Hans Peter [u.a.]: Lexikon
der Germanistischen Linguistik. Tübingen, S. 508–515.

Dieckmann, Walther (1981): Politische Sprache, Politische Kommunikation: Vorträge, Aufsätze,
Entwürfe. Heidelberg. (Sprachwissenschaftliche Studienbücher Abt. 1).

Dieckmann, Walther (1983): Sprache und Kommunikation in politischen Institutionen. In: Linguistische Arbeiten und Berichte, herausgegeben vom Fachbereich 16 der FU Berlin, S. 1–66.

Dieckmann, Walther (1984): Ist die parlamentarische Debatte ein „organisiertes Streitgespräch?"
Zum Problem der Gesprächstypologie in Sprach- und Sprechwissenschaft. In: Gutenberg, Norbert (Hg.): Hören und Beurteilen. Gegenstand und Methode in Sprechwissenschaft, Sprecher-
ziehung, Phonetik, Linguistik und Literaturwissenschaft. Frankfurt am Main, S. 79–99. (Sprache und Sprechen 12).

Dieckmann, Walther (1985): Herrschaft durch Sprache durch Herrschaft über Begriffe. Anmerkungen
zu den Vorträgen von Peter Glotz und Heiner Geißler. In: Stötzel, Georg (Hg.): Germanistik –
Forschungsstand und Perspektiven. Vorträge des Deutschen Germanistentages 1984. 1. Teil.

Germanistische Sprachwissenschaft, Didaktik der Deutschen Sprache und Literatur. Berlin/New York, S. 245–252.

Dieckmann, Walther (1988): Aufklärung von ideologischem Sprachgebrauch. In: Ammon, Ulrich/Dittmar, Norbert/Mattheier, Klaus J. (Hgg.): Soziolinguistik. Ein internationales Handbuch zur Wissenschaft von Sprache und Gesellschaft. Zweiter Halbband. Berlin/New York, S. 1779–1789. (Handbücher zur Sprach- und Kommunikationswissenschaft 3.2).

Dieckmann, Walther (1992): Sprachkritik. Heidelberg. (Studienbibliographien Sprachwissenschaft 3).

Dieckmann, Walther (2005): Deutsch: politisch – politische Sprache im Gefüge des Deutschen. In: Kilian, Jörg (Hg.): Sprache und Politik. Deutsch im demokratischen Staat. Mannheim/Leipzig/Wien/Zürich, S. 11–30. (Duden. Thema Deutsch Band 6).

Dieckmann, Walther (2012): Wege und Abwege der Sprachkritik. Bremen.

Diekmannshenke, Hajo (1997): Sprachliche Ostidentität? Ostprofilierung bei Parteien in den neuen Bundesländern. In: Deutsche Sprache 25, S. 165–175.

Diekmannshenke, Hajo (2001a): „Das ist aktive Politik, Danke und Tschüß Franz". Politiker im Chatroom. In: Beißwenger, Michael (Hg.): Chat-Kommunikation. Sprache, Interaktion, Sozialität & Identität in synchroner computervermittelter Kommunikation. Perspektiven auf ein interdisziplinäres Forschungsfeld. Stuttgart, S. 227–254.

Diekmannshenke, Hajo (2001b): Politische Kommunikation im historischen Wandel. Ein Forschungsüberblick. In: Diekmannshenke, Hajo/Meißner, Iris (Hgg.): Politische Kommunikation im historischen Wandel. Tübingen, S. 1–27. (Stauffenburg Linguistik 19).

Diekmannshenke, Hajo (2002a): Internetwahlwerbung für Jungwähler. Mehr Unterhaltung als Politik? In: Der Deutschunterricht 5, S. 12–20.

Diekmannshenke, Hajo (2002b): Sprechen über Politik in den Medien. Linguistische Aspekte der Rezeption von politischer Kommunikation. In: Pohl, Inge (Hg.): Semantische Aspekte öffentlicher Kommunikation. Frankfurt am Main [u.a.], S. 304–328. (Sprache - System und Tätigkeit 44).

Diekmannshenke, Hajo (2002c): Unterhaltung contra Information? Zur Nutzung politischer Fernsehdiskussionen. In: Tenscher, Jens/Schicha, Christian (Hgg.): Talk auf allen Kanälen. Angebote, Akteure und Nutzer von Fernsehgesprächssendungen. Wiesbaden, S. 387–402.

Diekmannshenke, Hajo (2004a): Gesprächsstrategien in Politik-Chats. In: Hoffmann, Ludger/Storrer, Angelika/Beißwenger, Michael (Hgg.): Internetbasierte Kommunikation. Bremen, S. 123–140. (Osnabrücker Beiträge zur Sprachtheorie 68).

Diekmannshenke, Hajo (2004b): Zwischen Öffentlichkeit und Konspiration. Rechtsextremistische Komunikation im Internet. In: Conrady, Peter (Hg.): Faschismus in Texten und Medien: Gestern – Heute – Morgen? Oberhausen, S. 219–239. (Lesen und Medien 16).

Diekmannshenke, Hajo (2005a): Politische Kommunikation in Zeiten des Internet. Kommunikationswandel am Beispiel moderierter und unmoderierter Politik-Chats. In: Beißwenger, Michael/Storrer, Angelika (Hgg.): Chat-Kommunikation in Beruf, Bildung und Medien. Konzepte, Werkzeuge, Anwendungsfelder. Stuttgart, S. 119–143.

Diekmannshenke, Hajo (2005b): Mitwirkung von allen? Demokratische Kommunikation im Chat. In: Kilian, Jörg (Hg.): Sprache und Politik. Deutsch im demokratischen Staat. Mannheim/Leipzig/Wien/Zürich, S. 258–277. (Duden. Thema Deutsch Band 6).

Diekmannshenke, Hajo (2006): Politische Kommunikation im historischen Wandel. Tübingen. (Studienbibliographien Sprachwissenschaft 34).

Diekmannshenke, Hajo (2007a): Erlaubt ist, was gefällt. Zur unterhaltsamen Selbstdarstellung von Politik in den Neuen Medien. In: Klemm, Michael/Jakobs, Eva-Maria (Hgg.): Das Vergnügen an und in den Medien. Interdisziplinäre Perspektiven. Frankfurt am Main [u.a.], S. 85–106. (Bonner Beiträge zur Medienwissenschaft 6).

Diekmannshenke, Hajo (2007b): Netz-Demokratie. Von den Hoffnungen und Enttäuschungen einer Politik mit der Mouse. In: Cölfen, Hermann/Schmitz, Ulrich (Hgg.): Hypermedia -Nutzen und Perspektiven. Duisburg, S. 35–59. (Osnabrücker Beiträge zur Sprachtheorie 72).

Diekmannshenke, Hajo (2011): ‚Schlagbilder'. Diskursanalyse politischer Schlüsselbilder. In: Diekmannshenke, Hajo/Klemm, Michael/Stöckl, Hartmut (Hgg.): Bildlinguistik. Theorien - Methoden - Fallbeispiele. Berlin, S. 161–184. (Philologische Studien und Quellen 228).

Diekmannshenke, Hajo (2013a): Chatten – Bloggen – Twittern. Möglichkeiten der Partizipation an Politik im Internet. In: Kilian, Jörg/Niehr, Thomas (Hgg.): Politik als sprachlich gebundenes Wissen. Politische Sprache im lebenslangen Lernen und politischen Handeln. Bremen, S. 251–269. (Sprache - Politik - Gesellschaft 8).

Diekmannshenke, Hajo (2013b): Was meint der Wähler? Die Nutzung webbasierter Kommunikationsangebote im Bundestagswahlkampf 2013. In: Aptum. Zeitschrift für Sprachkritik und Sprachkultur 3. Themenheft: Wahlkampfsprache 2013, S. 290–304.

Diekmannshenke, Hajo/Klein, Josef (Hgg.) (1996): Wörter in der Politik. Analysen zur Lexemverwendung in der politischen Kommunikation. Opladen.

Diekmannshenke, Hajo/Meißner, Iris (Hgg.) (2001): Politische Kommunikation im historischen Wandel. Tübingen. (Stauffenburg Linguistik 19).

Diekmannshenke, Hajo/Zorbach, Dirk (2001): Auswahlbibliographie zur politischen Kommunikation im historischen Wandel. In: Diekmannshenke, Hajo/Meißner, Iris (Hgg.): Politische Kommunikation im historischen Wandel. Tübingen, S. 401–458. (Stauffenburg Linguistik 19).

Diekmannshenke, Hajo/Klemm, Michael/Stöckl, Hartmut (Hgg.) (2011): Bildlinguistik. Theorien - Methoden - Fallbeispiele. Berlin. (Philologische Studien und Quellen 228).

Diekmannshenke, Hajo/Niehr, Thomas (Hgg.) (2013): Öffentliche Wörter. Analysen zum öffentlich-medialen Sprachgebrauch. Stuttgart. (Perspektiven Germanistischer Linguistik 9).

Diers, Michael/König, Kasper (2000): „Der Bevölkerung". Aufsätze und Dokumente zur Debatte um das Reichstagsprojekt von Hans Haacke. Köln.

Dirks, Una (unter Mitarbeit von Gabriele Kohlmeyer) (2005): Pressekommentare zur größten Friedensdemonstration vor dem Irakkrieg (2003) aus transkultureller Perspektive – Eine Dokumentarische Gattungsanalyse. In: Fraas, Claudia/Klemm, Michael (Hgg.): Mediendiskurse. Bestandsaufnahme und Perspektiven. Frankfurt am Main [u.a.], S. 286–308. (Bonner Beiträge zur Medienwissenschaft 4).

Doemens, Karl (2013): Kein Ersatz für realen Kontakt. Wahlkampf im Netz weitet sich aus. In: Frankfurter Rundschau Nr. 200, S. 2.

Domasch, Silke (2007): Biomedizin als sprachliche Kontroverse. Die Thematisierung von Sprache im öffentlichen Diskurs zur Gendiagnostik. Berlin/New York.

Domke, Christine/Kilian, Jörg (Hgg.) (2011): Sprache in der Politik. Aktuelle Ansätze und Entwicklungen der politolinguistischen Forschung. Göttingen. (Mitteilungen des Deutschen Germanistenverbandes 58, 3).

Dörner, Andreas/Vogt, Ludgera (2011): Wahlkampf auf dem Boulevard. Personality-Talkshows, Personalisierung und Prominenzkapital zwischen Haupt- und Nebenwahl. In: Tenscher, Jens (Hg.): Superwahljahr 2009. Vergleichende Analysen aus Anlass der Wahlen zum Deutschen Bundestag und zum Europäischen Parlament. Wiesbaden, S. 199–222.

Dowe, Christoph (2009): Neue Medien als Ressource strategischen Regierens. In: Bertelsmann-Stiftung (Hg.): Lernen von Obama? Das Internet als Ressource und Risiko für die Politik. Bielefeld, S. 45–82.

Dreesen, Philipp/Kumigga, Lukasz/Spieß, Constanze (2012): Diskurs und Dispositiv als Gegenstände interdisziplinärer Forschung. Zur Einführung in den Sammelband. In: Dreesen, Philipp/Kumięga, Łukasz/Spieß, Constanze (Hgg.): Mediendiskursanalyse. Diskurse – Dispositive – Medien – Macht. Wiesbaden, S. 9–22. (Theorie und Praxis der Diskursforschung).

Drommel, Raimund H./Wolff, Gerhart (1978): Metaphern in der politischen Rede. In: Der Deutschunterricht 30, S. 71–86.

Eagleton, Terry (1993): Ideologie. Eine Einführung. Aus dem Englischen von Anja Tippner. [Englisches Original 1991]. Stuttgart/Weimar.

Ebert, Gerlinde (1986): Die Ideologierelevanz ausgewählter sprachlicher Mittel. Dargestellt am Beispiel politischer Texte des italienischen Neofaschismus. In: Bochmann, Klaus (Hg.): Eigenschaften und linguistische Analyse politischer Texte. Berlin, S. 101–127. (Linguistische Studien A 152).

Ebert, Helmut (1998): Wahlplakate aus der Weimarer Republik (1919-1933) und der Bundesrepublik (1949 -1994). In: Muttersprache 108, S. 54–66.

Edelman, Murray (1964): The Symbolic Uses of Politics. Urbana.

Ehlich, Konrad (³1995a): Über den Faschismus sprechen – Analyse und Diskurs. In: Ehlich, Konrad (Hg.): Sprache im Faschismus. Frankfurt am Main, S. 7–34. (Suhrkamp-Taschenbuch Wissenschaft 760).

Ehlich, Konrad (Hg.) (³1995b): Sprache im Faschismus. Frankfurt am Main. (Suhrkamp-Taschenbuch Wissenschaft 760).

Eigenwald, Rolf (1999): War er noch zu retten? Schüler befassen sich mit der Jenninger-Rede aus dem Jahre 1988. In: Kopperschmidt, Josef [u.a.] (Hgg.): Fest und Festrhetorik: zu Theorie, Geschichte und Praxis der Epideiktik. München, S. 41–56. (Figuren 7).

Eitz, Thorsten (2003): Aids, Krankheitsgeschichte und Sprachgeschichte. Hildesheim [u.a.]. (Germanistische Linguistik, Monographien 12).

Eitz, Thorsten/Stötzel, Georg (2007; 2009): Wörterbuch der „Vergangenheitsbewältigung". Die NS-Vergangenheit im öffentlichen Sprachgebrauch. 2 Bände. Hildesheim [u.a.].

Eitz, Thorsten/Wengeler, Martin (2013): Semantische Kämpfe in der Weimarer Republik. Zur vergessenen Geschichte politischer Sprache in Deutschland. In: Kilian, Jörg/Niehr, Thomas (Hgg.): Politik als sprachlich gebundenes Wissen. Politische Sprache im lebenslangen Lernen und politischen Handeln. Bremen, S. 33–44. (Sprache - Politik - Gesellschaft 8).

Elspaß, Stephan (2001): Sprachliche Ritualisierung des Gedenkens. Zur Geschichte der öffentlichen Reden zum 20. Juli 1944. In: Sprache und Literatur (in Wissenschaft und Unterricht) 87, S. 27–56.

Elter, Andreas (2013): Interaktion und Dialog? Eine quantitative Inhaltsanalyse der Aktivitäten deutscher Parteien bei Twitter und Facebook während der Landtagswahlkämpfe 2011. In: Publizistik 58, S. 201–220.

Eppler, Erhard (1992): Kavalleriepferde beim Hornsignal. Die Krise der Politik im Spiegel der Sprache. Frankfurt am Main.

Eppler, Erhard (2003a): Sprache und politische Moral. In: Burkhard, Armin/Pape, Kornelia (Hgg.): Politik, Sprache und Glaubwürdigkeit. Linguistik des politischen Skandals. Wiesbaden, S. 13–21.

Eppler, Erhard (2003b): Was nennen wir „Krieg"? In: Der Deutschunterricht 2. Themenheft: Sprache und Politik, S. 37–38.

Erfurt, Jürgen (1986): Politische Kommunikation, politischer Diskurs und politischer Text: Überlegungen zur Begriffs- und Gegenstandsbestimmung. In: Bochmann, Klaus (Hg.): Eigenschaften und linguistische Analyse politischer Texte. Berlin, S. 58–72. (Linguistische Studien A 152).

Erfurt, Jürgen/Hopfer, Reinhard (1989): Sprache und Frieden. Aufgaben der Linguistik aus der Sicht der Diskursanalyse. In: Zeitschrift für Germanistik 3, S. 309–324.

Eroms, Hans-Werner (1974a): Asymmetrische Kommunikation. Zur Funktion von Abstraktem und Konkretem in politischer Sprache. In: Sprache im technischen Zeitalter 24, S. 297–318.

Eroms, Hans-Werner (1974b): Zur Analyse politischer Sprache. In: Linguistik und Didaktik 5, S. 1–16.

Fairclough, Norman (2010): Critical Discourse Analysis. The Critical Study of Language. 2. Auflage. Harlow [u.a.].

Falkenberg, Gabriel (1982): Lügen. Grundzüge einer Theorie sprachlicher Täuschung. Tübingen. (Linguistische Arbeiten 86).

Faulstich, Katja (2002): „Es gibt viel Raum diesseits des Rubikons". Diskursanalytische Untersuchung des Begriffs Leben im Umfeld der 2. Berliner Rede des Bundespräsidenten Johannes Rau. In: Adamzik, Kirsten (Hg.): Texte – Diskurse – Interaktionsrollen. Analysen zur Kommunikation im öffentlichen Raum. Tübingen, S. 19–40. (Textsorten 6).

Faye, Jean-Pierre (1972): Langages totalitaires. Paris.

Felbick, Dieter (2003): Schlagwörter der Nachkriegszeit 1945-1949. Berlin/New York.

Felder, Ekkehard (1995): Kognitive Muster der politischen Sprache. Eine linguistische Untersuchung zur Korrelation zwischen sprachlich gefaßter Wirklichkeit und Denkmustern am Beispiel der Reden von Theodor Heuss und Konrad Adenauer. Frankfurt am Main [u.a.]. (Europäische Hochschulschriften I/1490).

Felder, Ekkehard (2000): Nachhaltiges Erinnern durch sprachliches Handeln am Beispiel von Gedenkreden. In: Deutsche Sprache. Zeitschrift für Theorie, Praxis, Dokumentation 3, S. 254–277.

Felder, Ekkehard (2012): Pragma-semiotische Textarbeit und der hermeneutische Nutzen von Korpusanalysen für die linguistische Mediendiskursanalyse. In: Felder, Ekkehard/Müller, Marcus/Vogel, Friedemann (Hgg.): Korpuspragmatik. Thematische Korpora als Basis diskurslinguistischer Analysen. Berlin/Boston, S. 115–174. (Linguistik - Impulse & Tendenzen 44).

Fetscher, Iring/Richter, Horst E. (Hgg.) (1976): Worte machen keine Politik. Beiträge zu einem Kampf um politische Begriffe. Hamburg.

Finke, Peter (1983): Politizität. Zum Verhältnis von theoretischer Härte und praktischer Relevanz in der Sprachwissenschaft. In: Finke, Peter (Hg.): Sprache im politischen Kontext. Ergebnisse aus Bielefelder Forschungsprojekten zur Anwendung linguistischer Theorien. Tübingen, S. 15–75. (Konzepte der Sprach- und Literaturwissenschaft 29).

Forster, Iris (2005): Lexikalische Verführer – euphemistischer Wortschatz und Wortgebrauch in der politischen Sprache. In: Kilian, Jörg (Hg.): Sprache und Politik. Deutsch im demokratischen Staat. Mannheim/Leipzig/Wien/Zürich, S. 195–209. (Duden. Thema Deutsch Band 6).

Forster, Iris (2009): Euphemistische Sprache im Nationalsozialismus. Schichten, Funktionen, Intensität. Bremen. (Sprache - Politik - Gesellschaft 3).

Forster, Iris (2010): Tarifanpassung und das stille Örtchen – euphemistischer Sprachgebrauch im Deutschen. In: Neef, Martin/Noack, Christina (Hgg.): Sprachgeschichten. Eine Braunschweiger Vorlesung. Bielefeld, S. 257–277. (Braunschweiger Beiträge zur deutschen Sprache und Literatur 14).

Forster, Iris (2013): Euphemismen im lebenslangen Lernen und politischen Handeln. In: Kilian, Jörg/Niehr, Thomas (Hgg.): Politik als sprachlich gebundenes Wissen. Politische Sprache im lebenslangen Lernen und politischen Handeln. Bremen, S. 107–118. (Sprache - Politik - Gesellschaft 8).

Fraas, Claudia/Klemm, Michael (2005a): Diskurse – Medien – Mediendiskurse. Begriffsklärungen und Ausgangsfragen. In: Fraas, Claudia/Klemm, Michael (Hgg.): Mediendiskurse. Bestandsaufnahme und Perspektiven. Frankfurt [u.a.], S. 1–8. (Bonner Beiträge zur Medienwissenschaft 4).

Fraas, Claudia/Klemm, Michael (Hgg.) (2005b): Mediendiskurse. Bestandsaufnahme und Perspektiven. Frankfurt am Main [u.a.]. (Bonner Beiträge zur Medienwissenschaft 4).

Frank, Karsta (1996): Political Correctness. Ein Stigmawort. In: Diekmannshenke, Hajo/Klein, Josef (Hgg.): Wörter in der Politik. Analysen zur Lexemverwendung in der politischen Kommunikation. Opladen, S. 185–218.

Fricke, Ellen (2015): Die (ab)geschnittene Hand in der Talkshow: Zur Fortschreibung antiker rhetori-
scher Traditionen in Bildwahl und Schnitt. In: Girnth, Heiko/Michel, Sascha (Hgg.): Polit-
Talkshow. Interdisziplinäre Perspektiven auf ein multimodales Format. Stuttgart, S. 145–168.
(Perspektiven Germanistischer Linguistik 12).

Fuhs, Klaus (1987): Sind Grundwerte Leerformeln? Bedeutungen und parteispezifische Verwendungen politischer Grundwerte-Lexeme in der Bundesrepublik Deutschland. Frankfurt am Main
[u.a.]. (Europäische Hochschulschriften, Reihe 1, 988).

Funken, Jan/Wengeler, Martin (2009): Multikulti oder Deutsche Leitkultur? Wie Bedeutungswandel
von Wörtern beeinflusst werden soll. In: Praxis Deutsch 215, S. 52–59.

Fux, Beat (1991) Argumentationsstrukturen im politischen Diskurs – eine MDS-Analyse zweier Zivil-
schutzdebatten im schweizerischen Parlament. In: Opp De Hint, Manfred/Latniak, Erich (Hgg.):
Sprache statt Politik? Politikwissenschaftliche Semantik- und Rhetorikforschung. Opladen, S.
211–245.

Gardt, Andreas (2007): Diskursanalyse – Aktueller theoretischer Ort und methodische Möglichkeiten. In: Warnke, Ingo (Hg.): Diskurslinguistik nach Foucault. Theorie und Gegenstände. Ber-
lin/New York, S. 27–52. (Linguistik - Impulse & Tendenzen 25).

Geißler, Heiner (1985): Sprache und Politik. Kampf um Begriffe. In: Stötzel, Georg (Hg.): Germanistik – Forschungsstand und Perspektiven. Vorträge des Deutschen Germanistentages 1984.
1. Teil. Germanistische Sprachwissenschaft, Didaktik der Deutschen Sprache und Literatur.
Berlin/New York, S. 222–230.

Gerhardt, Wolfgang (2009): Polit-Talkshows: Kommunikation oder: „Jeder gegen Jede"? In: Girnth,
Heiko/Michel, Sascha (Hgg.) (2009): Polit-Talkshows – Bühnen der Macht. Ein Blick hinter die
Kulissen. Bonn, S. 183-190.

Germann, Sibylle (2007): Vom Greis zum Senior. Bezeichnungs- und Bedeutungswandel vor dem
Hintergrund der „Political Correctness". Hildesheim. (Germanistische Linguistik: Monographien 21).

Girnth, Heiko (1993a): Einstellung und Einstellungsbekundung in der politischen Rede. Eine sprachwissenschaftliche Untersuchung der Rede Philipp Jenningers vom 10. November 1988. Frankfurt am Main [u.a.]. (Europäische Hochschulschriften Reihe I/1383).

Girnth, Heiko (1993b): Unzutreffende Tatsachenbeschreibungen oder warum Politiker nicht lügen
können. In: Der Sprachdienst 37, 2, S. 59–61.

Girnth, Heiko (1996): Texte im politischen Diskurs. Ein Vorschlag zur diskursorientierten Beschreibung von Textsorten. In: Muttersprache 1, S. 66–80.

Girnth, Heiko (2001): Soziale Gerechtigkeit – Bedeutung und Funktion eines Symbolwortes. In:
Muttersprache 3, S. 193–204.

Girnth, Heiko (2002): Sprache und Sprachverwendung in der Politik. Eine Einführung in die linguistische Analyse öffentlich-politischer Kommunikation. Tübingen. (Germanistische Arbeitshefte
39).

Girnth, Heiko (2005): Texte im Kommunikationsbereich Politik. In: Der Deutschunterricht 1 (57).
Themenheft: Textsorten, S. 3–43.

Girnth, Heiko (2007): Sprache und Politik. Möglichkeiten und Grenzen eines linguistischen Zugangs. In: Dabrowski, Martin/Spieß, Constanze (Hgg.): Zellhaufen oder menschliches Leben?
Überzeugungsstrategien im Diskurs um die embryonale Stammzellforschung aus sprachwissenschaftlicher Sicht. Münster, 15.-17. März 2006. Tagungsband der Akademie Franz Hitze
Haus Münster. Münster, S. 11–33.

Girnth, Heiko (2009): Wortgefechte um „Krieg" und „Frieden". Online Publikation.
(http://www.theeuropean.de/heiko-girnth/der-neue-krieg-in-afghanistan).

Girnth, Heiko (2011): Sprache und Politik. Einführung und Grundlagen. (Kapitel 1). In: Online-Dossier "Sprache und Politik" der Bundeszentrale für politische Bildung. Online-Publikation. (http://www.bpb.de/themen/OGMQN7,0,Grundlagen.html).

Girnth, Heiko (2012): Sprache und Politik. Zur Analyse von Diskursen. In: Spieß, Constanze (Hg.): Sprachstrategien und Kommunikationsbarrieren. Zur Rolle und Funktion von Sprache in bio-ethischen Diskursen. Bremen, S. 11–26. (Sprache - Politik - Gesellschaft 5).

Girnth, Heiko (2013a): Das Wir hat entschieden – die Wahlkampfsprache der SPD im Bundestagswahlkampf 2013. In: Aptum. Zeitschrift für Sprachkritik und Sprachkultur 3. Themenheft: Wahlkampfsprache 2013, S. 208–218.

Girnth, Heiko (2013b): Twitter & Co. Neue Formen des politischen Sprachhandelns im Internet. In: Liedtke, Frank (Hg.): Die da oben - Texte, Medien, Partizipation. Bremen, S. 115–122. (Sprache - Politik - Gesellschaft 10).

Girnth, Heiko (2014): Konstanz und Wandel im öffentlichen Gedenken. Anmerkungen zur Textsorte Gedenkrede. In: Plotke, Seraina/Ziem, Alexander (Hgg.): Sprache der Trauer. Verbalisierungen einer Emotion in historischer Perspektive. Heidelberg, S. 355–373. (Sprache - Literatur und Geschichte 45).

Girnth, Heiko/Spieß, Constanze (Hgg.) (2006): Strategien politischer Kommunikation. Pragmatische Analysen. Berlin. (Philologische Studien und Quellen 200).

Girnth, Heiko/Michel, Sascha (2006): Americanizing the Election Campaign: The Rapid Response-Module as a New Political Text-Type. Die Amerikanisierung des Wahlkampfes: Das Schnelle-Antwort-Modul als neuer Typ der politischen Sprache. In: Muhr, Rudolf (Hg.): Innovation und Kontinuität in Sprache und Kommunikation verschiedener Sprachkulturen. Innovation and Continuity in Language and Communication of Different Language Cultures. Wien [u.a.], S. 171–184. (Österreichisches Deutsch - Sprache der Gegenwart 9).

Girnth, Heiko/Michel, Sascha (2007): Von diskursiven Sprechhandlungen bis Studiodekorationen. Polit-Talkshows als multimodale Kommunikationsräume. In: Der Sprachdienst 3, S. 85–99.

Girnth, Heiko/Michel, Sascha (Hgg.) (2009): Polit-Talkshows – Bühnen der Macht. Ein Blick hinter die Kulissen. Bonn.

Girnth, Heiko/Michel, Sascha (2010): Rapid Response. Eine neue Form des Wahlkampfs im Internet. In: Luginbühl, Martin/Hauser, Stefan (Hgg.): MedienTextKultur. Linguistische Beiträge zur kontrastiven Medienanalyse. Landau, S. 95–117. (Beiträge zur Fremdsprachenvermittlung, Sonderheft 16).

Girnth, Heiko/Michel, Sascha (Hgg.) (2015a): Polit-Talkshow. Interdisziplinäre Perspektiven auf ein multimodales Format. Stuttgart. (Perspektiven Germanistischer Linguistik 12).

Girnth, Heiko/Michel, Sascha (2015b): Kommunikation in und über Polit-Talkshows. Zur Einführung in diesen Band. In: Girnth, Heiko/Michel, Sascha (Hgg.): Polit-Talkshow. Interdisziplinäre Perspektiven auf ein multimodales Format. Stuttgart, S. 1–22. (Perspektiven Germanistischer Linguistik 12).

Glunk, Rolf (1966; 1970): Erfolg und Misserfolg der nationalsozialistischen Sprachlenkung. In: Zeitschrift für deutsche Sprache 22, S. 146–153; 26, S. 176–183.

Goetsch, Paul/Hurm, Gerd (Hgg.) (1993): Die Rhetorik amerikanischer Präsidenten seit F.D. Roosevelt. Tübingen. (ScriptOralia 54).

Gotsbachner, Emo (2015): Framing und Reframing von Positionen in politischen Fernsehdiskussionen. In: Girnth, Heiko/Michel, Sascha (Hgg.): Polit-Talkshow. Interdisziplinäre Perspektiven auf ein multimodales Format. Stuttgart, S. 219–237. (Perspektiven Germanistischer Linguistik 12).

Greiffenhagen, Martin (Hg.) (1980): Kampf um Wörter? Politische Begriffe im Meinungsstreit. München/Wien.

Grewenig, Adi (2003): Vom „Kollateralschaden Pressefreiheit" zum „Quizobjekt" – Ansichten zum Kosovokrieg in Jahresrückblicksendungen 1999. In: Fischer, Hubertus (Hg.): Die Kunst der Infamie. Vom Sängerkrieg zum Medienkrieg. Frankfurt am Main [u.a.], S. 231–281.

Grewenig, Adi (2005): Politische Talkshows – Ersatzparlament oder Medienlogik eines inszenierten Weltbildes? Zwischen Skandalisierung und Konsensherstellung. In: Kilian, Jörg (Hg.): Sprache und Politik. Deutsch im demokratischen Staat. Mannheim/Leipzig/Wien/Zürich, S. 241–257. (Duden. Thema Deutsch Band 6).

Grünert, Horst (1974): Sprache und Politik. Untersuchungen zum Sprachgebrauch der 'Paulskirche'. Berlin/New York. (Studia Linguistica Germanica 10).

Grünert, Horst (Hg.) (1976): Politische Reden in Deutschland. Frankfurt am Main [u.a.]. (Kommunikation/Sprache. Materialien für den Kurs- und Projektunterricht).

Grünert, Horst (1983): Politische Geschichte und Sprachgeschichte. Überlegungen zum Zusammenhang von Politik und Sprachgebrauch in Geschichte und Gegenwart. In: Sprache und Literatur in Wissenschaft und Unterricht 52, S. 43–58.

Grünert, Horst (1984): Deutsche Sprachgeschichte und politische Geschichte in ihrer Verflechtung. In: Besch, Werner [u.a.] (Hgg.): Sprachgeschichte. Ein Handbuch zur Geschichte der deutschen Sprache und ihrer Erforschung. 1. Halbband. Berlin/New York, S. 29–37. (Handbücher zur Sprach- und Kommunikationswissenschaft 2.1).

Grünewald, Robert/Güldenzopf, Ralf/Piepenschneider, Melanie (Hgg.) (2011): Politische Kommunikation. Beiträge zur politischen Bildung. Münster.

Guttke, Matthias (2010): Strategien der Persuasion in der schriftkonstituierten politischen Kommunikation. Dargestellt an Parteiprogrammen der Neuen Rechten in Polen. Frankfurt am Main [u.a.]. (Potsdamer Linguistische Untersuchungen 5).

Habscheid, Stephan/Klemm, Michael (2007a): Politische Kommunikation in der Mediengesellschaft: Problemhintergrund, Fragestellungen, Analyseansätze. In: Habscheid, Stephan/Klemm, Michael (Hgg.): Sprachhandeln und Medienstrukturen in der politischen Kommunikation. Tübingen, S. 1–9. (Reihe Germanistische Linguistik 279).

Habscheid, Stephan/Klemm, Michael (Hgg.) (2007b): Sprachhandeln und Medienstrukturen in der politischen Kommunikation. Tübingen. (Reihe Germanistische Linguistik 279).

Hannappel, Hans/Melenk, Hartmut (²1984): Alltagssprache. Semantische Grundbegriffe und Analysebeispiele. München.

Harms, Erik (2008): Der kommunikative Stil der Grünen im historischen Wandel. Eine Überblicksdarstellung am Beispiel dreier Bundestagswahlprogramme. Frankfurt am Main [u.a.]. (Arbeiten zu Diskurs und Stil 9).

Hass, Ulrike (1989): Interessenabhängiger Umgang mit Wörtern in der Umweltdiskussion. In: Klein, Josef (Hg.): Politische Semantik. Bedeutungsanalytische und sprachkritische Beiträge zur politischen Sprachverwendung. Opladen, S. 153–186.

Heinemann, Wolfgang/Viehweger, Dieter (1991): Textlinguistik. Eine Einführung. Tübingen . (Reihe Germanistische Linguistik 115).

Hellmann, Manfred W. (Hg.) (1973): Zum öffentlichen Sprachgebrauch in der Bundesrepublik Deutschland und in der DDR. Methoden und Probleme seiner Erforschung. Düsseldorf. (Sprache der Gegenwart 18).

Hellmann, Manfred W. (1976): Möglichkeiten und Probleme bei vergleichenden Wortschatzuntersuchungen zum öffentlichen Sprachgebrauch in der Bundesrepublik Deutschland und der DDR. In: Probleme der Lexikologie und Lexikographie. Jahrbuch des Instituts für deutsche Sprache 1975. Düsseldorf, S. 242–274. (Sprache der Gegenwart 39).

Hellmann, Manfred W. (1978): Sprache zwischen Ost und West – Überlegungen zur Wortschatzdifferenzierung zwischen BRD und DDR und ihren Folgen. In: Kühlwein, Wolfgang/Radden, Günter

(Hgg.): Sprache und Kultur: Studien zur Diglossie, Gastarbeiterproblematik und kulturellen Integration. Tübingen, S. 15–54. (Tübinger Beiträge zur Linguistik 107).

Hellmann, Manfred W. (^{2}1980): Deutsche Sprache in der Bundesrepublik Deutschland und der Deutschen Demokratischen Republik. In: Althaus, Hans Peter [u.a.] (Hgg.): Lexikon der germanistischen Linguistik. Tübingen, S. 519–527.

Hellmann, Manfred W. (Hg.) (1981): Das sprachliche Ost-West-Problem. Darmstadt. (Wege der Forschung 470).

Hellmann, Manfred W. (Hg.) (1984): Ost-West-Wortschatzvergleiche. Tübingen. (Forschungsberichte des Instituts für deutsche Sprache 48).

Hellmann, Manfred W. (1990): DDR-Sprachgebrauch nach der Wende – eine erste Bestandsaufnahme. In: Muttersprache 100, S. 266–286.

Hellmann, Manfred W. (2003): Forschung zu Sprache und Kommunikation in Deutschland Ost und West – Was bleibt noch zu tun? Ein Überblick. In: Wengeler, Martin (Hgg.): Deutsche Sprachgeschichte nach 1945. Diskurs- und kulturgeschichtliche Perspektiven. Beiträge zu einer Tagung anlässlich der Emeritierung Georg Stötzel. Hildesheim, S. 364–392. (Germanistische Linguistik 169-170).

Hellmann, Manfred W. (2011): Zwei Staaten – eine Sprache? Zwei Staaten – zwei Sprachen? Ein Rückblick auf das komplizierte Verhältnis von Politik und Sprachwissenschaft bis 1989. In: Bock, Bettina/Fix, Ulla/Pappert, Steffen (Hgg.): Politische Wechsel – sprachliche Umbrüche. Berlin, S. 51–74. (Sprachwissenschaft 8).

Hellmann, Manfred W. [u.a.] (1976): Bibliographie zum öffentlichen Sprachgebrauch in der Bundesrepublik Deutschland und in der DDR. Düsseldorf. (Sprache der Gegenwart 16).

Hellmann, Manfred W./Schröder, Marianne (Hgg.) (2008): Sprache und Kommunikation in Deutschland Ost und West. Ein Reader zu fünfzig Jahren Forschung. Unter Mitarbeit von Ulla Fix. (Germanistische Linguistik 192-194).

Hennewig, Stefan (2011): Gegnerbeobachtung, Rapid Response und soziale Netzwerke. Warum eine Homepage alleine heutzutage nicht mehr weiterhilft. In: Grünewald, Robert/Güldenzopf, Ralf/Piepenschneider, Melanie (Hgg.): Politische Kommunikation. Beiträge zur politischen Bildung. Münster, S. 335–339.

Herberg, Dieter (1991): Ost-Deutsch. Betrachtungen zum Wortgebrauch in der Noch- und in der Ex-DDR. In: Sprachpflege und Sprachkultur 40/1, S. 1–15.

Herberg, Dieter/Steffens, Doris/Tellenbach, Elke (1997): Schlüsselwörter der Wendezeit. Wörter-Buch zum öffentlichen Sprachgebrauch 1989/90. Berlin/New York.

Heringer, Hans Jürgen (1972): Sprache als Mittel der Manipulation. In: Schlemmer, Johannes (Hg.): Sprache - Brücke und Hindernis. München, S. 47–57.

Heringer, Hans Jürgen (Hg.) (1982a): Holzfeuer im hölzernen Ofen. Aufsätze zur politischen Sprachkritik. Tübingen.

Heringer, Hans Jürgen (1982b): Sprachkritik – die Fortsetzung der Politik mit besseren Mitteln. In: Heringer, Hans Jürgen (Hg.): Holzfeuer im hölzernen Ofen. Aufsätze zur politischen Sprachkritik. Tübingen, S. 3–34.

Heringer, Hans Jürgen (1990): „Ich gebe Ihnen mein Ehrenwort." Politik – Sprache – Moral. München.

Hermanns, Fritz (1982): Brisante Wörter. Zur lexikographischen Behandlung parteisprachlicher Wörter und Wendungen in Wörterbüchern der deutschen Gegenwartssprache. In: Wiegand, Herbert Ernst (Hg.): Studien zur neuhochdeutschen Lexikographie II. Hildesheim [u.a.], S. 87–108. (Germanistische Linguistik 3-6).

Hermanns, Fritz (1989): Deontische Tautologien. Ein linguistischer Beitrag zur Interpretation des Godesberger Programms (1959) der Sozialdemokratischen Partei Deutschlands. In: Klein, Josef

(Hg.): Politische Semantik. Bedeutungsanalytische und sprachkritische Beiträge zur politischen Sprachverwendung. Opladen, S. 69–149.

Hermanns, Fritz (1995): Kognition, Emotion, Intention. Dimensionen lexikalischer Semantik. In: Harras, Gisela (Hg.): Die Ordnung der Wörter. Kognitive und lexikalische Strukturen. Berlin/New York, S. 138–178. (Institut für deutsche Sprache. Jahrbuch 1993).

Hermanns, Fritz (2002): Attitüde, Einstellung, Haltung. Empfehlung eines psychologischen Begriffs zur linguistischen Verwendung. In: Cherubim, Dieter/Jakob, Karlheinz/Linke, Angelika (Hgg.): Neue deutsche Sprachgeschichte. Mentalitäts-, kultur- und sozialgeschichtliche Zusammenhänge. Berlin/New York, S. 65–89. (Studia linguistica Germanica 64).

Hermanns, Fritz (2003): „Volk" und „Nation". Zur Semantik zweier geschichtsmächtiger Begriffe. In: Der Deutschunterricht 2. Themenheft: Sprache und Politik, S. 26–36.

Hermanns, Fritz (2007a): Slogans und Schlagwörter. In: Bär, Jochen A./Roelcke, Thorsten/Steinhauer, Anja (Hgg.): Sprachliche Kürze. Konzeptuelle, strukturelle und pragmatische Aspekte. Berlin/New York, S. 459–478. (Linguistik - Impulse & Tendenzen 27).

Hermanns, Fritz (2007b): Wovon war hier weniger die Rede? Arbeitsmarkt- und Wirtschaftspolitik als deutsche Wahlkampfthemen 2005, mit besonderer Berücksichtigung des im Wahlkampf Ungesagten. In: Aptum. Zeitschrift für Sprachkritik und Sprachkultur 3, S. 196–208.

Herrgen, Joachim (1990): „Belehrt, Brüder, diese Betrogenen!" Sprache und Politik in der Mainzer Republik von 1792/93. In: Sprachreport. Informationen und Meinungen zur deutschen Sprache 1, S. 6–11.

Herrgen, Joachim (1993): Wörter statt Waffen - Zum Verhältnis von sprachlicher und politischer Handlung in der Mainzer Republik von 1792/93. In: Die Publizistik der Mainzer Jakobiner und ihrer Gegner. Revolutionäre und gegenrevolutionäre Proklamationen und Flugschriften aus der Zeit der Mainzer Republik (1792/93). Katalog. Mainz, S. 173–184.

Herrgen, Joachim (1996): Semantik und Persuasion in der Sprache der Mainzer Republik (1792/93). In: Hildebrandt, Reiner/Bremer, Klaus (Hgg.): Stand und Aufgaben der deutschen Dialektlexikographie. II. Brüder-Grimm-Symposion zur Historischen Wortforschung. Beiträge zu der Marburger Tagung vom Oktober 1992. Berlin/New York, S. 191–218. (Historische Wortforschung. Untersuchungen zur Sprach- und Kulturgeschichte des Deutschen in seinen europäischen Bezügen 4).

Herrgen, Joachim (2000): Die Sprache der Mainzer Republik (1792/93). Historisch-semantische Untersuchungen zur politischen Kommunikation. Tübingen. (Reihe Germanistische Linguistik 216).

Hess-Lüttich, Ernest W. B. (2015): Talkshows simulieren politische Debatten. Über einige Strategien politischer Inszenierung im TV-Gespräch am Beispiel von Sendeformaten wie Club und Arena im Schweizer Fernsehen. In: Girnth, Heiko/Michel, Sascha (Hgg.): Polit-Talkshow. Interdisziplinäre Perspektiven auf ein multimodales Format. Stuttgart, S. 71– 95. (Perspektiven Germanistischer Linguistik 12).

Hoffmann, Ludger/Schwitalla, Johannes (1989): Äußerungskritik. Oder: Warum Philipp Jenninger zurücktreten mußte. In: Sprachreport 1, S. 5–9.

Hoffmann, Michael (2012): Kommunikative Dimensionen persuasiver Stile. In: Lenk, Hartmut E. H./Vesalainen, Marja (Hgg.): Persuasionsstile in Europa. Methodologie und Empirie kontrastiver Untersuchungen zur Textsorte Kommentar. Hildesheim/Zürich/New York, S. 33–62. (Germanistische Linguistik 218-219).

Holly, Werner (1990): Politikersprache: Inszenierungen und Rollenkonflikte im informellen Sprachhandeln eines Bundestagsabgeordneten. Berlin/New York.

Holly, Werner (1993): Zur Inszenierung von Konfrontation im politischen Fernsehinterview. In: Grewenig, Adi (Hg.): Inszenierte Information. Politik und strategische Kommunikation in den Medien. Opladen, S. 231–269.

Holly, Werner (1996): Die sozialdemokratischen Bundeskanzler an das Volk. Die Ansprachen von Brandt und Schmidt zum Jahreswechsel. In: Böke, Karin [u.a.] (Hgg.): Öffentlicher Sprachgebrauch. Praktische, theoretische und historische Perspektiven. Georg Stötzel zum 60. Geburtstag gewidmet. Opladen, S. 315–329.

Holly, Werner (2003): Die Ordnung des Skandals. Zur diskursanalytischen Beschreibung eines ‚Frame' am Beispiel der ‚CDU-Spendenaffäre'. In: Burkhardt, Armin/Pape, Kornelia (Hgg.): Politik, Sprache und Glaubwürdigkeit. Linguistik des politischen Skandals, Wiesbaden, S. 47–68.

Holly, Werner (2005a): Audiovisualität und Politikvermittlung in der Demokratie. In: Kilian, Jörg (Hg.): Sprache und Politik. Deutsch im demokratischen Staat. Mannheim/Leipzig/Wien/Zürich, S. 278–293. (Duden. Thema Deutsch Band 6).

Holly, Werner (2005b): Zum Zusammenspiel von Sprache und Bildern im audiovisuellen Verstehen. In: Busse, Dietrich/Niehr, Thomas/Wengeler, Martin (Hgg.): Brisante Semantik. Neuere Konzepte und Forschungsergebnisse einer kulturwissenschaftlichen Linguistik. Tübingen, S. 337–353. (Reihe Germanistische Linguistik 259).

Holly, Werner (2008): Audiovisuelle Sigetik – Über verborgene Bedeutungen im Bild-Sprach-Zusammenhang. In: Pappert, Steffen/Schröter, Melani/Fix, Ulla (Hgg.): Verschlüsseln, Verbergen, Verdecken in öffentlicher und institutioneller Kommunikation. Berlin, S. 147–169. (Philologische Studien und Quellen 211).

Holly, Werner (2010): Besprochene Bilder – bebildertes Sprechen. Audiovisuelle Transkriptivität in Nachrichtenfilmen und Polit-Talkshows. In: Deppermann, Arnulf/Linke, Angelika (Hgg.): Sprache intermedial. Stimme und Schrift. Bild und Ton. Berlin/New York, S. 359-382.

Holly, Werner (2015): Bildinszenierung in Talkshows. Medienlinguistische Anmerkungen zu einer Form von „Bild-Sprach-Transkription". In: Girnth, Heiko/Michel, Sascha (Hgg.): Polit-Talkshow. Interdisziplinäre Perspektiven auf ein multimodales Format. Stuttgart, S. 123–144. (Perspektiven Germanistischer Linguistik 12).

Holly, Werner/Jäger, Ludwig (2011): Transkriptionstheoretische Medienanalyse. Vom Anders-lesbar-Machen durch intermediale Bezugspraktiken. In: Schneider, Jan Georg/Stöckl, Hartmut (Hgg.): Medientheorien und Multimodalität. Köln, S. 151-168.

Holly, Werner/Kühn, Peter/Püschel, Ulrich (1986): Politische Fernsehdiskussion. Zur medienspezifischen Inszenierung von Propaganda als Diskussion. Tübingen. (Medien in Forschung + Unterricht: Ser. A 18).

Holly, Werner/Hoppe, Almut/Schmitz, Ulrich (Hgg.) (2004): Sprache und Bild I und II. Bielefeld. (Mitteilungen des Deutschen Germanistenverbandes 51, 1 und 2).

Hölscher, Lucien (1978): Öffentlichkeit. In: Brunner, Otto [u.a.] (Hgg.): Geschichtliche Grundbegriffe. Historisches Lexikon zur politisch-sozialen Sprache in Deutschland. Band 4: Mi–Pre. Stuttgart, S. 413 –467.

Hopfer, Reinhard (1992): Christa Wolfs Streit mit dem „großen Bruder". Politische Diskurse der DDR im Herbst 1989. In: Burghardt, Armin/Fritzsche, K. Peter (Hgg.): Sprache im Umbruch. Politischer Sprachwandel im Zeichen von "Wende" und "Vereinigung". Berlin/New York, S. 111–133. (Sprache - Politik - Öffentlichkeit 1).

Hoppenkamps, Hermann (1977): Information oder Manipulation? Untersuchungen zur Zeitungsberichterstattung über eine Debatte des Deutschen Bundestages. Tübingen. (Reihe Germanistische Linguistik 8).

Hosman, Lawrence A. (2008): Style and Persuasion. In: Fix, Ulla/Gardt, Andreas/Knape, Joachim (Hgg.): Rhetorik und Stilistik. Rhetoric and Stylistics. Ein internationales Handbuch historischer und systematischer Forschung. An International Handbook of Historical and Systematic Research. Band 1. Volume 1. Berlin/New York, S. 1119–1129. (Handbooks of Linguistics and Communication Science. Handbücher zur Sprach- und Kommunikationswissenschaft. HSK 31.1).

Hughes, Robert (1995): Political Correctness oder die Kunst, sich selbst das Denken zu verbieten. München.

Hüpper, Dagmar/Spieß, Constanze (2013a): Wahlkampfsprache 2013. In: Aptum. Zeitschrift für Sprachkritik und Sprachkultur 3. Themenheft: Wahlkampfsprache 2013, S. 193–194.

Hüpper, Dagmar/Spieß, Constanze (Hgg.) (2013b): Themenheft: Wahlkampfsprache 2013. Aptum. Zeitschrift für Sprachkritik und Sprachkultur 3. Bremen.

Ickler, Theodor (1990): Zur Semantik des politischen Schlagwortes (und anderer Wörter). In: Sprache und Literatur in Wissenschaft und Unterricht 67, S. 11–26.

Ivie, Robert L. (1974): Presidential Motives for War. In: Quarterly journal of Speech 60, S. 337–345.

Ivie, Robert L. (1980). Images of Savagery in American Justification for War. In: Communication Monographs 47, S. 279–294.

Jäger, Siegfried (1988): Gesellschaftsveränderungen über Sprache. In: Ammon, Ulrich/Dittmar, Norbert/Mattheier, Klaus J. (Hgg.): Soziolinguistik. Ein internationales Handbuch zur Wissenschaft von Sprache und Gesellschaft. Zweiter Halbband. Berlin/New York, S. 1789–1796. (Handbücher zur Sprach- und Kommunikationswissenschaft 3.2).

Jäger, Siegfried (1993a): Wie die Deutschen die 'Fremden' sehen: Rassismus im Alltagsdiskurs. In: Butterwegge, Christoph/Jäger, Siegfried (Hgg.): Rassismus in Europa. Köln, S. 230–247.

Jäger, Siegfried (²1999): Kritische Diskursanalyse. Eine Einführung. Duisburg. (Edition DISS 3).

Jäger, Siegfried (2005): Diskurs als „Fluß von Wissen durch die Zeit". Ein transdisziplinäres politisches Konzept. In: Aptum. Zeitschrift für Sprachkritik und Sprachkultur 1, S. 52–72.

Jäger, Siegfried (2009): Kritische Diskursanalyse. Eine Einführung. 5., gegenüber der 2., überarbeiteten und erweiterten (1999), unveränderte Auflage. Münster. (Edition DISS 3).

Jäger, Siegfried [u.a.] (Hgg.) (1993b): BrandSätze. Rassismus im Alltag. Duisburg. (DISS-Studien).

Janich, Nina (2013): Sprachreflexion als Mittel der Aufklärung und Sprachkultivierung: von der Sprachkritik zur Sprecherkritik. In: Kilian, Jörg/Niehr, Thomas/Schiewe, Jürgen (Hgg.): Sprachkritik. Göttingen, S. 356–373. (Mitteilungen des Deutschen Germanistenverbandes 60, 4).

Juchem, Johann G. (1985): Der notwendig konfliktäre Charakter der Kommunikation. Ein Beitrag zur Kommunikationssemantik. Aachen. (Aachener Studien zur Semiotik und Kommunikationsforschung 9).

Jung, Matthias (1994): Öffentlichkeit und Sprachwandel. Zur Geschichte des Diskurses über die Atomenergie. Opladen.

Jung, Matthias (1995): Umweltstörfälle. Fachsprache und Expertentum in der öffentlichen Diskussion. In: Stötzel, Georg/Wengeler, Martin: Kontroverse Begriffe. Geschichte des öffentlichen Sprachgebrauchs in der Bundesrepublik Deutschland. Berlin/New York, S. 619–678. (Sprache - Politik - Öffentlichkeit 4).

Jung, Matthias [u.a.] (Hgg.) (1997): Die Sprache des Migrationsdiskurses. Das Reden über „Ausländer" in Medien, Politik und Alltag. Opladen.

Jung, Matthias/Niehr, Thomas/Böke, Karin (2000): Ausländer und Migranten im Spiegel der Presse. Ein diskurshistorisches Wörterbuch zur Einwanderung seit 1945. Wiesbaden.

Käge, Otmar (1980): Motivation. Probleme des persuasiven Sprachgebrauchs, der Metapher und des Wortspiels. Göppingen. (Göppinger Arbeiten zur Germanistik 308).

Kalivoda, Gregor (1986): Parlamentarische Rhetorik und Argumentation. Untersuchungen zum Sprachgebrauch des 1. Vereinigten Landtags in Berlin 1847. Frankfurt am Main [u.a.]. (Kasseler Arbeiten zur Sprache und Literatur 16).

Kaltenbrunner, Gerd-Klaus (1975): Sprache und Herrschaft. Die umfunktionierten Wörter. Freiburg [u.a.]. (Initiative 5).

Kammerer, Patrick (1995): Die veränderten Konstitutionsbedingungen politischer Rhetorik. Die Rolle der Redenschreiber, der Medien und zum vermeintlichen Ende öffentlicher Rede. In: Beeth, Manfred [u. a.] (Hgg.): Rhetorik. Ein internationales Jahrbuch. Nr. 14. Tübingen, S. 14–29.

Kämper-Jensen, Heidrun (1993): Spracharbeit im Dienst des NS-Staats 1933 bis 1945. In: Zeitschrift für Germanistische Linguistik 21, S. 150–183.

Kämper, Heidrun (2005): Der Schulddiskurs in der frühen Nachkriegszeit. Ein Beitrag zur Geschichte des sprachlichen Umbruchs nach 1945. Berlin/New York. (Studia Linguistica Germanica 78).

Kämper, Heidrun (2011): Politische Wechsel – sprachliche Umbrüche. Zum Verhältnis von Zeitgeschichte und Sprachgeschichte. In: Bock, Bettina/Fix, Ulla/Pappert, Steffen (Hgg.): Politische Wechsel – sprachliche Umbrüche. Berlin, S. 31–50. (Sprachwissenschaft 8).

Kämper, Heidrun (2013): Ein Volk lernt um: Parlamentarisierung der politischen Sprache in der Weimarer Republik. In: Kilian, Jörg/Niehr, Thomas (Hgg.): Politik als sprachlich gebundenes Wissen. Politische Sprache im lebenslangen Lernen und politischen Handeln. Bremen, S. 45–60. (Sprache - Politik - Gesellschaft 8).

Kämper, Heidrun/Scharloth, Joachim/Wengeler, Martin (Hgg.) (2012): 1968. Eine sprachwissenschaftliche Zwischenbilanz. Berlin/New York. (Sprache und Wissen 6).

Kamps, Johannes (1999): Plakat. Tübingen. (Grundlagen der Medienkommunikation 5).

Kapitzky, Jens (2000): Sprachkritik und Political Correctness in der Bundesrepublik Deutschland. Aachen. (Essener Studien zur Semiotik und Kommunikationsforschung 1).

Kegel, Jens (2006): „Wollt ihr den totalen Krieg?": Eine semiotische und linguistische Gesamtanalyse der Rede Goebbels im Berliner Sportpalast am 18. Februar 1943. Tübingen.

Keller, Reiner (2004): Diskursforschung. Eine Einführung für SozialwissenschaftlerInnen. Opladen. (Qualitative Sozialforschung 14).

Keller, Reiner [u.a.] (Hgg.) (2010): Handbuch Sozialwissenschaftliche Diskursanalyse. Band 2: Forschungspraxis. 4. Auflage. Wiesbaden.

Keller, Reiner [u.a.] (Hgg.) (2011): Handbuch Sozialwissenschaftliche Diskursanalyse. Band 1: Theorien und Methoden. 3., erweiterte Auflage. Wiesbaden.

Keppler, Angela (2015): Das Gesagte und das Nichtgesagte. Was die Dramaturgie politischer Talkshows zeigt. In: Girnth, Heiko/Michel, Sascha (Hgg.): Polit-Talkshow. Interdisziplinäre Perspektiven auf ein multimodales Format. Stuttgart, S. 169–188. (Perspektiven Germanistischer Linguistik 12).

Kepplinger, Hans Mathias (1998): Politische Kommunikation als Persuasion. In: Jarren, Otfried/Sarcinelli, Ulrich/Saxer, Ulrich (Hgg.): Politische Kommunikation in der demokratischen Gesellschaft. Ein Handbuch mit Lexikonteil. Opladen, S. 362–368.

Kepplinger, Hans Mathias (in Zusammenarbeit mit Marcus Maurer und Thomas Roessing) (1999): Deutschland vor der Wahl. Eine Frame-Analyse der Fernsehnachrichten. In: Noelle-Neumann, Elisabeth/Kepplinger, Hans Mathias/Donsbach, Wolfgang: Kampa. Meinungsklima und Medienwirkung im Bundestagswahlkampf 1998. Freiburg/München, S. 78–107. (Alber-Reihe Kommunikation 25).

Kiener, Franz (1983): Das Wort als Waffe. Zur Psychologie der verbalen Aggression. Göttingen. (Sammlung Vandenhoeck).

Kienpointer, Manfred (1983): Argumentationsanalyse. Innsbruck. (Innsbrucker Beiträge zur Kulturwissenschaft. Sonderheft 56).

Kilian, Jörg (1994): Sprache in der Politik. Ein einführender Überblick. In: Praxis Deutsch 21, 125, S. 4–10.

Kilian, Jörg (1997): Demokratische Sprache zwischen Tradition und Neuanfang. Am Beispiel des Grundrechte-Diskurses. Tübingen. (Reihe Germanistische Linguistik 186).

Kilian, Jörg (2000): Zur Formung parlamentarisch-demokratischer Kommunikation im Parlamentarischen Rat. In: Burkhardt, Arnim/Pape, Kornelia (Hgg.): Sprache des deutschen Parlamentarismus. Studien zu 150 Jahren parlamentarischer Kommunikation. Wiesbaden, S. 172–192.

Kilian, Jörg (2003a): „Demokratie" als Merkwort der Nachkriegszeit. Linguistische Begriffsgeschichte im Zeichen der kognitiven Semantik. In: Dutt, Carsten (Hg.): Herausforderungen der Begriffsgeschichte. Heidelberg, S. 105–131. (Beiträge zur Philosophie, Neue Folge).

Kilian, Jörg (2003b): Sprachpolitik im Alltag: „Political Correctness". In: Der Deutschunterricht 2.
Themenheft: Sprache und Politik, S. 52–63.

Kilian, Jörg (Hg.) (2005): Sprache und Politik. Deutsch im demokratischen Staat. Mann-
heim/Leipzig/Wien/Zürich. (Duden. Thema Deutsch Band 6).

Kilian, Jörg (2006): Demokratie, Recht, Solidarität – von Links. Zur Wahlkampfsprache der LINKS-
PARTEI. PDS im Bundestagswahlkampf 2005. In: Aptum. Zeitschrift für Sprachkritik und
Sprachkultur 2 (1). Sonderheft: Tagung „Wahlkampfsprache", AG „Sprache in der Politik" und
Landeszentrale für politische Bildung, Rheinland-Pfalz, Koblenz 2005, S. 60–78.

Kilian, Jörg (2010): Perspektiven der Parlamentssprachforschung. In: Roth, Kersten
Sven/Dürscheid, Christa (Hgg.): Wahl der Wörter – Wahl der Waffen? Sprache und Politik in der
Schweiz. Bremen, S. 101–112. (Sprache - Politik - Gesellschaft 4).

Kilian, Jörg/Niehr, Thomas (Hgg.) (2013): Politik als sprachlich gebundenes Wissen. Politische
Sprache im lebenslangen Lernen und politischen Handeln. Bremen. (Sprache - Politik - Gesellschaft 8).

Kindt, Walter (1992): Argumentation und Konfliktaustragung in Äußerungen über den Golfkrieg. In:
Zeitschrift für Sprachwissenschaft 11, S. 189–215.

Kindt, Walter (2000): Argumentationskultur in Bundestagsreden - illustriert am Beispiel einer Debatte vom 2.4.1998. In: Burkhardt, Arnim/Pape, Cornelia (Hgg.): Sprache des deutschen Parlamentarismus. Studien zu 150 Jahren parlamentarischer Kommunikation. Wiesbaden, S. 319–
335.

Kindt, Walter/Osterkamp, Swen (2005): Rhetorik als Waffe im Kampf um die öffentliche Meinung.
Argumentation und Persuasion im Irak-Konflikt. In: Fraas, Claudia/Klemm, Michael (Hgg.): Me-
diendiskurse. Bestandsaufnahme und Perspektiven. Frankfurt am Main [u.a.], S. 268–285.
(Bonner Beiträge zur Medienwissenschaft 4).

Kinne, Michael (Hg.) (1977): Texte Ost – Texte West. Arbeitsmaterialien zur Sprache der Gegenwart
in beiden deutschen Staaten. Frankfurt am Main [u.a.]. (Kommunikation - Sprache).

Kinne, Michael (Hg.) (1981): Nationalsozialismus und deutsche Sprache. Arbeitsmaterialien zum
deutschen Sprachgebrauch während der nationalsozialistischen Herrschaft. Frankfurt am Main
[u.a.]. (Kommunikation - Sprache).

Kinne, Michael [u.a.] (¹1980; ²1981): Kleines Wörterbuch des DDR-Wortschatzes. Düsseldorf.

Kinne, Michael/Schwitalla, Johannes (1994): Sprache im Nationalsozialismus. Heidelberg. (Studienbibliographien Sprachwissenschaft 9).

Klaus, Georg (1971): Sprache der Politik. Berlin.

Klaus, Georg (⁶1972; 1964): Die Macht des Wortes. Ein erkenntnistheoretisch-pragmatisches Trak-
tat. Berlin.

Klein, Josef (1989a): Politische Semantik. Bedeutungsanalytische und sprachkritische Beiträge zur
politischen Sprachverwendung. Opladen.

Klein, Josef (1989b): Vorwort. In: Klein, Josef (Hg.): Politische Semantik. Bedeutungsanalytische und
sprachkritische Beiträge zur politischen Sprachverwendung. Opladen, S. VII–IX.

Klein, Josef (1989c): Wortschatz, Wortkampf, Wortfelder in der Politik. In: Klein, Josef (Hg.): Politische Semantik. Bedeutungsanalytische und sprachkritische Beiträge zur politischen Sprachverwendung. Opladen, S. 3–50.

Klein, Josef (1991a): Kann man „Begriffe besetzen"? Zur linguistischen Differenzierung einer plaka-
tiven politischen Metapher. In: Liedtke, Frank [u.a.] (Hgg.): Begriffe besetzen. Strategien des
Sprachgebrauchs in der Politik. Opladen, S. 44–69.

Klein, Josef (1991b): Politische Textsorten. In: Brinker, Klaus (Hg.): Aspekte der Textlinguistik. Hildesheim [u.a.], S. 245–278. (Germanistische Linguistik 106-107).

Klein, Josef (1995): Politische Rhetorik. Eine Theorieskizze in Rhetorik-kritischer Absicht mit Analysen zu Reden von Goebbels, Herzog und Kohl. In: Sprache und Literatur in Wissenschaft und Unterricht 75-76, S. 62–99.

Klein, Josef (1998): Politische Kommunikation als Sprachstrategie. In: Jarren, Otfried/Sarcinelli, Ulrich/Saxer, Ulrich (Hgg.): Politische Kommunikation in der demokratischen Gesellschaft. Ein Handbuch mit Lexikonteil, Opladen/Wiesbaden, S. 376–395.

Klein, Josef (1999): Sprachstrategien im Bundestagswahlkampf 1998. In: Sprachreport 3, S. 20–27.

Klein, Josef (2000a): Textsorten im Bereich politischer Institutionen. In: Textlinguistik. Ein internationales Handbuch zur Wissenschaft von Sprache und Gesellschaft. Berlin/New York, S. 732–755. (Handbücher zur Sprach- und Kommunikationswissenschaft).

Klein, Josef (2000b): Intertextualität, Geltungsmodus, Texthandlungsmuster. Drei vernachlässigte Kategorien der Textsortenforschung – exemplifiziert an politischen und medialen Textsorten. In: Adamzik, Kirsten (Hg.): Textsorten. Reflexionen und Analysen. Tübingen, S. 31–44. (Textsorten 1).

Klein, Josef (2001): Gespräche in Institutionen. In: Brinker, Klaus/Antos, Gerd/Heinemann, Wolfgang/Sager, Sven F. (Hgg.): Text- und Gesprächslinguistik. Ein internationales Handbuch zeitgenössischer Forschung. 2. Halbband. Berlin/New York, S. 1589–1606.

Klein, Josef (2002a): Weg und Bewegung. Metaphorische Konzepte im politischen Sprachgebrauch und ein Frame-theoretischer Repräsentationsvorschlag. In: Panagl, Oswald/Stürmer, Horst (Hgg.): Politische Konzepte und verbale Strategien. Brisante Wörter – Begriffsfelder – Sprachbilder. Bern [u.a.], S. 221–235. (Sprache im Kontext 12).

Klein, Josef (2002b): Zur Semantik der Nachrüstungsdebatte. In: Maruhn, Jürgen/Wilke, Manfred (Hgg.): Die verführte Friedensbewegung. Der Einfluss des Ostens auf die Nachrüstungsdebatte. München, S. 49–65.

Klein, Josef (2002c): Parlamentarischer Diskurs als Schnittstelle zwischen politischer Allgemeinsprache und Rechtssprache. In: Haß-Zumkehr, Ulrike (Hg.): Sprache und Recht. Institut für deutsche Sprache. Jahrbuch 2001. Berlin/New York, S. 163–180.

Klein, Josef (2002d): Plenardebatte und Fraktionsdebatte: Zwei Modi parlamentarischer Auseinandersetzung. In: Wiesinger, Peter (Hg.): Akten des X. Internationalen Germanistenkongresses Wien 2000. „Zeitenwende – Die Germanistik auf dem Weg vom 20. ins 21. Jahrhundert". Band 3. Bern [u.a.], S. 349–353. (Jahrbuch für internationale Germanistik Reihe A: Kongressberichte).

Klein, Josef (2002e): Schröder gegen Kohl. Linguistische und semiotische Aspekte von Wahlkämpfen am Beispiel des Bundestagswahlkampfes 1998. In: Kriechbaumer, Robert/Panagl, Oswald (Hgg.): Wahlkämpfe. Sprache und Politik. Wien [u.a.], S. 143–156. (Schriftenreihe des Forschungsinstitutes für Politisch-Historische Studien der Dr.-Wilfried-Haslauer-Bibliothek, Salzburg 15).

Klein, Josef (2002f): Topik und Frametheorie als argumentations- und begriffsgeschichtliche Instrumente, dargestellt am Kolonialdiskurs. In: Cherubim, Dieter/Jakob, Karlheinz/Linke, Angelika (Hgg.): Neue deutsche Sprachgeschichte. Mentalitäts-, kultur- und sozialgeschichtliche Zusammenhänge. Berlin/New York, S. 167–181. (Studia linguistica Germanica 64).

Klein, Josef (2003a): Fraktionsdebatte und Plenardebatte: die unbekannte und die verkannte Ausprägung parlamentarischer Debatte. In: Hagemann, Jörg/Sager, Sven F. (Hgg.): Schriftliche und mündliche Kommunikation. Festschrift zum 65. Geburtstag von Klaus Brinker. Tübingen, S. 315–325. (Stauffenburg-Festschriften).

Klein, Josef (2003b): Parlamentsrede (Definition, Geschichte der Parlamentsrede in Deutschland, Moderne Parlamentsrede). In: Ueding, Gert (Hg.): Historisches Wörterbuch der Rhetorik, Bd. 6: Must-Pop. Tübingen, Sp. 582–586, Sp. 624–634, Sp. 634–637.

Klein, Josef (2003c): Politische Rede. In: Ueding, Gert (Hg.): Historisches Wörterbuch der Rhetorik. Bd. 6 Must-Pop. Tübingen, Sp. 1465–1521.

Klein, Josef (2003d): Rollenpluralität und Rollenstile im parlamentarischen Hearing. In: Barz, Irmhild/Lerchner, Gotthard/Schröder, Marianne (Hgg.): Sprachstil – Zugänge und Anwendungen. Ulla Fix zum 60. Geburtstag. Heidelberg, S. 147–157. (Sprache - Literatur und Geschichte 25).

Klein, Josef (2003e): Skandal als journalistisches Konstrukt. Ein Erlebnisbericht aus dem Inneren der Skandalierungsmechanik. In: Burkhardt, Armin/Pape, Kornelia (Hgg.): Politik, Sprache und Glaubwürdigkeit. Linguistik des politischen Skandals. Wiesbaden, S. 155–162.

Klein, Josef (2005a): „Grundwortschatz" der Demokratie. In: Kilian, Jörg (Hg.): Sprache und Politik. Deutsch im demokratischen Staat. Mannheim/Leipzig/Wien/Zürich, S. 128–140. (Duden. Thema Deutsch Band 6).

Klein, Josef (2005b): Reden für den Frieden. Die Singularität der Reden des UNO-Generalsekretärs. In: Busse, Dietrich/Niehr, Thomas/Wengeler, Martin (Hgg.): Brisante Semantik. Neuere Konzepte und Forschungsergebnisse einer kulturwissenschaftlichen Linguistik. Tübingen, S. 323–335. (Reihe Germanistische Linguistik 259).

Klein, Josef (2006a): Bundestagswahlkampf und Wahlkampfsprache 2005 im politischen Prozess. Eine Einführung. In: Aptum. Zeitschrift für Sprachkritik und Sprachkultur 1, S. 1–9.

Klein, Josef (2006b): Pragmatik und Hermeneutik als Gelingensbedingungen für Politolinguistik. In: Girnth, Heiko/Spieß, Constanze (Hgg.): Strategien politischer Kommunikation. Pragmatische Analysen. Berlin, S. 17–26. (Philologische Studien und Quellen 200).

Klein, Josef (2006c): Texte, die Vertrauen schaffen. Wie deutsche Parteien den schweizerischen Texttyp „Abstimmungserläuterung" und die britische Institution „Election Adress" nutzen könnten. In: Plehwe, Kerstin (Hg.): Endstation Misstrauen? Einsichten und Aussichten für Politik und Gesellschaft. Berlin, S. 237–263.

Klein, Josef (2007a): Gepflegt kontra funktionsgerecht? Deutsch in der Politik. In: Burkhardt, Armin (Hg.): Was ist gutes Deutsch? Studien und Meinungen zum gepflegten Sprachgebrauch. Mannheim [u.a.], S. 241–254. (Thema Deutsch 8).

Klein, Josef (2007b): Grenzen der Reformkommunikation am Beispiel der „Agenda 2010". In: Göhler, Gerhard/Schmalz-Jacobsen, Cornelia/Walther, Christian (Hgg.): Macht und Medien. Über das Verhältnis von Politik und Kommunikation. Frankfurt am Main, S. 105–118.

Klein, Josef (2007c): Hartz IV, Agenda 2010 und der „Job-Floater": die Bedeutung der Sprache in Veränderungsprozessen. In: Weidenfeld, Werner (Hg.): Reformen kommunizieren. Herausforderungen an die Politik. Gütersloh, S. 159–205.

Klein, Josef (2007d): Hartz-Sprache. In: Habscheid, Stephan/Klemm, Michael (Hgg.): Sprachhandeln und Medienstrukturen in der politischen Kommunikation. Tübingen, S. 133–144. (Reihe Germanistische Linguistik 279).

Klein, Josef (2007e): Linguistische Hermeneutik politischer Rede. Eine Modellanalyse am Beispiel von Kanzler Schröders Verkündung der Agenda 2010. In: Hermanns, Fritz/Holly, Werner (Hgg.): Linguistische Hermeneutik. Theorie und Praxis des Verstehens und Interpretierens. Tübingen, S. 201–238. (Reihe Germanistische Linguistik 272).

Klein, Josef (2007f): Texte mit globaler Resonanz. Auch ein Beitrag zu diskursivem ‚Kampf der Kulturen'. In: Aptum. Zeitschrift für Sprachkritik und Sprachkultur 2, S. 122–138.

Klein, Josef (2008): Frames – ein Gegenstand für Semantik oder Pragmatik? In: Pohl, Inge (Hg.): Semantik und Pragmatik - Schnittstellen. Frankfurt am Main [u.a.], S. 163–175. (Sprache - System und Tätigkeit 59).

Klein, Josef (2009a): Antiamerikanismus im deutschen politischen Sprachgebrauch. In: Bachmann-Stein, Andrea/Merten, Stephan/Roth, Christine (Hgg.): Perspektiven auf Wort, Satz und Text: Semantisierungsprozesse auf unterschiedlichen Ebenen des Sprachsystems. Festschrift für Inge Pohl. Trier, S. 141–148. (Koblenz-Landauer Studien zu Geistes-, Kultur- und Bildungswissenschaften 3).

Klein, Josef (2009b): Rhetorisch-stilistische Eigenschaften der Sprache der Politik. In: Fix, Ulla/Gardt, Andreas/Knape, Joachim (Hgg.): Rhetorik und Stilistik. Rhetoric and Stylistics. Ein internationales Handbuch historischer und systematischer Forschung. An International Handbook of Historical and Systematic Research. Band 2. Volume 2. Berlin/New York, S. 2112–2130. (Handbooks of Linguistics and Communication Science. Handbücher zur Sprach- und Kommunikationswissenschaft. HSK 31.2).

Klein, Josef (2009c): Volksrede. In: Ueding, Gert (Hg.): Historisches Wörterbuch der Rhetorik. Bd. 9: St-Z. Tübingen, Sp. 1171–1189.

Klein, Josef (2009d): Von Cicero zu Obama – zur Geschichte des Wahlkampfs. In: Göhler, Gerhard/Schmalz-Jakobsen, Cornelia/Walther, Christian (Hgg.): Apropos Wahlkampf. Politik und Medien im Superwahljahr 2009. Frankfurt am Main [u.a.], S. 9–23.

Klein, Josef (2009e): Wahlkampf. In: Ueding, Gert (Hg.): Historisches Wörterbuch der Rhetorik. Bd. 9: St-Z. Tübingen, Sp. 1255–1275.

Klein, Josef (2010): Politische Sprachstrategien – dargestellt an schweizerischen, deutschen und US-amerikanischen Beispielen. In: Roth, Kersten Sven/Dürscheid, Christa (Hgg.): Wahl der Wörter – Wahl der Waffen? Sprache und Politik in der Schweiz. Bremen, S. 19–35. (Sprache - Politik - Gesellschaft 4).

Klein, Josef (2011a): „Change" durch Obama. Politischer und kommunikativer Umbruch in den USA. In: Bock, Bettina/Fix, Ulla/Pappert, Steffen (Hgg.): Politische Wechsel – sprachliche Umbrüche. Berlin, S. 391–401. (Sprachwissenschaft 8).

Klein, Josef (2011b): Die Pragmatik des salienten Satzes – in politischen und historischen Diskursen zentral, in der Linguistik vernachlässigt. In: Kotin, Michael/Kotorova, Elizabeth (Hgg.): Sprache in Aktion: Pragmatik – Sprechakte – Diskurs. Heidelberg, S. 115–130. (Germanistische Bibliothek 41).

Klein, Josef (2011c): Diskurse, Kampagnen, Verfahren. Politische Texte und Textsorten in Funktion. In: Domke, Christine/Kilian, Jörg (Hgg.): Sprache in der Politik. Aktuelle Ansätze und Entwicklungen der politolinguistischen Forschung. Göttingen, S. 289–298. (Mitteilungen des Deutschen Germanistenverbandes 58, 3).

Klein, Josef (2011d): Sprache, Macht und politischer Wettbewerb. In: Sprachreport 4, S. 2–9.

Klein, Josef (2012): Parlamentarische Kommunikationsformen. In: Ueding, Gert (Hg.): Historisches Wörterbuch der Rhetorik. Bd. 10: Nachträge von A-Z. Berlin/Boston, Sp. 806–833.

Klein, Josef (2013a): (Fast) alles ist gut – mit Angela Merkel als Kanzlerin. Wie die CDU die Wahlkampfsprache unspektakulär und erfolgreich revolutioniert. In: Aptum. Zeitschrift für Sprachkritik und Sprachkultur 3. Themenheft: Wahlkampfsprache 2013, S. 195–207.

Klein, Josef (2013b): Der saliente politische Satz – ein Kristallisationspunkt kollektiven Wissens. In: Kilian, Jörg/Niehr, Thomas (Hgg.): Politik als sprachlich gebundenes Wissen. Politische Sprache im lebenslangen Lernen und politischen Handeln. Bremen, S. 137–158. (Sprache - Politik - Gesellschaft 8).

Klein, Josef (2013c): Repräsentative Demokratie: Demobilisierung oder Revitalisierung? Kritische Bemerkungen zum Bundestagswahlkampf 2009 mit einem Blick auf das Partizipationspotential des Internets. In: Liedtke, Frank (Hg.): Die da oben - Texte, Medien, Partizipation. Bremen, S. 35–42. (Sprache - Politik - Gesellschaft 10).

Klein, Josef (2014): Grundlagen der Politolinguistik. Ausgewählte Aufsätze. Berlin. (Sprachwissenschaft 23).

Klein, Josef (2015): AUSWEICHEN und AUSWEICHEN KASCHIEREN. Multimodale Performanz, Framing-Kniffe und Publikumsresonanz. In: Girnth, Heiko/Michel, Sascha (Hgg.): Polit-Talkshow. Interdisziplinäre Perspektiven auf ein multimodales Format. Stuttgart, S. 239–283. (Perspektiven Germanistischer Linguistik 12).

Klein, Josef/Diekmannshenke, Hajo (Hgg.) (1996): Sprachstrategien und Dialogblockaden. Linguistische und politikwissenschaftliche Studien zur politischen Kommunikation. Berlin/New York. (Sprache - Politik - Öffentlichkeit 7).

Klein, Josef/Steyer, Kathrin (2000): Fraktionsdebatte und Medienstrategien. Eine exemplarische Analyse öffentlicher und interner Konfliktaustragung. In: Burkhardt, Arnim/Pape, Kornelia (Hgg.): Sprache des deutschen Parlamentarismus. Studien zu 150 Jahren parlamentarischer Kommunikation. Wiesbaden, S. 288–318.

Klemm, Michael (2007): Der Politiker als Privatmensch und Staatsperson. Wie Spitzenpolitiker auf persönlichen Websites in Text und Bild ihre Images konstruieren (wollen). In: Habscheid, Stephan/Klemm, Michael (Hgg.): Sprachhandeln und Medienstrukturen in der politischen Kommunikation. Tübingen, S. 145–175. (Reihe Germanistische Linguistik 279).

Klemm, Michael (2015): Wenn Politik auf Einspielfilme trifft. Zur multimodalen Argumentation in der politischen Fernsehdiskussion Hart aber fair. In: Girnth, Heiko/Michel, Sascha (Hgg.): Polit-Talkshow. Interdisziplinäre Perspektiven auf ein multimodales Format. Stuttgart, S. 97–120. (Perspektiven Germanistischer Linguistik 12).

Klemm, Michael/Michel, Sascha (2013): Der Bürger hat das Wort. Politiker im Spiegel von Userkommentaren in Twitter und Facebook. In: Diekmannshenke, Hajo/Niehr, Thomas (Hgg.): Öffentliche Wörter. Analysen zum öffentlich-medialen Sprachgebrauch. Stuttgart, S. 113–136. (Perspektiven Germanistischer Linguistik 9).

Klemm, Michael/Michel, Sascha (2014): Social TV und Politikaneignung. Wie Zuschauer die Inhalte politischer Diskussionssendungen via Twitter kommentieren. In: Zeitschrift für Angewandte Linguistik 60, 1, S. 3–35.

Klemm, Michael/Stöckl, Hartmut (2011): ,Bildlinguistik'. – Standortbestimmung, Überblick, Forschungsdesiderate. In: Diekmannshenke, Hajo/Klemm, Michael/Stöckl, Hartmut (Hgg.): Bildlinguistik. Theorien - Metho¬den - Fallbeispiele. Berlin. (Philologische Studien und Quellen 228), S. 7-18.

Klemperer, Victor (¹1947; ³1966): Die unbewältigte Sprache. Aus dem Notizbuch eines Philologen. "LTI". Darmstadt. (1. Auflage unter dem Titel: LTI. Notizbuch eines Philologen. Berlin 1947).

Klump, Andre (2011): , L'anée s'achève. Elle a été rude. – Französische und deutsche Neujahrsansprachen im Paralleltext- und Übersetzungsvergleich. In: Sprachwissenschaft 36/4, S. 469-486.

Knobloch, Clemens (1998): Moralisierung und Sachzwang. Politische Kommunikation in der Massendemokratie. Duisburg.

Kohl, Katrin (2007): Metapher. Stuttgart/Weimar. (Sammlung Metzler 352).

Kopperschmidt, Josef (²1976): Allgemeine Rhetorik. Einführung in die Theorie der persuasiven Kommunikation. Stuttgart [u.a.].

Kopperschmidt, Josef (1989a): Methodik der Argumentationsanalyse. Stuttgart/Bad Cannstatt. (Problemata 119).

Kopperschmidt, Josef (1989b): Öffentliche Rede in Deutschland. Überlegungen zur politischen Rhetorik mit Blick auf zwei Gedenkreden im Deutschen Bundestag. In: Muttersprache 3, S. 213–230.

Kopperschmidt, Josef (1991): Soll man um Worte streiten? Historische und systematische Anmerkungen zur politischen Sprache. In: Liedtke, Frank/Wengeler, Martin/Böke, Karin (Hgg.): Begriffe Besetzen. Strategien des Sprachgebrauchs in der Politik. Opladen, S. 70–89.

Kopperschmidt, Josef (1995): Rhetorik als Streitfall der Politik: z.B. Hermann Lübbe. In: Kopperschmidt, Josef (Hg.): Politik und Rhetorik. Funktionsmodelle politischer Rede. Opladen, S. 184–209.

Kopperschmidt, Josef [u.a.] (Hgg.) (1999): Fest und Festrhetorik: zu Theorie, Geschichte und Praxis der Epideiktik. München. (Figuren 7).

Korte, Karl-Rudolf (2009): Darstellungs- und Entscheidungspolitik. In: Girnth, Heiko/Michel, Sascha (Hgg.): Polit-Talkshows – Bühnen der Macht. Ein Blick hinter die Kulissen. Bonn, S. 16-21.

Koselleck, Reinhart (1975a): Zur historisch-politischen Semantik asymmetrischer Gegenbegriffe. In: Weinrich, Harald (Hg.): Positionen der Negativität. München, S. 65–104. (Poetik und Hermeneutik 6).

Krahl, Cordula [u.a.] (1986): Zur Nomination in politischen Texten der modernen englischen Presse – Ein Beitrag zum Gebrauch von Lexembedeutungen. Berlin. (Linguistische Studien A 141).

Kramer, Ulrike (2008): Neger heißt nicht (bloß) „schwarz“. Wie das Wortfeld ,Neger' seine Bedeutung veränderte. Wien.

Krebs, Birgit-Nicole (1993): Sprachhandlung und Sprachwirkung: Untersuchungen zur Rhetorik, Sprachkritik und zum Fall Jenninger. Berlin. (Philologische Studien und Quellen 123).

Krotz, Friedrich (2015): Politische Talkshows und die Zivilgesellschaft: Eine figurationssoziologische Analyse in neun Thesen. In: Girnth, Heiko/Michel, Sascha (Hgg.): Polit-Talkshow. Interdisziplinäre Perspektiven auf ein multimodales Format. Stuttgart, S. 49–69. (Perspektiven Germanistischer Linguistik 12).

Kuhn, Fritz (1991): „Begriffe Besetzen". Anmerkungen zu einer Metapher aus der Welt der Machbarkeit. In: Liedtke, Frank/Wengeler, Martin/Böke, Karin (Hg.): Begriffe Besetzen. Strategien des Sprachgebrauchs in der Politik. Opladen, S. 90–110.

Kühn, Peter (1995): Mehrfachadressierung. Untersuchungen zur adressatenspezifischen Polyvalenz sprachlichen Handelns. Tübingen. (Reihe Germanistische Linguistik 154).

Kühn, Peter (2005): Toleranz und Toleranzkultur. Plädoyer für eine interkulturelle Semantik. In: Kleinberger Günther, Ulla/Häcki Buhofer, Annelies/Piirainen, Elisabeth (Hgg.): „Krieg und Frieden" – Auseinandersetzung und Versöhnung in Diskursen. Tübingen, S. 65–88.

Ladendorf, Otto [1906] (1968): Historisches Schlagwörterbuch. Ein Versuch. Mit einer Einleitung von Hans-Gerd Schumann. Hildesheim. (Reprografischer Nachdruck der Ausgabe Straßburg und Berlin 1906).

Lakoff, George (⁴1990): Women, fire, and dangerous things. What categories reveal about mind. Chicago [u.a.].

Lakoff, George (1992): Metaphor and War: The Metaphor System Used to Justify the War in the Gulf. In: Pütz, Martin (Hg.): Thirty Years of Linguistic Evolution: Studies in Honor of René Dirven on the Occasion of His 60th Birthday, Philadelphia [u.a.], S. 463–481.

Lakoff, George/Johnson, Mark (Hgg.) (1981): Metaphors we live by. Chicago. [Auszüge auch in: Hoffmann, Ludger (Hg.) (1996): Sprachwissenschaft. Ein Reader. Berlin/New York, 739–753].

Lakoff, George/Wehling, Elisabeth (2009): Auf leisen Sohlen ins Gehirn. Politische Sprache und ihre heimliche Macht. 2., aktualisierte Auflage. Heidelberg. (Kommunikation - Gesellschaft).

Lampert, Günter (1995): Political Correctness und die sprachliche Konstruktion der Wirklichkeit: Eine Skizze. In: American Studies 40, S. 247–257.

Landwehr, Achim (²2004): Geschichte des Sagbaren. Einführung in die Historische Diskursanalyse. Tübingen. (Historische Einführungen 8).

Lange, Klaus (1981): Das Bild der Politik im Fernsehen. Die filmische Konstruktion einer politischen Realität in Fernsehnachrichten. Frankfurt am Main.

Laschet, Armin/Malangré, Heinz (Hgg.) (1989): Philipp Jenninger. Rede und Reaktion. Aachen.

Lasswell, Harold D. [u.a.] (Hgg.) (1966): Language of Politics. Studies in Quantitative Semantics. Cambridge/Massachusetts.

Latniak, Erich (1986): Analyse politischen Sprachgebrauchs - noch ein Thema der Linguistik? In: Sprache und Literatur in Wissenschaft und Unterricht 17, 58, S. 29–50.

Lauerbach, Gerda Eva (2015): Multimodale Konstruktion von Lesarten in einem politischen Talk-show-Interview von CNN: Sprecherwechsel, audiovisueller Rhythmus und audiovisuelle Sequenzen. In: Girnth, Heiko/Michel, Sascha (Hgg.): Polit-Talkshow. Interdisziplinäre Perspektiven auf ein multimodales Format. Stuttgart, S. 189–216. (Perspektiven Germanistischer Linguistik 12).

Liebe Reséndiz, Julia (1992): Woran erkennen sich Ost- und Westdeutsche? – Eine Spracheinstellungsstudie am Beispiel von Rundfunksendungen. In: Welke, Klaus [u.a.] (Hgg.): Die deutsche Sprache nach der Wende. Hildesheim [u.a.], S. 127–140. (Germanistische Linguistik 110-111).

Liebert, Wolf-Andreas (2003): Zu einem genetischen Konzept von Schlüsselwörtern. In: Zeitschrift für Angewandte Linguistik 38, S. 57–83.

Liedtke, Frank (1989): Sozialismus – ein Reizwort. In: Sprache und Literatur in Wissenschaft und Unterricht 64, S. 23–38.

Liedtke, Frank (1994): Zum Beispiel „Gerechtigkeit": Über politische Leitvokabeln in persuasiver Funktion. In: Moilanen, Markku/Tiitula, Liisa (Hgg.): Überredung in der Presse. Texte, Strategien, Analysen. Berlin/New York, S. 175–188. (Sprache. Politik. Öffentlichkeit 3).

Liedtke, Frank (Hg.) (2013): Die da oben - Texte, Medien, Partizipation. Bremen. (Sprache - Politik – Gesellschaft 10).

Liedtke, Frank [u.a.] (Hgg.) (1991): Begriffe Besetzen. Strategien des Sprachgebrauchs in der Politik. Opladen.

Link, Jürgen (1983): Asylanten. Ein Killwort. In: KultuRRevolution 2, S. 36ff.

Linn, Astrid (1991): „...noch heute ein Faszinosum..." Philipp Jenninger zum 9. November 1938 und die Folgen. Münster [u.a.]. (Kommunikation 2).

Löffler, Heinrich (1989): „Fernsehgespräche im Vergleich: Gibt es kultur- oder programmspezifische Sprachstile? In: Holly, Werner/Kühn, Peter/Püschel, Ulrich (Hgg.): Redeshows. Fernsehdiskussionen in der Diskussion. Tübingen, S. 92-215. (Medien in Forschung und Unterricht 26).

Lörscher, Wolfgang/Schulze, Rainer (1994): Die britische Diskursanalyse. In: Fritz, Gerd/Hundsnurscher, Franz (Hgg.): Handbuch der Dialoganalyse. Tübingen, S. 51–68.

Lübbe, Hermann (1967): Der Streit um Worte. Sprache und Politik. In: Gadamer, Hans-Georg (Hg.): Das Problem der Sprache. München, S. 351–371.

Lübbe, Hermann (1975): Der Streit um Worte. Sprache und Politik. In: Kaltenbrunner, Gerd-Klaus (Hg.): Sprache und Herrschaft. Die umfunktionierten Wörter. München, S. 87–111. (Herderbücherei: Initiative 5).

Ludwig, Klaus-Dieter (1992): Zur Sprache der Wende – Lexikologisch-lexikographische Beobachtungen. In: Welke, Klaus [u.a.] (Hgg.): Die deutsche Sprache nach der Wende. Hildesheim, S. 59–70. (Germanistische Linguistik 110-111).

Lüger, Heinz-Helmut (²1995): Pressesprache. Tübingen. (Germanistische Arbeitshefte 28).

Luginbühl, Martin (1999): Gewalt im Gespräch. Verbale Gewalt in politischen Fernsehdiskussionen am Beispiel der „Arena". Bern [u.a.]. (Zürcher germanistische Studien 54).

Luginbühl, Martin (2005): Zwischen „lapdog" und „attack dog". Interviewerfragen in amerikanischen „news interviews". In: Kleinberger Günther, Ulla/Häcki Buhofer, Annelies/Piirainen, Elisabeth (Hgg.): „Krieg und Frieden" – Auseinandersetzung und Versöhnung in Diskursen. Tübingen, S. 101–125.

Luhmann, Niklas (1974): Öffentliche Meinung. In: Langenbucher, Wolfgang R. (Hg.): Zur Theorie der politischen Kommunikation. München, S. 27–54. (Piper-Sozialwissenschaft 22, Reader zur Politologie).

Luhmann, Niklas (1995; 2009): Die Realität der Massenmedien. 4., Auflage. Wiesbaden.

Maas, Utz (1984): „Als der Geist der Gemeinschaft eine Sprache fand". Sprache im Nationalsozia-
   lismus. Versuch einer historischen Argumentationsanalyse. Opladen.
Maas, Utz (1985): Konnotation. In: Januschek, Franz (Hg.): Politische Sprachwissenschaft. Zur Ana-
   lyse von Sprache als kultureller Praxis. Opladen, S. 71–95.
Maas, Utz (1988): Probleme und Traditionen der Diskursanalyse. In: Zeitschrift für Phonetik,
   Sprachwissenschaft und Kommunikationsforschung 41, S. 717–729.
Maas, Utz (2000): Sprache in der Zeit des Nationalsozialismus. In: Besch, Werner [u.a.] (Hgg.):
   Sprachgeschichte. Ein Handbuch zur Geschichte der deutschen Sprache und ihrer Erforschung.
   2., vollständig neu bearbeitete und erweiterte Auflage, 2. Teilband. Berlin/New York, S. 1980-
   1990.
Mannheim, Karl [1929] (^{3}1952): Ideologie und Utopie. Frankfurt am Main.
Marshall, James (1939): Swords and Symbols. The technique of sovereignity. New York [u.a.].
Maurer, Marcus (2011): Wahrnehmung und Wirkung von TV-Duellen. In: Grünewald, Robert/Gülden-
   zopf, Ralf/Piepenschneider, Melanie (Hgg.): Politische Kommunikation. Beiträge zur politi-
   schen Bildung. Münster, S. 251–266.
Maurer, Marcus/Reinemann, Carsten (2015): Verbale und nonverbale Kommunikation in TV-Duellen.
   In: Girnth, Heiko/Michel, Sascha (Hgg.): Polit-Talkshow. Interdisziplinäre Perspektiven auf ein
   multimodales Format. Stuttgart, S. 317–335. (Perspektiven Germanistischer Linguistik 12).
Meier, Stefan (2008): (Bild-) Diskurs im Netz. Konzept und Methode für eine semiotische Diskurs-
   analyse im World Wide Web. Köln.
Meyrowitz, Joshua (1987): Die Fernseh-Gesellschaft. Wirklichkeit und Identität im Medienzeitalter.
   Weinheim/Basel.
Michel, Sascha (2015): „herr niebel hat hochwasserhosen...". Aneignungsprozesse multimodaler
   Aspekte von Polit-Talkshows im Social TV am Beispiel von Twitter. In: Girnth, Heiko/Michel,
   Sascha (Hgg.): Polit-Talkshow. Interdisziplinäre Perspektiven auf ein multimodales Format.
   Stuttgart, S. 285–316. (Perspektiven Germanistischer Linguistik 12).
Miles, Robert (^{2}1992): Rassismus. Einführung in die Geschichte und Theorie eines Begriffs. Ham-
   burg.
Mogge, Birgitta (1977): Rhetorik des Hasses. Eugen Dühring und die Genese seines antisemitischen
   Wortschatzes. Neuss. (Aus Zeit und Geschichte 1).
Mokrosch, Reinhold/Regenbogen, Arnim (Hgg.) (1999): Was heißt Gerechtigkeit? Ethische Per-
   spektiven zu Erziehung, Politik und Religion. Donauwörth.
Morris, Charles William [1946] (1981): Zeichen, Sprache und Verhalten. Frankfurt am Main [u.a.].
   [Amerik. Orig.: Ders: Signs Language and Behavior. New York 1946].
Morris, Charles William (1972): Grundlagen der Zeichentheorie. Ästhetik und Zeichentheorie. Mün-
   chen. (Reihe Hanser 106). [Engl. Orig.: Ders.: Foundations of the Theory of Signs. Cam-
   bridge/London 1938].
Müller, Gerd (1978): Das Wahlplakat. Pragmatische Untersuchungen zur Sprache in der Politik am
   Beispiel von Wahlplakaten aus der Weimarer Republik und der Bundesrepublik. Tübingen.
   (Reihe Germanistische Linguistik 14).
Müller, Gerhard (1994): Die „Besserwessi" und die „innere Mauer. Anmerkungen zum Sprachge-
   brauch im vereinigten Deutschland. In: Muttersprache 2, S. 118–136.
Müller-Spitzer, Carolin/Kämper, Heidrun/Klosa, Annette/Proost, Kristel/Steffens, Doris/Steyer,
   Kathrin (2008): OWID – Das lexikografische Portal des IDS. In: Sprachreport 4, S. 8–15.
Neckel, Sighard (1989): Das Stellhölzchen der Macht. Zur Soziologie des politischen Skandals. In:
   Ebbighausen, Rolf/Neckel, Sighard (Hgg.): Anatomie des politischen Skandals. Frankfurt am
   Main, S. 55–80.
Neuland, Eva/Volmert, Johannes (2003): Sprache und Politik: Linguistische und didaktische Per-
   spektiven. In: Der Deutschunterricht 2. Themenheft: Sprache und Politik, S. 2–8.

Niehr, Thomas (2000): Die Asyldebatte im Deutschen Bundestag - eine „Sternstunde" des Parlaments? In: Burkhardt, Arnim/Pape, Kornelia (Hgg.): Sprache des deutschen Parlamentarismus. Studien zu 150 Jahren parlamentarischer Kommunikation. Wiesbaden, S. 241–260.

Niehr, Thomas (2002): Kampf um Wörter? Sprachthematisierungen als strategische Argumente im politischen Meinungsstreit. In: Panagl, Oswald/Stürmer, Horst (Hgg.): Politische Konzepte und verbale Strategien. Brisante Wörter – Begriffsfelder – Sprachbilder. Bern [u.a.], S. 85–104. (Sprache im Kontext 12).

Niehr, Thomas (2003): „Hallo Karl-Josef, ich bin der 2.222 Besucher Deiner Homepage." Linguistische Anmerkungen zum Umgang mit „Neuen Medien" in der politischen Kommunikation. In: Muttersprache 2, S. 146–164.

Niehr, Thomas (2004): Der Streit um Migration in der Bundesrepublik Deutschland, der Schweiz und Österreich. Eine vergleichende diskursgeschichtliche Untersuchung. Heidelberg. (Sprache - Literatur und Geschichte 27).

Niehr, Thomas (2006a): „Bewahren, was wir für die Zukunft brauchen". Textsortenmischung und ihre Funktion am Beispiel des Wahlmanifests der SPD. In: Aptum. Zeitschrift für Sprachkritik und Sprachkultur 1, S. 25–42.

Niehr, Thomas (2006b): Die „biographische Qualifikationsschrift" als neue Textsorte in der politischen Kommunikation oder: Wie qualifiziert man sich eigentlich für das Amt des Bundespräsidenten? In: Girnth, Heiko/Spieß, Constanze (Hgg.): Strategien politischer Kommunikation. Pragmatische Analysen. Berlin, S. 121–147. (Philologische Studien und Quellen 200).

Niehr, Thomas (2007a): „Nochmal schaue ich mir so etwas nicht an, da gehe ich lieber eine Currywurst essen." Das TV-Duell Merkel/Schröder als Medienereignis. In: Schneider, Irmela/Bartz, Christina (Hgg.): Formationen der Mediennutzung I: Medienereignisse. Bielefeld, S. 183–203.

Niehr, Thomas (2007b): „Schlagwort". In: Ueding, Gerd (Hg.): Historisches Wörterbuch der Rhetorik. Bd. 8: Rhet-St. Tübingen, Sp. 496–502.

Niehr, Thomas (2010a): "Na, dann pass mal auf den Dienstwagen auf, Frank-Walter". Internetbasierte Wahlkampf-Kommunikation von unten. In: Zeitschrift für Angewandte Linguistik 52, S. 29–48.

Niehr, Thomas (2010b): Schlagwörter. In: Bundeszentrale für politische Bildung: Sprache und Politik. (http://www.bpb.de/politik/grundfragen/sprache-und-politik/42720/schlagwoerter).

Niehr, Thomas (2011a): Neoliberalismus oder Kommunismus? Über eine pseudolinguistische Variante der Begriffsbesetzung. In: Sprachreport 3, S. 2–7.

Niehr, Thomas (2011b): Politische Sprache und Sprachkritik. In: Domke, Christine/Kilian, Jörg (Hgg.). Sprache in der Politik. Aktuelle Ansätze und Entwicklungen der politolinguistischen Forschung. Göttingen, S. 278–288. (Mittelungen des Deutschen Germanistenverbandes 58, 3).

Niehr, Thomas (2012a): „Wenn die Merkel den Ackermann an die Leine nehmen soll ist das genauso, als wenn ein Hund sein Herrchen anleint." Die Finanzkrise – und was das Volk darüber denkt und schreibt. In: Osnabrücker Beiträger zur Sprachwissenschaft, 81, S. 135–154.

Niehr, Thomas (2012b): Möglichkeiten und Grenzen historisch-internationaler Schlagwortforschung. In: Kämper, Heidrun/Kilian, Jörg (Hgg.): Wort – Begriff – Diskurs. Deutscher Wortschatz und europäische Semantik. Bremen, S. 241–256. (Sprache - Politik - Gesellschaft 7).

Niehr, Thomas (2012c): Sprache und Politik. Strategischer Sprachgebrauch in der demokratischen Gesellschaft. In: Praxis Politik 2, S. 4–8.

Niehr, Thomas (2013a): „Das ging nur mit uns." Sprachliche Strategien der FDP im Bundestagswahlkampf 2013. In: Aptum. Zeitschrift für Sprachkritik und Sprachkultur 3. Themenheft: Wahlkampfsprache 2013, S. 248–260.

Niehr, Thomas (2013b): Politolinguistik – Diskurslinguistik: Gemeinsame Perspektiven und Anwendungsbezüge. In: Roth, Kersten Sven/Spiegel, Carmen (Hgg.): Angewandte Diskurslinguistik. Felder, Probleme, Perspektiven. Berlin, S. 73–88. (Diskursmuster 2).

Niehr, Thomas (2014a): Einführung in die linguistische Diskursanalyse. Darmstadt.

Niehr, Thomas (2014b): Einführung in die Politolinguistik. Gegenstände und Methoden. Göttingen [u.a.].

Niehr, Thomas/Böke, Karin (Hgg.) (2000): Einwanderungsdiskurse im internationalen Vergleich. Opladen.

Niehr, Thomas/Böke, Karin (2003; 2010): Diskursanalyse unter linguistischer Perspektive – am Beispiel des Migrationsdiskurses. In: Keller, Reiner [u.a.] (Hgg.): Handbuch Sozialwissenschaftliche Diskursanalyse. Band 2: Forschungspraxis. 4. Auflage. Wiesbaden, S. 359–385.

Niehr, Thomas/Kilian, Jörg/Wengeler, Martin (Hgg.) (i.Vb.): Handbuch Sprache und Politik. Bremen.

Niehüser, Wolfgang (1994): Skandalbewältigung. Kommunikation in kritischen Situationen. In: König, Peter-Paul/Wiegers, Helmut (Hgg.): Satz – Text – Diskurs. Akten des 27. Linguistischen Kolloquiums, Münster 1992. Tübingen, S. 81–92. (Linguistische Arbeiten 313).

Nieland, Jörg-Uwe (2011): Politiker in den Fesseln der Medien – zur Renaissance einer These. In: Grünewald, Robert/Güldenzopf, Ralf/Piepenschneider, Melanie (Hgg.): Politische Kommunikation. Beiträge zur politischen Bildung. Münster, S. 201–218.

Nill, Ulrich (1991): Die „geniale Vereinfachung". Anti-Intellektualismus in Ideologie und Sprachgebrauch bei Joseph Goebbels. Frankfurt am Main [u.a.]. (Sprache in der Gesellschaft. Beiträge zur Sprachwissenschaft 18).

Novy, Leonard/Schwickert, Dominic (2009): Ressource und Risiko: Potenziale des Internets für die Politik. In: Bertelsmann-Stiftung (Hg.): Lernen von Obama? Das Internet als Ressource und Risiko für die Politik. Bielefeld, S. 13–43.

Nowak, Peter [u.a.] (1990): Die Grenzen der Abgrenzung. Methoden und Ergebnisse einer Studie zum antisemitischen Diskurs im Nachkriegsösterreich. In: Wodak, Ruth/Menz, Florian (Hgg.): Sprache in der Politik – Politik in der Sprache. Analysen zum öffentlichen Sprachgebrauch. Klagenfurt, S. 128–151. (Dissertationen und Abhandlungen 24).

Oberreuter, Heinrich (2002): Die Amerikanisierung des Wahlkampfes in Deutschland. In: Kriechbaumer, Robert/Panagl, Oswald (Hgg.): Wahlkämpfe. Sprache und Politik. Wien [u.a.], S. 129–142. (Schriftenreihe des Forschungsinstitutes für Politisch-Historische Studien der Dr.-Wilfried-Haslauer-Bibliothek, Salzburg 15).

Ohde, Christina (1994): Der Irre von Bagdad. Zur Konstruktion von Feindbildern in überregionalen deutschen Tageszeitungen während der Golfkrise 1990/91. Frankfurt am Main. (Europäische Hochschulschriften, Reihe XL, Kommunikationswissenschaft und Publizistik 45).

Opp de Hipt, Manfred (1987): Denkbilder in der Politik. Der Staat in der Sprache von CDU und SPD. Opladen. (Beiträge zur sozialwissenschaftlichen Forschung 102).

Opp de Hipt, Manfred/Latniak, Erich (Hgg.) (1991): Sprache statt Politik? Politikwissenschaftliche Semantik und Rhetorikforschung. Opladen.

Orwell, George [1949] (1954): 1984. New York.

Oschlies, Wolf (1986): „Lagerszpracha". Soziolinguistische Bemerkungen zu KZ-Sprachkonventionen. In: Muttersprache 96, 1/2, S. 98–109.

Panagl, Oswald (Hg.) (1998): Fahnenwörter der Politik. Kontinuitäten und Brüche. Wien [u.a.]. (Studien zu Politik und Verwaltung 59).

Pappert, Steffen (2003): Politische Sprachspiele in der DDR: Kommunikative Entdifferenzierungsprozesse und ihre Auswirkungen auf den öffentlichen Sprachgebrauch. Frankfurt am Main [u.a.]. (Leipziger Arbeiten zur Sprach- und Kommunikationsgeschichte 11).

Pappert, Steffen (2005): Vorgeprägte Formen und Strukturen als Formulierungsressourcen im Mediendiskurs der DDR. In: Fraas, Claudia/Klemm, Michael (Hgg.): Mediendiskurse. Bestandsaufnahme und Perspektiven. Frankfurt am Main [u.a.], S. 309–326. (Bonner Beiträge zur Medien-wissenschaft 4).

Pappert, Steffen (2007): Musterhaftigkeit und Informationsgehalt personenbeurteilender Texte des Ministeriums für Staatssicherheit. In: Pappert, Steffen (Hg.): Die (Un-)Ordnung des Diskurses. Leipzig, S. 121–141.

Pappert, Steffen (2008a): Die BILD-Zeitung im Wahlkampf 2005. In: Zeitschrift für Angewandte Linguistik 48, S. 49–73.

Pappert, Steffen (2008b): Verschlüsseln und Verbergen durch Fachsprache? Zur Transformation von Alltagssprache in die Sprache des MfS. In: Pappert, Steffen/Schröter, Melani/Fix, Ulla (Hgg.): Verschlüsseln, Verbergen, Verdecken in öffentlicher und institutioneller Kommunikation. Berlin, S. 291–313. (Philologische Studien und Quellen 211).

Pappert, Steffen (2010): Formulierungsarbeit und ihre ‚Folgen': Ein Vergleich zwischen öffentlicher und geheimer Kommunikation in der DDR. In: Off the Wall: Journal for East German Studies 1, S. 24–35.

Pappert, Steffen (2011): Politische Sprache und Kommunikation im Wahlkampf. In: Domke, Christine/Kilian, Jörg (Hgg.): Sprache in der Politik. Aktuelle Ansätze und Entwicklungen der politolinguistischen Forschung. Göttingen, S. 258–268. (Mitteilungen des Deutschen Germanistenverbandes 58, 3).

Pappert, Steffen/Schröter, Melani (2008): Der Vereinigungsdiskurs als Spaltungsdiskurs in der Spiegel-Berichterstattung 1990-2000. In: Roth, Kersten Sven/Wienen, Markus (Hgg.): Diskursmauern – Aktuelle Aspekte der sprachlichen Verhältnisse zwischen Ost- und Westdeutschland. Bremen, S. 157–177. (Sprache - Politik - Gesellschaft 1).

Pappert, Steffen/Schröter, Melanie/Fix, Ulla (Hgg.) (2008a): Verschlüsseln, Verbergen, Verdecken in öffentlicher und institutioneller Kommunikation. Berlin. (Philologische Studien und Quellen 211).

Pappert, Steffen/Schröter, Melani/Fix, Ulla (2008b): Einleitung. In: Pappert, Steffen/Schröter, Melani/Fix, Ulla (Hgg.): Verschlüsseln, Verbergen, Verdecken in öffentlicher und institutioneller Kommunikation. Berlin, S. 9–14. (Philologische Studien und Quellen 211).

Pappert, Steffen/Schröter, Melani (2011): Kommunikation auf allen Kanälen oder Schweigen im Walde? Politische Kommunikation zwischen Über- und Unterangebot. In: Aptum. Zeitschrift für Sprachkritik und Sprachkultur 3, S. 224–245.

Pappert, Steffen/Kleinheyer, Marc (2014): Neue Kommunikationsformen – neue Politik? Die Piraten im Netz. In: Hauser, Stefan/Kleinberger, Ulla/Roth, Kersten Sven (Hgg.): Musterwandel – Sortenwandel. Aktuelle Tendenzen der diachronen Text(sorten)linguistik. Bern [u.a.], S. 157–182. (Sprache in Kommunikation und Medien 3).

Pasierbsky, Fritz (1983): Krieg und Frieden in der Sprache. Eine sprachwissenschaftliche Textanalyse. Frankfurt am Main.

Patzelt, Werner J. (1995): Politiker und ihre Sprache. In: Dörner, Andreas/Vogt, Ludgera (Hgg.): Sprache des Parlaments und Semiotik der Demokratie. Berlin/New York, S. 17–55. (Sprache - Politik - Öffentlichkeit 6).

Pätzold, Jörg (1992): Zwischen Indirektheit und Sprachlosigkeit – Der Umgang der Presse in der DDR zwischen dem Stern-Interview Hagers und Oktober 89 mit der Wirklichkeit des real Existierenden. In: Welke, Klaus [u.a.] (Hgg.): Die deutsche Sprache nach der Wende. Hildesheim, S. 93–110. (Germanistische Linguistik 110-111).

Petter-Zimmer, Yvonne (1990): Politische Fernsehdiskussionen und ihre Adressaten. Tübingen. (Kommunikation und Institution 19).

Platz, Dania (2013): Strategische Wahlkampfkommunikation. Wahlkampf-Intertextualität als strategische Komponente der Sprache im Wahlkampf. Frankfurt am Main [u.a.]. (Germanistische Arbeiten zu Sprache und Kulturgeschichte 53).

Polenz, Peter von (1989): Verdünnte Sprachkultur. Das Jenninger-Syndrom in sprachkritischer Sicht. In: Deutsche Sprache 4, S. 289–316.

Polenz, Peter von (1993): Die Sprachrevolte in der DDR im Herbst 1989. Ein Forschungsbericht nach drei Jahren vereinter germanistischer Linguistik. In: Zeitschrift für Germanistische Linguistik 2, S. 127–149.

Pörksen, Uwe (1986): Das Demokratisierungsparadoxon. Die zweifelhaften Vorzüge der Verwissenschaftlichung und Verfachlichung unserer Sprache. In: Pörksen, Uwe: Deutsche Naturwissenschaftssprachen. Tübingen, S. 202–237. (Forum für Fachsprachen-Forschung 2).

Pörksen, Uwe (1988): Plastikwörter. Die Sprache einer internationalen Diktatur. Stuttgart.

Pross, Harry (1974): Politische Symbolik. Theorie und Praxis der öffentlichen Kommunikation. Stuttgart [u.a.]. (Urban-Taschenbücher 866).

Reich, Hans H. (1968): Sprache und Politik. Untersuchungen zu Wortschatz und Wortwahl des offiziellen Sprachgebrauchs in der DDR. München. (Münchener Germanistische Beiträge 1).

Reissen-Kosch, Jana (2010): Die Sprache der Rechten: Analysen am Beispiel der Deutschen National-Zeitung. Saarbrücken.

Reissen-Kosch, Jana (2013): Wörter und Werte – Wie die rechtsextreme Szene im Netz um Zustimmung wirbt. In: Diekmannshenke, Hajo/Niehr, Thomas (Hgg.): Öffentliche Wörter. Analysen zum öffentlich-medialen Sprachgebrauch. Stuttgart, S. 95–112. (Perspektiven Germanistischer Linguistik 9).

Röhl, Ernst (1990): Deutsche Sprache der DDR. Nostalgischer Rückblick. In: Sprachpflege und Sprachkultur 39/3, S. 83–85.

Römer, Ruth (1985): Sprachwissenschaft und Rassenideologie in Deutschland. München.

Rook, Arne (2011): Wahlkampf. Eine linguistische Analyse strategischer Kommunikation. Frankfurt am Main [u.a.]. (Sprache in der Gesellschaft 31).

Roth, Kersten Sven (2002): „Man nimmt Sprache immer nur dann wahr, wenn man ein Problem hat…". Thesen zum Sprachbewusstsein von Politikern. In: Zeitschrift für Germanistische Linguistik 30 (1), S. 73–99.

Roth, Kersten Sven (2003): ‚Vorschuß-Rhetorik'. Wie man einen politischen Skandal diskutiert, ehe es ihn gibt. In: Burkhardt, Armin/Pape, Kornelia (Hgg.): Politik, Sprache und Glaubwürdigkeit. Linguistik des politischen Skandals. Wiesbaden, S. 163–180.

Roth, Kersten Sven (2004): Politische Sprachberatung als Symbiose von Linguistik und Sprachkritik. Zu Theorie und Praxis einer kooperativ-kritischen Sprachwissenschaft. Tübingen. (Reihe Germanistische Linguistik 249).

Roth, Kersten Sven (2005): Zur demokratischen Legitimation politolinguistischer Sprachkritik. Am Beispiel des öffentlichen Diskurses um die Hohmann-Rede. In: Kilian, Jörg (Hg.): Sprache und Politik. Deutsch im demokratischen Staat. Mannheim/Leipzig/Wien/Zürich, S. 329–339. (Duden. Thema Deutsch Band 6).

Roth, Kersten Sven (2006a): ‚Besser machen, nicht nur meckern!' – Möglichkeiten politischer Sprachberatung durch eine kooperativ-kritische Sprachwissenschaft. In: Wichter, Sigurd/Busch, Albert (Hgg.): Wissenstransfer – Erfolgskontrolle und Rückmeldungen aus der Praxis. Frankfurt am Main, S. 247–264. (Transferwissenschaften 5).

Roth, Kersten Sven (2006b): „JA! zu Joschka – Ja zu grün" vs. „Die grüne Aktion". Die Sprache von Bündnis 90/Die Grünen im Bundestagswahlkampf 2005. In: Aptum. Zeitschrift für Sprachkritik und Sprachkultur 1, S. 79–96.

Roth, Kersten Sven (2006c): Diskurslinguistische Zugänge zu den sprachlichen Verhältnissen zwischen Ost und West – zur aktuellen Relevanz eines alten Themas. In: Zeitschrift für Angewandte Linguistik 45, S. 107–120.

Roth, Kersten Sven (2006d): Politolinguistik und Sprachkritik. Der öffentliche Diskurs um eine antisemitische Skandalrede als Beispiel für die Notwendigkeit einer kooperativ-kritischen Sprachwissenschaft. In: Bulletin suisse de linguistique appliquée 83 (2), S. 213–233.

Roth, Kersten Sven (2007a): Diskursmauern – Aktuelle Aspekte der sprachlichen Verhältnisse zwischen Ost- und Westdeutschland. In: Wissenschaftliche Nachrichten der staatlichen pädagogischen Hochschule Uschinsky (Ukraine) – Sprachwissenschaften 1-05, S. 110–115.

Roth, Kersten Sven (2007b): Ostdeutschland als Diskursgegenstand – ein Beispiel. In: Valentin, Jean-Marie (Hg.): Akten des XI. Internationalen Germanistenkongresses Paris 2005 „Germanistik im Konflikt der Kulturen". Band 10. Bern [u.a.], S. 365–369. (Jahrbuch für Internationale Germanistik, Reihe A 86).

Roth, Kersten Sven (2008): Der Westen als ‚Normal null'. Zur Diskurssemantik von ‚ostdeutsch*' und ‚westdeutsch*'. In: Roth, Kersten Sven/Wienen, Markus (Hgg.): Diskursmauern. Aktuelle Aspekte der sprachlichen Verhältnisse zwischen Ost und West. Bremen, S. 69–89. (Sprache - Politik - Gesellschaft 1).

Roth, Kersten Sven (2010): ‚ostdeutsch*' und ‚westdeutsch*' in den Diskursen des vereinten Deutschlands – eine Skizze. In: Off the wall. Journal for East German Studies 1, S. 15–23.

Roth, Kersten Sven (2011): Blinde Gewohnheiten. Zur Interdependenz massenmedialer und teilnahmeorientierter Realisationen des Diskurses über den Osten (und den Westen) im vereinten Deutschland. In: Bock, Bettina/Fix, Ulla/Pappert, Steffen (Hgg.): Politische Wechsel – sprachliche Umbrüche. Berlin, S. 117–133. (Sprachwissenschaft 8).

Roth, Kersten Sven/Wienen, Markus (Hgg.) (2008): Diskursmauern. Aktuelle Aspekte der sprachlichen Verhältnisse zwischen Ost und West. Bremen. (Sprache - Politik - Gesellschaft 1).

Roth, Kersten Sven/Dürscheid, Christa (2010a): Sprache und Politik in der Schweiz – Umrisse eines Forschungsfelds. In: Roth, Kersten Sven/Dürscheid, Christa (Hgg.): Wahl der Wörter – Wahl der Waffen? Sprache und Politik in der Schweiz. Bremen, S. 1–11. (Sprache - Politik - Gesellschaft 4).

Roth, Kersten Sven/Dürscheid, Christa (Hgg.) (2010b): Wahl der Wörter – Wahl der Waffen? Sprache und Politik in der Schweiz. Bremen. (Sprache - Politik - Gesellschaft 4).

Roth, Kersten Sven/Spiegel, Carmen (Hgg.) (2013): Angewandte Diskurslinguistik. Felder, Probleme, Perspektiven. Berlin. (Diskursmuster 2).

Rütten, Dirk (1989): Strukturelle Merkmale politischer Rundengespräche im Fernsehen. Dargestellt am Beispiel der „Elefantenrunde". In: Klein, Josef (Hg.): Politische Semantik. Bedeutungsanalytische und sprachkritische Beiträge zur politischen Sprachverwendung. Opladen, S. 187-230.

Sachverständigenrat zur Begutachtung der wirtschaftlichen Entwicklung (2005): Die Chancen nutzen – Reformen mutig voranbringen. Jahresgutachten 2005/2006.(www.sachverstaendigenratwirtschaft.de/fileadmin/dateiablage/download/gutachten/ga05_ges.pdf).

Sandig, Barbara (2006): Textlinguistik des Deutschen. 2., völlig neu bearbeitete und erweiterte Auflage. Berlin/New York.

Sarasin, Philipp (2003): Geschichtswissenschaft und Diskursanalyse. Frankfurt. (Suhrkamp-Taschenbuch Wissenschaft 1639).

Sarcinelli, Ulrich (1987): Symbolische Politik. Zur Bedeutung symbolischen Handelns in der Wahlkampfkommunikation der Bundesrepublik Deutschland. Opladen.

Sarcinelli, Ulrich (1996): Politische Kommunikation in der Medienöffentlichkeit. Kommunikationsstrukturelle Bedingungen politischer Realitätsvermittlung. In: Klein, Josef/Diekmannshenke, Hajo (Hgg.): Sprachstrategien und Dialogblockaden. Linguistische und politikwissenschaftliche Studien zur politischen Kommunikation. Berlin/New York, S. 31–48. (Sprache - Politik - Öffentlichkeit 7).

Sauer, Christoph (1983): Sprachpolitik und NS-Herrschaft. In: Sprache und Literatur 51, S. 80–99.

Sauer, Christoph (2002): Ceremonial text and talk. A functional-pragmatic approach. In: Chilton, Paul/Schäffner, Christina (Hgg.): Politics as Text and Talk. Analytic Approaches to Political Discourse. Amsterdam/Philadelphia, S. 111–142. (Discourse Approaches to Politics, Society and Culture 4).

Sauer, Christoph (2005a): Christmas Messages 1998 by Heads of State on Radio and TV: Pragmatic Functions, Semiotic Forms, Media Adequacy. In: Betten, Anne/Dannerer, Monika (Hgg.): Dialoganalyse IX. Dialogue Analysis – Dialogue in Literature and the Media. Referate der 9. Arbeitstagung der IADA, Salzburg 2003. Selected Papers from the 9th IADA Conference, Salzburg 2003. Tübingen, S. 95–106.

Sauer, Christoph (2005b): Gedächtnis, Diskurse, Medien. In: Fraas, Claudia/Klemm, Michael (Hgg.): Mediendiskurse. Bestandsaufnahme und Perspektiven. Frankfurt am Main [u.a.], S. 58–82. (Bonner Beiträge zur Medienwissenschaft 4).

Sauer, Christoph (2007): Christmas Messages by Heads of State: Multimodality and Media Adaptations. In: Fetzer, Anita/Lauerbach, Gerda (Hgg.): Political Discourse in the Media. Amsterdam/Philadelphia, S. 227–273.

Sauer, Christoph (2011): On multimodal communication: televised Christmas Messages by heads of state. In: Pando Canteli, María J. (Hg.): Conjunctions and Disruptions. Communication, Information and Media Studies in Europe. Bilbao, S. 193–219.

Sauer, Christoph (2012): Multimodality and performance. Britain's first Holocaust Memorial Day (BBC on January 27, 2001). In: Berlin, Lawrence N./Fetzer, Anita (Hgg.): Dialogue in Politics. Amsterdam/Philadelphia. S. 241–308. (Dialogue Studies 18).

Sauer, Wolfgang Werner (1978a): Der Sprachgebrauch von Nationalsozialisten vor 1933. Hamburg. (Hamburger Philologische Studien 47).

Sauer, Wolfgang Werner (1978b): Die Okkupation der Sprache durch den Nationalsozialismus oder: Ist die deutsche (Sprach-) Geschichte manchmal noch aktuell? In: Osnabrücker Beiträge zur Sprachtheorie 7, S. 38–56.

Schäffner, Christina (2002): Auf der Suche nach dem Feind – Anmerkungen zum NATO-Diskurs. In: Panagl, Oswald/Stürmer, Horst (Hgg.): Politische Konzepte und verbale Strategien. Brisante Wörter – Begriffsfelder – Sprachbilder. Bern [u.a.], S. 169–184. (Sprache im Kontext 12).

Schäffner, Christina (2010): Politische Interviews im Blick der Translationswissenschaft. In: Grbić, Nadja/Hebenstreit, Gernot/Vorderobermeier, Gisella/Wolf, Michaela (Hgg.): Translationskultur revisited. Festschrift für Erich Prunč. Tübingen, S. 319–339. (Stauffenburg-Festschriften).

Scharloth, Joachim (2011): 1968. Eine Kommunikationsgeschichte. München.

Schendel, Janina (2012): Milliardenspritzen, taumelnde Krisenstaaten und die Hüterin des deutschen Euros. Der Metapherngebrauch im Diskurs um die Schuldenkrise Griechenlands. In: Sprachreport 3, S. 2–9.

Schiewe, Jürgen (1989): Sprache und Öffentlichkeit. Carl Gustav Jochmann und die politische Sprachkritik der Aufklärung. Berlin. (Philologische Studien und Quellen 118).

Schlosser, Horst Dieter (1992): Mentale und sprachliche Interferenzen beim Übergang der DDR von der Zentralplanwirtschaft zur Marktwirtschaft. In: Welke, Klaus [u.a.] (Hgg.): Die deutsche Sprache nach der Wende. Hildesheim, S. 43–58. (Germanistische Linguistik 110-111).

Schlosser, Horst Dieter (2013): Sprache unterm Hakenkreuz. Eine andere Geschichte des Nationalsozialismus. Köln/Weimar/Wien.

Schmidt, Hartmut (1998): „An mein Volk". Sprachliche Mittel monarchischer Appelle. In: Cherubim, Dieter/Grosse, Siegfried/Mattheier, Klaus J. (Hgg.): Sprache und bürgerliche Nation. Beiträge zur deutschen und europäischen Sprachgeschichte des 19. Jahrhunderts. Berlin/New York, S. 167–196.

Schmidt, Veronika (1978): Klassenbedingte Differenzierung des deutschen Wortschatzes. In: Zeitschrift für Phonetik, Sprachwissenschaft und Kommunikationsforschung 31, S. 3–14.

Schmidt, Wilhelm (1972): Das Verhältnis von Sprache und Politik als Gegenstand der marxistisch-leninistischen Sprachwirkungsforschung. In: Schmidt, Wilhelm (Hg.): Sprache und Ideologie. Beiträge zu einer marxistisch-leninistischen Sprachwirkungsforschung. Halle (Saale), S. 9–35.

Schmitz-Berning, Cornelia (2000): Vokabular des Nationalsozialismus. Berlin/New York.

Schröter, Melani (2000): „Ich kann keinen Grund für Kleinmut und Resignation erkennen." Anspielungen auf Bewusstseinsinhalte, Unstrittigkeit und Verfahren der Ausgrenzung in Reden Helmut Kohls. In: Sprachreport 16, 2, S. 13–19.

Schröter, Melani (2005): Die Vielfalt des ‚Nichts'. Zur Kommunikativität von Schweigen im Spannungsfeld zwischen Intention und Erwartung von Kommunikation. In: Zeitschrift für Angewandte Linguistik 42, S. 43–61.

Schröter, Melani (2006a): Adressatenorientierung in der öffentlichen politischen Rede von Bundeskanzlern 1951-2001. Eine qualitativ-pragmatische Korpusanalyse. Frankfurt am Main [u.a.]. (Leipziger Arbeiten zur Sprach- und Kommunikationsgeschichte 14).

Schröter, Melani (2006b): Bezüge auf die Adressierten als Handelnde in der öffentlichen politischen Rede. In: Girnth, Heiko/Spieß, Constanze (Hgg.): Strategien politischer Kommunikation. Pragmatische Analysen. Berlin, S. 46–60. (Philologische Studien und Quellen 200).

Schröter, Melani (2006c): Freiheit und Vorfahrt für Wirtschaft und Bürger. Die Wahlkampfsprache der FDP 2005. In: Aptum. Zeitschrift für Sprachkritik und Sprachkultur 1, S. 43–59.

Schröter, Melani (2008a): Discourse in a Nutshell. Key Words in Public Discourse and Lexicography. In: German as a Foreign Language 2, S. 42–57. (http://www.gfl-journal.de/2-2008/schroeter.pdf).

Schröter, Melani (2008b): Verschweigen und Redeerwartungen im politischen Skandal am Beispiel des CDU-Parteispendenskandals 1999-2001. In: Pappert, Steffen/Schröter, Melani/Fix, Ulla (Hgg.): Verschlüsseln, Verbergen, Verdecken in öffentlicher und institutioneller Kommunikation. Berlin, S. 111–132. (Philologische Studien und Quellen 211).

Schröter, Melani (2008c): Vollmundige Rhetorik oder redundantes Ritual? Die Textsorte Tischreden bei Staatsbesuchen als Äußerungsform symbolischer Außenpolitik. In: Muttersprache (4) 118, S. 295–306.

Schröter, Melani (2009): Der Thatcher-Merkel-Vergleich in der britischen und deutschen Presse 2005. In: Pfalzgraf, Falco (Hg.): Englischer Sprachkontakt in den Varietäten des Deutschen. English in Contact with Varieties of German. Wien/Frankfurt am Main [u.a.], S. 227–244. (Österreichisches Deutsch - Sprache der Gegenwart 12).

Schröter, Melani (2010): Schweigen und Verschweigen im öffentlich-politischen Diskurs der BRD. In: Grutschus, Anke/Krilles, Peter (Hgg.): Figuren der Absenz – Figures de l'Absence. Berlin, S. 115–128.

Schröter, Melani (2011): Schlagwörter im politischen Diskurs. In: Domke, Christine/Kilian, Jörg (Hgg.): Sprache in der Politik. Aktuelle Ansätze und Entwicklungen der politolinguistischen Forschung. Göttingen, S. 249–257. (Mitteilungen des Deutschen Germanistenverbandes 58, 3).

Schröter, Melani (2013a): Die kontrastive Analyse politischer Diskurse. Skizze, Verkomplizierung und Ausblick. In: Kilian, Jörg/Niehr, Thomas (Hgg.): Politik als sprachlich gebundenes Wissen. Politische Sprache im lebenslangen Lernen und politischen Handeln. Bremen, S. 91–105. (Sprache - Politik - Gesellschaft 8).

Schröter, Melani (2013b): Silence and Concealment in Political Discourse. Amsterdam. (Discourse Approaches to Politics, Society and Culture 48).

Schröter, Melani (2013c): Was macht eine Protest- bzw. Oppositionspartei (aus)? Das Wahlprogramm der Piratenpartei aus vergleichender und korpusanalytischer Sicht. In: Aptum. Zeitschrift für Sprachkritik und Sprachkultur 3. Themenheft: Wahlkampfsprache 2013, S. 261–274.

Schröter, Melani/Carius, Björn (2009): Vom politischen Gebrauch der Sprache. Wort, Text, Diskurs. Eine Einführung. Frankfurt am Main [u.a.]. (Leipziger Skripten 5).

Schröter, Melani/Wölfel, Ute (2010): Off the Wall. Journal for East German Studies 1: Language and Discourse in East German Studies. (http://www.reading.ac.uk/CEGS/cegs-otw.aspx).

Schröter, Melani/Pappert, Steffen (2011): Der Punk-Diskurs in der DDR. In: Bock, Bettina/Fix, Ulla/Pappert, Steffen (Hgg.): Politische Wechsel – sprachliche Umbrüche. Berlin, S. 171–193. (Sprachwissenschaft 8).

Schubert, Arne/Hellmann, Manfred W. (1968): Duden aus Leipzig und Mannheim. In: Deutsche Studien 23, S. 248–263.

Schulz, Winfried (1997): Politische Kommunikation. Theoretische Ansätze und Ergebnisse empirischer Forschung zur Rolle der Massenmedien in der Politik. Opladen.

Schulz, Winfried (2011): Politische Kommunikation. Theoretische Ansätze und Ergebnisse empirischer Forschung. 3., überarbeitete Auflage. Wiesbaden.

Schütze, Fritz (1975): Sprache soziologisch gesehen. Band 1: Strategien sprachbezogenen Denkens innerhalb und im Umkreis der Soziologie. Band 2: Sprache als Indikator für egalitäre und nicht egalitäre Sozialbeziehungen. München.

Seidel, Eugen/Seidel-Slotty, Ingeborg (1961): Sprachwandel im Dritten Reich. Eine kritische Untersuchung faschistischer Einflüsse. Halle (Saale).

Seidenglanz, Melanie (2011): „Mit sofortiger Wirkung" – Deutsche Rücktrittserklärungen 2010 aus linguistischer Perspektive. In: Sprachreport 1, S. 2–8.

Shrouf, A. Naser (2006): Sprachwandel als Ausdruck politischen Wandels. Am Beispiel des Wortschatzes in Bundestagsdebatten 1949-1998. Frankfurt am Main [u.a.]. (Angewandte Sprachwissenschaft 18).

Siedschlag, Alexander/Bilgeri, Alexander (Hgg.) (2004): Politische Kommunikation im Netz. Wiesbaden. (Kursbuch Internet und Politik 2003).

Simmler, Franz (1978): Die politische Rede im deutschen Bundestag. Bestimmung ihrer Textsorten und Redesorten. Göppingen. (Göppinger Arbeiten zur Germanistik 245).

Simmler, Franz (1998): Fachsprachliche Phänomene in den öffentlichen Texten von Politikern. In: Hoffmann, Lothar [u.a.] (Hgg.): Fachsprachen. Ein internationales Handbuch zur Fachsprachenforschung und Terminologiewissenschaft. 1. Halbband. Berlin/New York, S. 736–756.

Simon, Gerd (1985): Sprachwissenschaft im III. Reich. Ein erster Überblick. In: Januschek, Franz (Hg.): Politische Sprachwissenschaft. Zur Analyse von Sprache als kultureller Praxis. Opladen, S. 97–141.

Sittel, Cornelia (1990): Das Schlagwort in der politischen Sprache. Allgemeine Charakteristik und Versuch einer funktionsbezogenen Typologie. In: Spillner, Bernd (Hg.): Sprache und Politik. Frankfurt am Main, S. 52–58. (Gesellschaft für Angewandte Linguistik: Kongreßbeiträge zur ... Jahrestagung der Gesellschaft für Angewandte Linguistik 19; Forum angewandte Linguistik 18).

Smith, Craig Allen (1990): Political Communication. San Diego [u.a.].

Spieß, Constanze (2006a): »Solidarität« Zwischen Freiwilligkeit und Institutionalisierung. Eine pragmalinguistische Analyse eines Hochwertwortes in den aktuellen Grundsatzprogrammen von CDU, CSU, SPD, Bündnis 90/Die Grünen, FDP und PDS. In: Muttersprache 2, S. 147–161.

Spieß, Constanze (2006b): Dimensionen öffentlich-politischen Sprachhandelns. In: Girnth, Heiko/Spieß, Constanze (Hgg.): Strategien politischer Kommunikation. Pragmatische Analysen. Berlin, S. 7–16. (Philologische Studien und Quellen 200).

Spieß, Constanze (2006c): Zwischen Hochwert und Stigma – Zum strategischen Potenzial lexikalischer Mittel im Bioethikdiskurs. In: Girnth, Heiko/Spieß, Constanze (Hgg.): Strategien politischer Kommunikation. Pragmatische Analysen. Berlin, S. 27–45. (Philologische Studien und Quellen 200).

Spieß, Constanze (2007a): „Zellhaufen oder menschliches Leben?" Redestrategien im Bioethikdiskurs um embryonale Stammzellforschung. In: Dabrowski, Martin/Spieß, Constanze (Hgg.): Zellhaufen oder menschliches Leben? Überzeugungsstrategien im Diskurs um embryonale

Stammzellforschung aus sprachwissenschaftlicher Sicht. Münster, 15.-17. März 2006. Tagungsband der Akademie Franz Hitze Haus Münster. Münster, S. 35–73.

Spieß, Constanze (2007b): Strategien der Textvernetzung. Isotopien als Konstituenten intertextueller Relationen. In: Hermann, Karin/Hübenthal, Sandra (Hgg.): Intertextualität. Perspektiven auf ein interdisziplinäres Arbeitsfeld. Aachen, S.189–210. (Sprache und Kultur).

Spieß, Constanze (2008a): Zur sprachlichen Konstruktion von Identität im medialen „Zonenkinder-Diskurs". In: Roth, Kersten Sven/Wienen, Markus (Hgg.): Diskursmauern. Aktuelle Aspekte der sprachlichen Verhältnisse zwischen Ost- und Westdeutschland. Bremen, S. 115–139. (Sprache - Politik - Gesellschaft 1).

Spieß, Constanze (2008b): Linguistische Diskursanalyse als Mehrebenenanalyse. Ein Vorschlag zur mehrdimensionalen Beschreibung von Diskursen aus forschungspraktischer Perspektive. In: Warnke, Ingo/Spitzmüller, Jürgen (Hgg.): Methoden der Diskurslinguistik. Sprachwissenschaftliche Zugänge zur transtextuellen Ebene. Berlin/New York, S. 237–259. (Linguistik - Impulse & Tendenzen 31).

Spieß, Constanze (2009): Wissenskonflikte im Diskurs. Zur diskursiven Funktion von Metaphern und Schlüsselwörtern im öffentlich-politischen Diskurs um die humane embryonale Stammzellforschung. In: Felder, Ekkehard/Müller, Marcus (Hgg.): Wissen durch Sprache. Theorie, Praxis und Erkenntnisinteresse des Forschungsnetzwerks 'Sprache und Wissen'. Berlin/New York, S. 309–336. (Sprache und Wissen 3).

Spieß, Constanze (2011a): Diskurshandlungen: Theorie und Methode linguistischer Diskursanalyse am Beispiel der Bioethikdebatte. Berlin [u.a.]. (Sprache und Wissen 7).

Spieß, Constanze (2011b): Politische Diskurse. In: Domke, Christine/Kilian, Jörg (Hgg.): Sprache in der Politik. Aktuelle Ansätze und Entwicklungen der politolinguistischen Forschung. Göttingen, S. 299–307. (Mitteilungen des Deutschen Germanistenverbandes 3).

Spieß, Constanze (2011c): Die sprachlich-diskursive Konstitution von Weltanschauung und Weltbild im Stammzelldiskurs durch Lexik, Metaphorik und Argumentationsmuster. In: tekst i dyskurs – Text und Diskurs 4. Zeitschrift der Abteilung für germanistische Sprachwissenschaft des Germanistischen Instituts Warschau, S. 133–156.

Spieß, Constanze (2012a): Das Dispositiv als Erweiterungspostulat linguistischer Diskursanalyse – ein Vorschlag zur Analyse öffentlich-politischer Mediendiskurse. In: Dreesen, Philipp/Kumięga, Łukasz/Spieß, Constanze (Hgg.): Mediendiskursanalyse. Diskurse – Dispositive – Medien – Macht. Wiesbaden, S. 77–111. (Theorie und Praxis der Diskursforschung).

Spieß, Constanze (2012b): Metaphern als Sprachstrategien – Zur sprachlichen Manifestation von Konflikthaftigkeit im Stammzellendiskurs. In: Spieß, Constanze (Hg.): Sprachstrategien und Kommunikationsbarrieren. Zur Rolle und Funktion von Sprache in bioethischen Diskursen. Bremen, S. 175–198. (Sprache - Politik - Gesellschaft 5).

Spieß, Constanze (2012c): Diskursive Differenzen in Bioethikdebatten Großbritanniens und Deutschlands. In: Kämper, Heidrun/Kilian, Jörg (Hgg.): Wort – Begriff – Diskurs. Deutscher Wortschatz und europäische Semantik. Bremen, S. 49–68. (Sprache - Politik - Gesellschaft 7).

Spieß, Constanze (Hg.) (2012d): Sprachstrategien und Kommunikationsbarrieren. Zur Rolle und Funktion von Sprache in Bioethikdiskursen. Bremen. (Sprache - Politik - Gesellschaft 5).

Spieß, Constanze (2013a): Sprachliche Dynamiken im Bioethikdiskurs. Zum Zusammenspiel von Theorie, Methode und Empirie bei der Analyse öffentlich-politischer Diskurse. In: Busse, Dietrich/Teubert, Wolfgang (Hgg.): Linguistische Diskursanalyse – neue Perspektiven. Wiesbaden, S. 248–269. (Interdisziplinäre Diskursforschung).

Spieß, Constanze (2013b): Texte, Diskurse und Dispositive. Zur theoretisch-methodischen Modellierung eines Analyserahmens am Beispiel der Kategorie Schlüsseltext. In: Roth, Kersten Sven/Spiegel, Carmen (Hgg.): Angewandte Diskurslinguistik. Felder, Probleme, Perspektiven. Berlin, S. 17–42. (Diskursmuster 2).

Spitzmüller, Jürgen/Warnke, Ingo H. (2011): Diskurslinguistik. Eine Einführung in Theorien und Methoden der transtextuellen Sprachanalyse. Berlin/Boston.

Steinseifer, Martin (2005): ‚Fotos wie Brandwunden'? – Überlegungen zur deontischen Bedeutung von Pressefotografien am Beispiel von Hanns Martin Schleyer als Opfer der Roten Armee Fraktion. In: Busse, Dietrich/Niehr, Thomas/Wengeler, Martin (Hgg.): Brisante Semantik. Neuere Konzepte und Forschungsergebnisse einer kulturwissenschaftlichen Linguistik. Tübingen, S. 269–290. (Reihe Germanistische Linguistik 259).

Sternberger, Dolf [u.a.] (^{3}1968): Aus dem Wörterbuch des Unmenschen. Neue erweiterte Ausgabe mit Zeugnissen des Streites über die Sprachkritik. Hamburg/Düsseldorf.

Stöckl, Hartmut (2004): Bilder – Konstitutive Teile sprachlicher Texte und Bausteine zum Textstil. In: Holly, Werner/Hoppe, Almut/Schmitz, Ulrich (Hgg.): Sprache und Bild II. Bielefeld, S. 102–120. (Mitteilungen des Deutschen Germanistenverbandes 51, 2).

Storjohann, Petra/Schröter, Melani (2011): Die Ordnung des öffentlichen Diskurses der Wirtschaftskrise – und die (Un-)ordnung des Ausgeblendeten. In: Aptum. Zeitschrift für Sprachkritik und Sprachkultur 1, S. 32–53.

Stötzel, Georg (1989): Zur Geschichte der NS-Vergleiche von 1946 bis heute. In: Klein, Josef (Hg.): Politische Semantik. Bedeutungsanalytische und sprachkritische Beiträge zur politischen Sprachverwendung. Opladen, S. 261–276.

Stötzel, Georg/Wengeler, Martin (1995): Kontroverse Begriffe. Geschichte des öffentlichen Sprachgebrauchs in der Bundesrepublik Deutschland. Berlin/New York. (Sprache - Politik - Öffentlichkeit 4).

Stötzel, Georg/Eitz, Thorsten (Hgg.) (2003): Zeitgeschichtliches Wörterbuch der deutschen Gegenwartssprache. 2., erweiterte und aktualisierte Auflage. Hildesheim/Zürich/New York.

Stötzel, Georg/Eitz, Thorsten (Hgg.) (2007): Wörterbuch der Vergangenheitsbewältigung. Die NS-Vergangenheit im öffentlichen Sprachgebrauch. Hildesheim/Zürich/New York.

Strassner, Erich (1987): Ideologie – Sprache – Politik. Grundfragen ihres Zusammenhangs. Tübingen. (Konzepte der Sprach- und Literaturwissenschaft 37).

Strassner, Erich (1991): Maximenverstoß als Regel. Zum Grundprinzip politischer Kommunikation. In: Opp de Hipt, Manfred/Latniak, Erich (Hgg.): Sprache statt Politik? Politikwissenschaftliche Semantik und Rhetorikforschung. Opladen, S. 124–155.

Strauß, Gerhard (1984/1985): Sprachspiele, kommunikative Verfahren und Texte in der Politik. Versuch einer Textsortenspezifik. In: Strauß, Gerhard (1986): Der politische Wortschatz. Zur Kommunikations- und Textsortenspezifik. Tübingen, S. 2–66. (Forschungsberichte des Instituts für deutsche Sprache Mannheim 60).

Strauß, Gerhard (1985): Schwere Wörter in der Politik. In: Strauß, Gerhard (1986): Der politische Wortschatz. Zur Kommunikations- und Textsortenspezifik. Tübingen, S. 149–280. (Forschungsberichte des Instituts für deutsche Sprache Mannheim 60).

Strauß, Gerhard/Zifonun, Gisela (1982/1983): Formen der Ideologiegebundenheit. Versuch einer Typologie der gesellschaftspolitischen Lexik. In: Strauß, Gerhard (1986): Der politische Wortschatz. Zur Kommunikations- und Textsortenspezifik. Tübingen, S. 67–147. (Forschungsberichte des Instituts für deutsche Sprache Mannheim 60).

Strauß, Gerhard [u.a.] (1989): Brisante Wörter von Agitation bis Zeitgeist. Ein Lexikon zum öffentlichen Sprachgebrauch. Berlin/New York. (Schriften des Instituts für deutsche Sprache 2).

Sucharowski, Wolfgang (Hg.) (1985): Gesprächsforschung im Vergleich. Analysen zur Bonner Runde nach der Hessenwahl 1982. Tübingen. (Linguistische Arbeiten 158).

Tänzler, Dirk (2004): Das Fernsehduell: Ein Dispositiv der Macht. In: Knieper, Thomas/Müller, Marion G. (Hgg.): Visuelle Wahlkampfkommunikation. Köln, S. 168–185.

Thimm, Caja/Einspänner, Jessica/Dang-Anh, Mark (2012): Twitter als Wahlkampfmedium. Modellierung und Analyse politischer Social-Media-Nutzung. In: Publizistik 57, S. 293–313.

Tillmann, Alexander (1989): Ausgewählte Textsorten politischer Sprache. Eine linguistische Analyse parteilichen Sprechens. Göppingen. (Göppinger Arbeiten zur Germanistik 513).

Toman-Banke, Monika (1996): Die Wahlslogans der Bundestagswahlen 1949-1994. Wiesbaden.

Voigt, Gerhard (1983): Bibliographie: Die deutsche Sprache in der Zeit des Nationalsozialismus. In: Praxis Deutsch 10, S. 4–6.

Voigt, Rüdiger (Hg.) (1989): Symbole der Politik. Politik der Symbole. Opladen.

Volmert, Johannes (1979): Politischer Kommentar und Ideologie. Ein inhaltsanalytischer Versuch an vier frühen Nachkriegszeitungen. Stuttgart.

Volmert, Johannes (1989): Politikerrede als kommunikatives Handlungsspiel. Ein integriertes Modell zur semantisch-pragmatischen Beschreibung öffentlicher Rede. München.

Vološinov, Valentin N. [1929] (1975): Marxismus und Sprachphilosophie. Frankfurt am Main [u.a.].

Wachtel, Martin (1988): Die Darstellung von Vertrauenswürdigkeit in Wahlwerbespots. Eine argumentationsanalytische und semiotische Untersuchung zum Bundestagswahlkampf 1987. Tübingen. (Medien in Forschung + Unterricht: Ser. A 25).

Waigel, Theo (1989): Parteiprogramme: Möglichkeiten und Grenzen der Programmpolitik. In: Politische Studien 305, S. 346–354.

Warmbold, Nicole (2008): Lagersprache. Zur Sprache der Opfer in den Konzentrationslagern Sachsenhausen, Dachau, Buchenwald. Bremen. (Sprache - Politik - Gesellschaft 2).

Warnke, Ingo (Hg.) (2007): Diskurslinguistik nach Foucault. Theorie und Gegenstände. Berlin/New York. (Linguistik - Impulse & Tendenzen 25).

Warnke, Ingo/Spitzmüller, Jürgen (Hgg.) (2008): Methoden der Diskurslinguistik. Sprachwissenschaftliche Zugänge zur transtextuellen Ebene. Berlin. (Linguistik - Impulse &Tendenzen 31).

Webel, Diana (1999): Der Wahlkampf der SPD. In: Noelle-Neumann, Elisabeth/Kepplinger, Hans Mathias/Donsbach, Wolfgang: Kampa. Meinungsklima und Medienwirkung im Bundestagswahlkampf 1998. Freiburg/München, S. 13–39. (Alber-Reihe Kommunikation 25).

Weidacher, Georg (2010): Aspekte multimodaler Textrhetorik – Semiotische Metamorphosen im österreichischen Wahlkampf 2008. In: Stöckl, Hartmut (Hg.): Mediale Transkodierungen. Metamorphosen zwischen Sprache, Bild und Ton. Heidelberg, S. 209–227. (Wissenschaft und Kunst 17).

Welke, Klaus (1992): Deutsche Sprache BRD/DDR – Reflexion in der Linguistik der DDR. In: Welke, Klaus [u.a.] (Hgg.): Die deutsche Sprache nach der Wende. Hildesheim, S. 1–14. (Germanistische Linguistik 110-111).

Welke, Klaus [u.a.] (Hgg.) (1992a): Die deutsche Sprache nach der Wende. Hildesheim. (Germanistische LInguistik 110-111).

Welke, Klaus [u.a.] (1992b): Vorwort. In: Welke, Klaus [u.a.] (Hgg.): Die deutsche Sprache nach der Wende. Hildesheim, S. V–XII. (Germanistische Linguistik 110-111).

Wengeler, Martin (1993): Asylantenfluten im Einwanderungsland Deutschland. Brisante Wörter in der Asyldiskussion. In: Sprache und Literatur in Wissenschaft und Unterricht 72, S. 2–30.

Wengeler, Martin (1997): Argumentation im Einwanderungsdiskurs. Ein Vergleich der Zeiträume 1970-1973 und 1980-1983. In: Jung, Matthias [u.a.] (Hgg.) (1997): Die Sprache des Migrationsdiskurses. Das Reden über „Ausländer" in Medien, Politik und Alltag. Opladen, S. 121-149.

Wengeler, Martin (2000): Argumentationsmuster im Bundestag. Ein diachroner Vergleich zweier Debatten zum Thema Asylrecht. In: Burkhardt, Arnim/Pape, Kornelia (Hgg.): Sprache des deutschen Parlamentarismus. Studien zu 150 Jahren parlamentarischer Kommunikation. Wiesbaden, S. 211–240.

Wengeler, Martin (2002a): „1968", öffentliche Sprachsensibilität und political correctness. Sprachgeschichtliche und sprachkritische Anmerkungen. In: Muttersprache 112, S. 1–14.

Wengeler, Martin (2002b): „Semantische Spitzfindigkeiten und viel Lärm um Nichts"? Die Zuwanderungsdebatte als Thema im Lernbereich „Reflexion über Sprache". In: Deutschunterricht 55 (5), S. 21–28.

Wengeler, Martin (2003a): Kalter Krieg, Abschreckung, Politik der Stärke. Die fünfziger Jahre als ‚Sattelzeit' außenpolitischer Begrifflichkeit. In: Dutt, Carsten (Hg.): Herausforderungen der Begriffsgeschichte. Heidelberg, S. 195–218. (Beiträge zur Philosophie, Neue Folge).

Wengeler, Martin (2003b): Spaltung, Anerkennung und Wiedervereinigung. Die „deutsche Frage" im politischen Diskurs der Bundesrepublik. In: Gruber, Helmut/Menz, Florian/Panagl, Oswald (Hgg.): Sprache und politischer Wandel. Frankfurt am Main [u.a.], S. 71–87. (Sprache im Kontext 20).

Wengeler, Martin (2003c): Sprache in der Demokratie. Diskursgeschichtlich orientierte Anregungen für den Lernbereich „Reflexionen über Sprache". In: Der Deutschunterricht 2. Themenheft: Sprache und Politik, S. 39–50.

Wengeler, Martin (2003d): Topos und Diskurs. Begründung einer argumentationsanalytischen Methode und ihre Anwendung auf den Migrationsdiskurs (1960-1985). Tübingen. (Reihe Germanistische Linguistik 244).

Wengeler, Martin (2005a): „Streit um Worte" und „Begriffe besetzen" als Indizien demokratischer Streitkultur. In: Kilian, Jörg (Hg.): Sprache und Politik. Deutsch im demokratischen Staat. Mannheim/Leipzig/Wien/Zürich, S. 177–194. (Duden. Thema Deutsch Band 6).

Wengeler, Martin (2005b): Assimilation, Ansturm der Armen und die Grenze der Aufnahmefähigkeit: Bausteine einer linguistisch „integrativen" Diskursgeschichtsschreibung. In: Fraas, Claudia/Klemm, Michael (Hgg.): Mediendiskurse. Bestandsaufnahme und Perspektiven. Frankfurt am Main [u.a.], S. 39–57. (Bonner Beiträge zur Medienwissenschaft 4).

Wengeler, Martin (2005c): Von den kaiserlichen „Hunnen" bis zu Schröders „uneingeschränkter Solidarität". Argumentative und lexikalische Veränderungen und Kontinuitäten in deutschen „Kriegsbotschaften" seit 1900. In: Busse, Dietrich/Niehr, Thomas/Wengeler, Martin (Hgg.): Brisante Semantik. Neuere Konzepte und Forschungsergebnisse einer kulturwissenschaftlichen Linguistik. Tübingen, S. 197–223. (Reihe Germanistische Linguistik 259).

Wengeler, Martin (Hg.) (2005d): Sprachgeschichte als Zeitgeschichte. Hildesheim/Zürich/New York. (Germanistische Linguistik 180-181).

Wengeler, Martin (2006a): „Wir hatten deshalb keine andere Wahl". Deutsche Kriegsbotschaften des 20. Jahrhunderts als eine wieder aktuell gewordene Textsorte. In: Girnth, Heiko/Spieß, Constanze (Hgg.): Strategien politischer Kommunikation. Pragmatische Analysen. Berlin, S. 79–96. (Philologische Studien und Quellen 200). Auch in: Heintze, Hans-Joachim/Fath-Lihic, Annette (Hgg.) (2008): Kriegsbegründungen. Wie Gewaltanwendung und Opfer gerechtfertigt werden sollten. Berlin, S. 73–90. (Bochumer Schriften zur Friedenssicherung und zum humanitären Völkerrecht 59).

Wengeler, Martin (2006b): Zur historischen Kontinuität von Argumentationsmustern im Migrationsdiskurs. In: Butterwegge, Christoph/Hentges, Gudrun (Hgg.): Massenmedien, Migration und Integration. Opladen, S. 11–34. (Interkulturelle Studien 17).

Wengeler, Martin (2007): Topos und Diskurs. Möglichkeiten und Grenzen der topologischen Analyse gesellschaftlicher Debatten. In: Warnke, Ingo (Hg.) (2007): Diskurslinguistik nach Foucault. Theorie und Gegenstände. Berlin/New York, S. 165-186. (Linguistik - Impulse & Tendenzen 25).

Wengeler, Martin (2008a): „Ausländer dürfen nicht Sündenböcke sein". Diskurslinguistische Analyseebenen, präsentiert am Beispiel zweier Zeitungstexte. In: Warnke, Ingo H./Spitzmüller, Jürgen (Hg.): Methoden der Diskurslinguistik. Sprachwissenschaftliche Zugänge zur transtextuellen Ebene. Berlin/New York, S. 207–236. (Linguistik - Impulse & Tendenzen 31).

Wengeler, Martin (2008b): Das Merkelmeter mit seinem theoretischen Reformoptimum. Zu Kommunikations- und Sprachstrategien der Initiative Neue Soziale Marktwirtschaft. In: Pappert, Steffen/Schröter, Melani/Fix, Ulla (Hgg.): Verschlüsseln, Verbergen, Verdecken in öffentlicher und institutioneller Kommunikation. Berlin, S. 85–110. (Philologische Studien und Quellen 211).

Wengeler, Martin (2009): Stilistische und rhetorische Phänomene auf der Ebene des Diskurses. In: Fix, Ulla/Gardt, Andreas/Knape, Joachim (Hgg.): Rhetorik und Stilistik. Rhetoric and Stylistics. Ein internationales Handbuch historischer und systematischer Forschung. An International Handbook of Historical and Systematic Research. Band 2. Volume 2. Berlin/New York, S. 1630–1648. (Handbooks of Linguistics and Communication Science. Handbücher zur Sprach- und Kommunikationswissenschaft. HSK 31.2).

Wengeler, Martin (2010): „Noch nie zuvor". Zur sprachlichen Konstruktion der Wirtschaftskrise 2008/2009 im SPIEGEL. In: Aptum. Zeitschrift für Sprachkritik und Sprachkultur 2, S. 138–156.

Wengeler, Martin (2012): „Der Angriff auf das Bestehende". Zur Erinnerungskultur an „1968" in deutschen Printmedien am Beispiel des SPIEGEL. In: Kämper, Heidrun/Scharloth, Joachim/Wengeler, Martin (Hgg.): 1968. Eine sprachwissenschaftliche Zwischenbilanz. Berlin/New York, S. 55–82. (Sprache und Wissen 6).

Wengeler, Martin (2013a): „Wir haben einen besseren Plan": Wahlkampfsprache und -kommunikation der GRÜNEN zur Bundestagswahl 2013. In: Aptum. Zeitschrift für Sprachkritik und Sprachkultur 3. Themenheft: Wahlkampfsprache 2013, S. 234–247.

Wengeler, Martin (2013b): Unwörter. Eine medienwirksame Kategorie zwischen linguistisch begründeter und populärer Sprachkritik. In: Diekmannshenke, Hajo/Niehr, Thomas (Hgg.): Öffentliche Wörter. Analysen zum öffentlich-medialen Sprachgebrauch. Stuttgart, S. 13–31. (Perspektiven Germanistischer Linguistik 9).

Wengeler, Martin (2013c): Von "'Wirtschaftsdemokratie' ist ein Begriffsbastard" bis "Steuern runter macht Deutschland munter". Zur Geschichte von Wirtschaftsdiskursen im 20. Jahrhundert. In: Sprachwissenschaft 38, 1, S. 71–99.

Wengeler, Martin/Ziem, Alexander (2010): „Wirtschaftskrisen" im Wandel der Zeit. Eine diskurslinguistische Pilotstudie zum Wandel von Argumentationsmustern und Metapherngebrauch. In: Landwehr, Achim (Hg.): Diskursiver Wandel. Wiesbaden, S. 335–354.

Wengeler, Martin/Ziem, Alexander (Hgg.) (2013): Sprachliche Konstruktionen von Krisen. Interdisziplinäre Perspektiven auf ein fortwährend aktuelles Phänomen. Bremen. (Sprache - Politik - Gesellschaft 12).

Werth, Alexander (2007): Semantische Dimensionen im Wortfeld „Volk": Empirische Studien zur kognitiven Semantik. In: Muttersprache 3, S. 258–271.

Wesel, Reinhard (1991): Entwicklungspolitische Rhetorik: Kognitive Strukturen im Phänomenbereich „Dritte Welt" und Ihre 'symbolische Politisierung' zwischen euphorischer Projektion und Bedrohungsängsten. In: Opp de Hipt, Manfred/Latniak, Erich (Hgg.): Sprache statt Politik? Politikwissenschaftliche Semantik- und Rhetorikforschung. Opladen, S. 66–90.

Wilson, John (1990): Politically speaking. The pragmatic analysis of political language. Oxford [u.a.]. (Language in society).

Wodak, Ruth (1998): Zur diskursiven Konstruktion nationaler Identität. Frankfurt am Main.

Wodak, Ruth/Menz, Florian (Hgg.) (1990): Sprache in der Politik – Politik in der Sprache. Analysen zum öffentlichen Sprachgebrauch. Klagenfurt. (Dissertationen und Abhandlungen 24).

Wodak, Ruth/Cillia, Rudolf de (2006): Politics and language – Overview. In: Encyclopaedia of language & linguistics. Second Edition 9. Oxford, S. 707–719.

Wodak, Ruth/Meyer, Michael (Hgg.) (2009): Methods of Critical Discourse Analysis. 2. Auflage. London.

Wolf, Georg (1998): Parteipolitische Konflikte: Geschichte, Struktur und Dynamik einer Spielart der politischen Kommunikation. Tübingen. (Beiträge zur Dialogforschung 18).

Wolff, Gerhart (1980): Wittgensteins Sprachspiel-Begriff. Seine Rezeption und Relevanz in der neueren Sprachpragmatik. In: Wirkendes Wort 4, S. 225–240.

Zehetmeier, Winfried (1973): Bau und Wirkung demagogischer Rede. Zur Goebbelsrede vom 19. April 1945. In: Höffe, Wilhelm L./Geißner, Hellmut (Hgg.): Ästhetische und rhetorische Kommunikation. (Festschrift für Prof. Dr. Irmgard Weithase). Ratingen [u.a.], S. 56–74. (Sprache und Sprechen 4).

Ziem, Alexander (2008a): Frames und sprachliches Wissen. Kognitive Aspekte der semantischen Kompetenz. Berlin/New York. (Sprache und Wissen 2).

Ziem, Alexander (2008b): Frame-Semantik und Diskursanalyse – Skizze einer kognitionswissenschaftlich inspirierten Methode zur Analyse gesellschaftlichen Wissens. In: Warnke, Ingo/Spitzmüller, Jürgen (Hgg.): Methoden der Diskurslinguistik. Sprachwissenschaftliche Zugänge zur transtextuellen Ebene. Berlin, S. 89–116. (Linguistik - Impulse &Tendenzen 31).

Ziem, Alexander (2009): Frames im Einsatz. Aspekte anaphorischer, tropischer und multimodaler Bedeutungskonstitution im politischen Kontext. In: Felder, Ekkehard/Müller, Marcus (Hgg.): Wissen durch Sprache. Theorie, Praxis und Erkenntnisinteresse des Forschungsnetzwerkes „Sprache und Wissen". Berlin /New York, S. 207–244. (Sprache und Wissen 3).

Zimmermann, Hans-Dieter (1972): Der allgemeine Barzel. Zum politischen Sprachgebrauch. In: Rucktäschel, Annamaria (Hg.): Sprache und Gesellschaft. München, S. 115–138.

Zimmermann, Hans-Dieter (³1975): Die politische Rede. Der Sprachgebrauch der Bonner Politiker. Stuttgart [u.a.].

Zimmermann, Hans-Dieter (1985): Frieden in Freiheit und Freiheit in Frieden. Die Nachrüstungsdebatte im Deutschen Bundestag am 21. und 22. November 1983. In: Diskussion Deutsch 16, S. 152–163.

Sachregister

www.ingramcontent.com/pod-product-compliance
Lightning Source LLC
Chambersburg PA
CBHW080646270326

41928CB00017B/3204